D1694466

Kohlhammer

Rainer Bösel

Wie das Gehirn »Wirklichkeit« konstruiert

Zur Neuropsychologie des realistischen, fiktionalen und metaphysischen Denkens

Verlag W. Kohlhammer

1. Auflage 2016

Alle Rechte vorbehalten
© W. Kohlhammer GmbH, Stuttgart
Gesamtherstellung: W. Kohlhammer GmbH, Stuttgart

Print:
ISBN 978-3-17-030265-5

E-Book-Formate:
pdf: ISBN 978-3-17-030266-2
epub: ISBN 978-3-17-030267-9
mobi: ISBN 978-3-17-030268-6

Inhalt

Einleitung

Vor ein paar Jahren wollten wir untersuchen, wie das Gehirn beim Betrachten von abstrakten, bewegten Mustern reagiert, wie sie manchmal in Filmen mit virtuellen Umgebungen vorkommen (Bösel 2007). Wir wählten die Simulation einer Rutschfahrt, wie sie so ähnlich in einer Wasserrutsche in einem Schwimmbad erlebt werden könnte. Ein Kollege stellte freundlicherweise einen Computer-animierten Film zur Verfügung, in dem sich abstrakte schwarz-weiße Muster so bewegten, als ob der Betrachter in einem gewundenen Tunnel schräg nach unten rutscht. Nun sind die Hirnareale bekannt, mit deren Hilfe bewegte Bilder analysiert werden. Eine Mitarbeiterin aus unserer Arbeitsgruppe, Mareike Heß, wollte einen solchen Befund zunächst wiederholen – das Material bestand ja erst einmal nur aus sich bewegenden Punkten. In anderen Experimenten sollten dann weitere Effekte, möglichst zu täuschend echt wirkender, virtueller Realität untersucht werden.

Zu unserer Überraschung reagierten die meisten Personen, die sich die Bewegung ansahen, anders als erwartet. Zwar war das bekannte, bewegungsempfindliche Areal des Gehirns aktiv, allerdings in geringerem Ausmaß als erwartet. Dagegen erschien auf den Hirnbildern, die der Hirnscanner erzeugte, ein nachgeordnetes Areal in weit größerem Maße gefärbt. Da gab es also noch eine weitere, rätselhafte Aktivität im Gehirn. Und bei einer großen Anzahl von Betrachtern war zusätzlich noch ein drittes Areal aktiv. Dieses lag weit ab von den Seharealen im Stirnhirn. Wir waren völlig verblüfft, weil es sich bei dem Stirnhirnareal um ein Areal handelte, das Bewegungen steuert. Das schien deshalb widersinnig zu sein, weil die betreffenden Personen während des Experiments bewegungslos im Hirnscanner lagen und nichts anderes taten, als die vorgeführte Computeranimation zu betrachten. Warum reagiert das Gehirn auf diese Weise? Denkt es entgegen der Wahrnehmung an wirres Zeug?

Eine zuverlässige Antwort auf die Frage, warum das Betrachten von Punktmustern zu geringfügigen Bewegungsimpulsen im Gehirn beigetragen hat, ließ sich aufgrund anderer Untersuchungen von Frau Heß ermitteln. Offenbar wirkte der durch das Punktmuster erzeugte Bewegungseindruck äußerst suggestiv. Manche Personen erleben eine simulierte Rutschfahrt so, als wäre sie real. Sie machen dabei sogar kleine, unwillkürliche Ausgleichsbewegungen, die tatsächlich als unwillkürliche Muskelanspannung gemessen werden konnten (Heß 1998).

Im Grunde kennt man den beschriebenen Effekt, der beim Betrachten suggestiver Filmszenen auftreten kann. Dennoch ist es faszinierend zu sehen, wie das Gehirn dabei vorgeht. Indem man moderne Verfahren der Bilderzeugung für Hirnprozesse einsetzt, ist unter den genannten Bedingungen im Hirnbild erkennbar, dass ein weit hinten im Gehirn verarbeiteter Seheindruck automatisch zu den im Gehirn vorne liegenden, motorischen Zentren durchgeschaltet wird. Wir wissen aus vielen anderen Untersuchungen, dass Dinge, die wir sehen, im Grunde ihre Bedeutung durch die jeweilige Brauchbarkeit erhalten. Wir nehmen nur das wahr, womit wir etwas anfangen können und was unter Umständen für unser Handlungsrepertoire bedeutsam ist. Man kann den Effekt in der geschilderten Untersuchung nicht einfach als harmlose, optische Täuschung abtun. Vielmehr muss man zur Kenntnis nehmen, dass das Gehirn unter Umständen sehr gezielt auf Eindrücke reagiert, die erkennbar fiktiv sind. Warum hat die Natur das zugelassen? In unserem Beispiel hält das Gehirn sogar einen völlig unrealistischen Bewegungseindruck für wichtig und veranlasst unwillkürlich eine entsprechende Bewegung. Das Gehirn kann die Welt offenbar nicht immer zutreffend abbilden. Es handelt aber so, *als ob* die von ihm konstruierte Welt die Wirklichkeit wäre.

Es ist mehr als hundert Jahre her, dass der geniale Denker und Kantverehrer Hans Vaihinger (1852–1933) sein Werk über die *Philosophie des Als Ob* veröffentlichte (Vaihinger 1911). Darin erklärte er, dass Menschen den Wahrheitsgehalt von Sachverhalten gar nicht mit letzter Sicherheit überprüfen können und mitunter auch nicht festzustellen brauchen. Trotz logischer Wiedersprüche und aufgrund weitgehend fantasievoller Annahmen käme man zu Fiktionen, von denen sich viele in der Lebenspraxis bewähren und insofern brauchbar und nützlich sind. Die Lebenspraxis würde also letztlich über richtig und falsch entscheiden, denn der eigentliche Zweck des Denkens ist das Handeln (S. 93). Allerdings bleibt im Hintergrund der Argumentation, ob es sich bei der angeführten Lebenspraxis jeweils um einen generellen Lebenszweck oder bloß um die sich gerade stellenden Aufgaben handelt. Zahlreiche Auflagen und Übersetzungen belegen jedenfalls das bis heute ungebrochene Interesse an Vaihingers Schrift.

Vaihinger gilt als erster exponierter Vertreter einer konstruktivistischen Sichtweise, weil er keinen Anspruch auf die Existenz einer allgemein gültigen Wahrheit erhebt. Ob etwas stimmig ist, würde stets der Erfolg entscheiden. Unter diesen Voraussetzungen hätte sich zum Beispiel die Fiktion eines höheren Wesens oder des freien Willens immer wieder durchgesetzt. Vaihinger erklärte darüber hinaus, dass Denken auf einer sehr großen Zahl von Operationen beruht, die für sich unverständlich sind. Er zählt zu den Fiktionen unter anderem alle Arten von Klassifizierungen, sowie induktive Schlussfolgerungen und physikalische Grundbegriffe wie Zeit und Raum. Diese Fiktionen »sind nur Vehikel zur Einleitung und Führung des Prozesses der Vorstellungsbewegung« (S. 327). Es handle sich also um Hilfsbegriffe, »welche aber, ohne wahren Erkenntniswert zu besitzen, nur praktische Bedeutung haben« (S. 324). Wenn jedoch »die praktischen Zwecke erreicht sind, bleiben jene Formen als Residuen und Hüllen zurück« und würden, obwohl im Grunde unlogisch und falsch, immer wieder verwendet (S. 324). »Trotzdem haben wir dieses Verfahren der Psyche als ein äußerst praktisches Hilfsmittel zu betrachten« (S. 323) und mit dem letztlichen Erfolg »entsteht das Lustgefühl des Begreifens« (S. 322).

Mittlerweile haben verschiedene konstruktivistische Schulen Mechanismen aufgedeckt, wie fiktionale Konstruktionen entstehen. Wenig Literatur gibt es bisher allerdings zur Würdigung all der Mechanismen, die bei der neurokognitiven Konstruktion beteiligt sind. Ein sogenannter Realitätsverlust kann unter sehr verschiedenen Bedingungen auftreten, zum Beispiel unter Flüssigkeitsmangel, Schock oder Drogenwirkung, nach einem Trauma oder im Verlauf von Psychosen. Bisher konzentrierte sich das allgemeine psychologische Interesse in diesem Punkt hauptsächlich auf die Entstehung von Täuschungen, und zwar im Sinnesbereich, im Gedächtnis und bei Halluzinationen, sowie auf die Diskussionen um die Willensfreiheit. Doch wie kann ein Fantasie-produzierendes Gehirn überhaupt überlebensfähig sein? Mittlerweile kennen wir sowohl im Bereich des Problemlösens wie auch bei Fehldeutungen in der Wahrnehmung innere Kontrollprozesse, die den Realitätsgehalt und die Brauchbarkeit der mentalen Konstruktionen noch vor einer Handlung prüfen. Diesen Mechanismen wollen wir hier unter Bezugnahme auf das fiktionale Denken unsere Aufmerksamkeit schenken. Dabei werden wir uns insofern auf Vaihingers Fragestellung beziehen, weil wir heute davon ausgehen müssen, dass die Hirnmechanismen, ebenso wie die Sinnesorgane oder die Motorik, gegenüber exakten Rechenoperationen grundsätzlich unscharf und unpräzise arbeiten. Dies hat die Natur möglicherweise deshalb in Kauf genommen, weil diese Mechanismen eine hohe Anpassungsfähigkeit an sehr verschiedenartige Probleme besitzen.

Die vorliegende Schrift über die Konstruktion der Wirklichkeit ist der dritte Titel nach den beiden von mir bereits erschienen Essay-Bänden über die Funktionen des Stirnhirns (Bösel 2012 und 2014). Bisher wurden die sozialen und problemösenden Funktionen des Stirnhirns besprochen – soweit sie nach dem gegenwärtigen Stand der Neurowissenschaften überhaupt schon verstanden werden können. Zu diesen Funktionen kommt nun eine weitere, die man als deutende Funktion des Stirnhirns bezeichnen kann, vielleicht sogar als seine philosophische Funktion. Wir interessieren uns also dafür, wie es das Gehirn schafft, sich Dinge vorzustellen, über die es kaum etwas weiß.

1

Hinter der Stirn

Anschein und Wirklichkeit

In vielen Kunstprodukten, vor allem in der Literatur, auf der Bühne, auf Bildern oder im Film, werden Teile einer besonderen Welt wiedergegeben, die zumindest eine gewisse Ähnlichkeit mit der realen Welt besitzen oder sogar versuchen, bestimmte Aspekte der realen Welt zu verwenden. Dennoch haben Kunstprodukte große Anteile von Erfundenem. Sie sind zwar selbst real, und ihr Thema mag einen realen Hintergrund besitzen, wie das zum Beispiel bei historischen Berichten der Fall ist. Dennoch stellt jede Übertragung von Realität in ein Kunstprodukt eine Entfernung von der dargestellten Realität dar und ist insofern Fiktion. Dies gilt selbstverständlich auch dann, wenn ein Filmset sorgfältig nachgebaut oder mit dem Computer nachkonstruiert wurde und durch handelnde Personen lebensecht gestaltet wurde.

Fiktionen lassen sich von realitätsbeschreibenden Berichten nicht immer unterscheiden. Manchmal ist die mangelnde Übereinstimmung mit den Erfahrungen, die man von Realität besitzt, sehr augenfällig, etwa wenn im Bericht Tiere zu sprechen beginnen. Oft wird bei fiktionalen Kunstprodukten der Anspruch auf genaue Realitätsbeschreibung gar nicht erst erhoben. Fiktionen können jedoch sehr anschaulich sein und unter Umständen sogar pädagogische Zwecke erfüllen. Dieser doch recht erstaunliche Effekt muss eng mit den Mechanismen zusammenhängen, mit denen unser Gehirn arbeitet. Dabei muss man sehen, dass es offenbar eine subjektive »Wirklichkeit« gibt, in der die Wirkungen einzelner Handlungskomponenten vorstellbar sind, auch wenn die die Erreichung eines Ziels ungewiss ist. Diese ist von einer intersubjektiven Wirklichkeit zu unterscheiden, der viele Menschen vertrauen.

Unser Gehirn muss die Eindrücke von der Wirklichkeit in jedem Augenblick neu ordnen. Also muss in der Art, wie das Gehirn die Welt konstruiert, auch der Schlüssel dazu zu finden sein, wodurch sich Fiktion von Realität unterscheidet und unter welchen Umständen Urteile als wirklichkeitsbeschreibend gelten dürfen. Um zu verstehen, wie sich das Gehirn die Welt konstruiert, wollen wir zunächst davon ausgehen, dass das Gehirn im Grunde nicht allzu viel von der Welt verstehen kann. Es besteht aus Nervennetzwerken, die nur wenig über die Wirklichkeit wissen und hauptsächlich Informationen hin- und herschieben. Dabei kann es durchaus zu Fehldeutungen kommen, wie es die bekannten optischen Illusionen demonstrieren.

Eine dieser optischen Illusionen ist das sogenannte Farb-Phi-Phänomen. Dieses wurde schon früh zum Anlass genommen, über die Mechanismen des Bewusstseins bei der Deutung von Wahrgenommenem nachzudenken (Dennett 1991). Zwei Lichtpunkte, die abwechselnd aufleuchten, können unter bestimmten Bedingungen den Eindruck erzeugen, dass es sich um einen einzigen Lichtpunkt handelt, der hin- und herspringt. Diesen Effekt bezeichnet man als Phi-Phänomen. Schon vor über hundert Jahren wurde die Vermutung geäußert, dass das Phi-Phänomen auf die Trägheit der verarbeitenden Nervenzellen beim An- und Abklingen der Erregung in benachbarten Netzhautstellen zurückzuführen ist (Wertheimer 1912). Später entdeckte man jedoch einen noch verblüffenderen Effekt, in dem man eine rote und eine grüne Lichtquelle verwendete, die abwechselnd aufleuchteten. In diesem Fall entsteht der Anschein, dass ein Lichtpunkt grün gefärbt abspringt und rot gefärbt landet, was sich anschließend umkehrt. Überraschenderweise wird als Ort des Farbwechsels nicht einer der beiden leuchtenden Punkte, sondern ein Ort dazwischen angegeben, der dunkel geblieben ist und an dem objektiv überhaupt nichts geschah (Kolers & Grünau 1976). Der fiktive Ort des

14

Farbwechsels stellt einen real nicht existierenden »Erwartungswert« dar. Offenbar spielt bei dieser verblüffenden Illusion ebenfalls die Trägheit der Netzwerkverarbeitung eine Rolle. Die Analyse der Farben ist nämlich gegenüber der biologisch weitaus wichtigeren Bewegungserkennung ein besonders aufwendiger Vorgang. Ist jedoch Bewegung und Farbe gleichermaßen bedeutsam, entsteht offenbar ein Problem bei der Rückrechnung und Zuordnung von Beobachtungszeitpunkten. Das hat zwar nicht direkt mit Bewusstheit zu tun, lässt jedoch eine wichtige Eigenschaft der Bewusstwerdung erkennen. Wir werden das später im Zusammenhang mit »Zeit und Kausalität« näher betrachten. Jenseits solcher Ungenauigkeiten ist es dennoch erstaunlich, was das Gehirn innerhalb kürzester Zeit alles zu leisten vermag.

Das Wissen, dass das Gehirn mit dem Verhalten von Menschen zu tun hat, war schon seit der Antike bekannt. Der im heutigen Kalabrien tätig gewesene Arzt Alkmaion hat, wie aus verschiedenen Quellen überliefert worden ist, um 500 v. Chr. erstmalig öffentlich die Ansicht vertreten, dass die Gehirntätigkeit für den Verstand verantwortlich wäre. Dieser Ansicht schlossen sich sehr bald auch die Verfasser der dem Arzt Hippokrates zugeschriebenen Schriften und der Physiker Demokritos an (Aetios IV, 5, 1; vgl. Capelle 1968, S. 427). Wenig später konnte der römische Gladiatorenarzt Galenus in Pergamon Verhaltensänderungen als direkte Folgen von Hirnverletzungen beobachten.

1845 schrieb Wilhelm Griesinger in Tübingen ein vielbeachtetes psychiatrisches Lehrbuch, in dem er von der Maxime ausging, dass Geisteskrankheiten Gehirnkrankheiten wären. Wenig später dominierte jedoch Charles Darwin mit seiner Evolutionstheorie die Diskussion über geistige Fahigkeiten. Darwins Cousin Francis Galton diskutierte bereits ab 1859 die Frage der Vererbung geistiger Eigenschaften. In Verbindung mit Darwins Evolutionstheorie führte diese Diskussion jedoch in die Sackgasse des Sozialdarwinismus.

Etwa an der Wende zum 20. Jahrhundert begann man, systematisch an Tieren zu forschen, um mehr über den spezifisch menschlichen Geist zu erkunden. Die dabei gewonnen Erkenntnisse prägen seither unser Verständnis vom menschlichen Denken. Für unseren Ansatz ist ein Befund des Neuroanatomen Korbinian Brodmann (1868–1918) besonders bedeutsam: Bei Menschen ist nämlich das Stirnhirn etwa dreimal so groß ist wie bei Schimpansen, wenn man die rein motorischen Anteile ausklammert. Die Funktionen des Stirnhirns scheinen also für spezifisch menschliche Eigenschaften besonders bedeutsam zu sein. Später kamen Forscher wie Konrad Lorenz (1903–1989) und Burrhus Frederic Skinner (1904–1990) trotz höchst unterschiedlicher Forschungsansätze in einem anderen Punkt zu einem ebenfalls höchst wichtigen Ergebnis: Es ist das ungleich höhere Lernvermögen gegenüber Tieren, das beim Menschen so enorme Kulturleistungen ermöglicht.[1]

Heute müssen wir davon ausgehen, dass die Fähigkeit, die Welt immer wieder neu zu konstruieren, darauf beruht, dass beim Lernen ständig kleine Veränderungen in der neuronalen Informationsverarbeitung stattfinden. Durch Stoffwechselprozesse, Verletzungen oder Lernen werden, formal betrachtet, in den Netzwerken Gewichtsfaktoren verändert. Dadurch werden assoziative Verknüpfungen entweder enger oder schwächer. Das Wesen von Netzwerken besteht ja darin, dass jede einzelne Einheit einerseits viele Nachbareinheiten beeinflusst und andererseits durch viele Nachbareinheiten beeinflusst wird. Dadurch steht die einzelne Aktivität stets im Verhältnis zur Aktivität der Umgebung, und es kann durch die Wechselwirkung zu einer relativen Verstärkung oder Abschwächung von Einzelaktivitäten kommen. So entstehen zum Beispiel Effekte der Kontrastbildung. Das geschieht vor allem, wenn Farbflächen aneinanderstoßen. Oder es kommt zum Effekt des Referenzierens, den wir im Kapitel 5 *Vergleichen und Analogien bilden* noch ausführlich behandeln werden. Durch das Referenzieren erzielen Reize relativ zu ihrer Umgebung einen besonderen Effekt. Reichen jedoch solche Prozesse schon dafür aus, dass plötzlich eine neue Perspektive oder sogar ein neues Weltbild entsteht, ein Selbstbild kippt oder sich eine ganze Persönlichkeit verändert? Sicherlich nicht.

Das Gehirn als deutende Instanz

Prozesse der Kontrastabschwächung oder der Kontrastüberhöhung kennen wir hauptsächlich von den der Wahrnehmung dienenden Netzwerken. Ohne Zweifel gelten solche Gesetze jedoch auch in Netzwerken der höhe-

---

1 Es ist an dieser Stelle erwähnenswert, dass bereits zu Beginn des 20. Jahrhunderts die Bedeutung der Hirnfunktionen für menschliche Kulturleistungen außer Frage stand. In einem Statut der Albert-Samson-Stiftung vom 19. Juli 1905/7. September 1914 wurde zum Beispiel verfügt, dass ermöglicht und gefördert werden soll: »... die Ausführung von wissenschaftlichen Forschungen und Untersuchungen über die natürlichen, biologischen Grundlagen der Moral, der individuellen sowohl wie der sozialen« (http://planck.bbaw.de/onlinetexte/Albert-Samson-Stiftung_Statut.pdf).

ren Informationsverarbeitung. Stets wird es sich allerdings in den Fällen, die mit dem Modell einer Kontrastwirkung beschrieben werden können, um lokale Effekte handeln, also um Veränderungen, die jeweils nur kleine Teile der informationsverarbeitenden Struktur betreffen.

Dennoch können unter bestimmten Umständen bereits kleinere Veränderungen in den Verarbeitungsgewichten zu einer größeren Verschiebung in der Bewertung von bedeutsamen Sachverhalten beitragen. Dies trifft vor allem dann zu, wenn Gewichte in den »kognitiven« Aufmerksamkeitsarealen verschoben werden oder wenn Netzwerkteile betroffen sind, die man als »emotionale« Bewertungsareale ansehen muss. Alle diese Areale liegen im Stirnhirn. Warum ist das Stirnhirn so verletzungs- und lernsensitiv? Welche Bedeutung haben Aufmerksamkeits- oder Bewertungssysteme? Diese und andere Fragen, zum Beispiel zur Verortung von Geist, Fantasie und nicht-zielgerichteter Zuversicht werden uns im Folgenden beschäftigen.

Den Bauplan des Gehirns kann man wohl am besten verstehen, wenn man sich die Funktionen der zwei großen, parallelen Verarbeitungswege vergegenwärtigt, die das Gehirn durchziehen: Ein oben gelegener Verarbeitungsweg verarbeitet Reizinformationen und die damit verbundenen Bewegungsimpulse (»wo« bzw. »wohin«). In diesem Weg ist auch die Steuerung der Skelettmuskulatur eingebunden. Ein seitlich und basal gelegener Verarbeitungsweg berücksichtigt körperinnere Prozesse in Verbindung mit möglicherweise vital bedeutsamen Reizen, z. B. von Farben oder Geruchen (»was«). Daraus resultiert letztlich eine Revision vorhandener Bewegungsimpulse in Form von Verstärkung, Hemmung oder Umleitung). Faktoren, die zu einer Verhaltensveränderung führen, bestehen daher in erster Linie aus der Energetisierung von Zu- oder Abwendungsreaktionen, aber auch aus einer Spiegelung von Verhaltensweisen anderer Personen, sowie aus dem Abruf von Informationen aus dem Langzeitgedächtnis und dessen Aktualisierung. Zahlreiche Leistungen des Gehirns entspringen den Funktionen von mehr oder weniger senkrecht verlaufenden Verbindungen, die diese beiden Verarbeitungspfade verknüpfen. Solche Verbindungen existieren auch im Stirnhirn, wobei in diesem Zusammenhang vor allem die mittlere und die untere Stirnhirnwindung beachtenswert erscheint. Das Stirnhirn unterstützt unter anderem Gedächtnis- und Aufmerksamkeitsprozesse.

Lernen, Aufmerksamkeit-Zuwenden und Bewerten sind zwar elementare Prozesse. Wir werden darüber hinaus sehen, dass in den dafür verantwortlichen Systemen die Fähigkeit ihren Ursprung nimmt, Gedanken zu entwickeln, die hypothetischen, unrealistischen oder auch schöpferischen

17

Charakter besitzen. In erster Näherung hat es zwar den Anschein, als wäre das Verständnis für Realität und Fiktion an den Wahrnehmungsapparat gebunden. Allerdings ist zu berücksichtigen, dass die Rolle der Wahrnehmung in der Lebenswirklichkeit von Organismen stets im Dienste der Orientierung von Handlung steht. Selbst einfachste Organismen verfügen über ein Repertoire von Verhaltensweisen, die dem Überleben dienen. Einige dieser Verhaltensweisen benötigen, sofern sie zielorientiert sind, eine Steuerung oder Kontrolle durch bestimmte Reize. Hierbei spielen die Sinnesorgane und eine entsprechende datenverarbeitende Wahrnehmung eine zentrale Rolle. Reize müssen jedoch vor allem in Bezug auf ihre Bedeutung für das Handeln gedeutet werden. Damit tritt eine weitere Fähigkeit in den Vordergrund, für die die Hirnmechanismen die Voraussetzung liefern müssen: die Fähigkeit zu deuten.

Manchmal ist die Handlungsbeeinflussung durch die Wahrnehmung ganz elementar. Nehmen wir ein gut untersuchtes Beispiel aus der einfachen Welt einer Kröte. Ein kleiner schwarzer Fleck, der in der Wahrnehmungswelt plötzlich auftaucht, könnte ein Beutetier sein. Die Kröte wendet sich diesem Fleck zu, um in der Folge genauere Informationen über die Verwertbarkeit dieses Objektes zu erhalten. Taucht jedoch in der Umwelt der Kröte ein großer schwarzer Fleck auf, so könnte es sich um eine mechanische oder biologische Bedrohung handeln, etwa durch ein feindliches Tier. Die Kröte wendet sich ab und sucht unter Umständen sogar das Weite. Die Größe von Objekten sowie auch das Größer- oder Kleinerwerden von Objekten sind Eigenschaften, die leicht zu erkennen sind. Sie erzielen sogar beim Menschen manchmal ähnliche Wirkungen wie eben beschrieben und tragen leicht zu Täuschungen bei. So wirkt ein schnelles Größerwerden leicht als Annäherung und mitunter sogar als Bedrohung. Derartige Effekte finden häufig in Filmen Verwendung.

In der komplexen Welt von Menschen muss die Wahrnehmung jedoch noch um ein Vielfaches mehr leisten: Innerhalb von wenigen Millisekunden erkennen wir bekannte Gesichter, und nur wenig länger brauchen wir, um die Intentionen von Handlungen anderer an Mimik oder Gestik abzulesen und vorherzusehen. Hierbei sind wir pfiffiger als Schimpansen, und dabei hilft uns das hochentwickelte Stirnhirn. Solche Befunde liefern Argumente für Vertreter der hermeneutischen Philosophie. Zwar konzentriert sich die Hermeneutik meist auf die Interpretation schwer zu verstehender Texte. Vielfach wird jedoch argumentiert, dass man sich bei jeder Art von Deutung auf die Gesamtheit der Assoziationen verlassen muss, die das Gedächtnis liefert, also auch auf ungewöhnliche. Und hierbei ist auch Fantasie gefragt. Letztlich müsse und könne eine Passung mit angeborenen oder bisher erworbenen Gestalten oder Schemata hergestellt werden. So erst ließen sich dann bestimmte Zusammenhänge ihrem Wesen nach durchschauen. Allerdings ist festzustellen, dass die Informationsverarbeitungsprozesse im Gehirn komplizierter sind, als sie einem solchen Erkenntnismodell zugrunde liegen. Dieser Komplexität wollen wir im Folgenden in kleinen Schritten nähertreten. Ein wichtiger Punkt wird sein, dass wir zwischen automatisch erfolgenden Deutungen, bewusst vorgenommenen, individuellen Erklärungen und kollektiven, regelgeleiteten Interpretationen unterscheiden werden.

Machen wir uns klar, dass bereits einfache Sinneswahrnehmungen keineswegs das Abbild einer Realität darstellen, sondern selbst bereits mentale Konstruktionen sind. Das gilt sogar für elementare Wahrnehmungen, die den eigenen Körper betreffen. Ein Beispiel dafür sind Phantomschmerzen, ein anderes liefert ein Experiment mit einer Gummihand. Legen Sie ihre rechte Hand vor sich auf den Tisch. Dann schieben Sie einen Gegenstand so vor ihren Körper, dass Sie diese Hand nicht mehr sehen. Hierauf platzieren Sie symmetrisch zu Ihrer rechten Hand einen Gummihandschuh, sodass er so liegt, wie wenn Sie auch Ihre linke Hand auf dem Tisch hätten. Nun soll eine andere Person beide »Hände« mehrmals gleichzeitig antippen, also Ihre rechte Hand und die Gummihand. Alsbald wird unter diesen Bedingungen das Gefühl einer Berührung auch dann auftreten, wenn nur der Gummihandschuh angetippt wird. Die entsprechende Körperwahrnehmung entsteht unter Beteiligung des Stirnhirns. Es kann sogar sein, dass Sie heftig zucken, wenn auf die Gummihand ein unerwarteter Schlag erfolgt – eine wohl nur wenig nützliche Konstruktion von »Wirklichkeit« (Ehrsson u. a. 2005).

Betrachten wir nun die allerersten Prozessen, die beim Anblick eines Gesichtes eine Rolle spielen. Angenommen, man betrachtet das Foto eines nicht näher bekannten Menschen: Wie alt könnte er sein? Scheinbar unwillkürlich wandert der Blick ins Gesicht und sucht dort nach Falten, oder er springt zum Haar, um zu sehen, ob es schütter oder gar grau ist. Tatsächlich bewegt sich der Blick hierbei nicht automatisch, sondern folgt bestimmten Strategien. Personen mit Verletzungen im oberen Stirnhirn versagen bei einer solchen Vorhersage. Stattdessen kommt es zu abenteuerlichen Schätzungen, die vermuten lassen, dass die Verletzten die Kontrolle über bestimmte Aspekte der Realität verloren haben. Doch auch, wenn die Augenbewegungen kontrolliert die Umgebung abtasten, kann es zu höchst waghalsigen und spekulativen Einschätzungen des Gesehenen kommen. Wenn man die deutenden Funktionen des Gehirns verstehen will, muss man nun zwei Dinge berücksichtigen, die wir am

Beispiel der Wahrnehmung eines unbekannten Gesichts besprechen wollen.

Erstens erfolgt die Ausbreitung der visuellen Daten im Gehirn ziemlich unspezifisch, solange nicht eine bestimmte Verarbeitungsbahn durch Aufmerksamkeitsmechanismen breiter geöffnet worden ist. Die Daten gehen erst einmal in verschiedene Regionen des visuellen Systems. Sie werden sich mehr oder weniger erfolgreich ausbreiten, je nachdem, welches Echo sie in den jeweiligen Netzwerken erzeugen können. Auch dort, wo bereits einschlägige Informationen vorliegen, im Beispiel in Regionen, die auf die Gesichtswahrnehmung spezialisiert sind, ist die Anflutung der Daten anfangs recht spärlich. Letztlich muss ja das Gehirn in der gleichen Sekunde möglicherweise eine ganze Menge anderer Dinge tun, eine Bewegung ausführen oder auf bestimmte Laute achten. In unserem Beispiel gehen wir jedoch davon aus, dass die Gesichtsregion deutlich reagieren kann. Das hat üblicherweise zur Folge, dass eine Reihe von benachbarten Regionen, die etwa auf Werkzeuge oder Buchstaben spezialisiert sind, für den Augenblick gehemmt wird. Wenn das Gesicht eine gewisse Auffälligkeit besitzt, also zum Beispiel besonders hübsch ist, kann sich die Hemmung sogar auf Bewegungen oder das Gehör auswirken. Gleichzeitig werden ab diesem Moment Assoziationen aktiv, mit denen bestimmte Merkmale des wahrgenommenen Gesichts verbunden sind und die von sich aus weitere assoziierte Gedächtnisteile aktivieren. Die Attraktivität eines Gesichtes kann Sympathie und unter Umständen das Bedürfnis nach näherer Bekanntschaft erwecken.

Der zweite und wichtigere Punkt, der jeder Deutung einer Wahrnehmung zugrunde liegt, ist die Tatsache, dass Wahrnehmung grundsätzlich dem Handeln dient. Wir sehen nur Dinge, mit denen wir etwas »anfangen« können. Das ist insbesondere bedeutsam, wenn es sich um die Wahrnehmung von Menschen oder genereller um soziale Situationen handelt. Dabei spielt die Theorie somatischer Marker eine Rolle. Diese Marker sollen, wenn sie angesprochen werden, verschiedene Teile des Gehirns mit emotional reagierenden, vegetativ-motorischen Körpersystemen verbinden (Damásio 1994). Darüber hinaus sind viele Punkte in den Netzwerken der höheren Verarbeitung direkt mit verschiedenen anderen Punkten in exekutiven und motorischen Netzwerken verbunden. Im Beispiel des unbekannten Gesichtes folgt die visuelle Verarbeitung bereits von Beginn an dem Erfordernis zu prüfen, was einem dieser Anblick sagt, bzw. wie zu reagieren sein wird. Im Dorf grüßt man auch Unbekannte. In der Stadt weicht man in der Regel Unbekannten auch dann aus, wenn sie direkt auf einen zukommen. Möglicherweise hat die enorme Vielfalt menschlicher

Gesichtsformen einen sozial-evolutionären Hintergrund: Sie erlaubte, vielleicht in der selektions-intensiven Nacheiszeit vor etwa 40 000 Jahren, die Einschätzung, welcher Sippe ein Mensch angehört und was von ihm zu erwarten wäre.

An dieser Stelle wird deutlich, dass die »deutende Funktion« des Gehirns mehreren anderen Funktionen dient. Dabei sind in erster Linie die außerordentlichen sozialrelevanten Leistungen des menschlichen Gehirns zu nennen. Viele Autoren sehen hierin sogar den evolutiven Ursprung von höheren Intelligenzleistungen, sowohl in Bezug auf individuelle Problemlösefähigkeiten als auch in Bezug auf kollektive und kulturelle Entwicklungen. Dass dabei Fantasie und Produktivität eine Rolle spielen, liegt auf der Hand. Fiktionen stellen sich als außerordentlich nützliche Instrumente bei der Erkundung der Realität heraus. Wir werden auch zeigen, dass sich die entsprechenden Funktionen nicht zuletzt deshalb entwickeln konnten, weil etwaige nachteilige Effekte durch den sozialen Raum kontrolliert werden. Jenseits der biologischen Determinanten beruht die Kategorisierung von Wahn und Wahrheit also auf sozialen Vereinbarungen. Im Folgenden werden wir jedoch schwerpunktmäßig die Faktoren berücksichtigen, die auf der Architektur des Gehirns beruhen.

Indem wir naturwissenschaftlich argumentieren und vor allem auch die biologische Evolution und die Informationsverarbeitung in den Netzwerken des Gehirns als gegeben annehmen, ist unser Weltbild also naturalistisch. Allerdings reichen diese Voraussetzungen nicht aus, um menschliches Denken hinreichend zu beschreiben. Über diese Voraussetzungen hinausgehend gibt es Denkweisen, die nicht auf wohldefinierten Begriffen beruhen. Damit im Zusammenhang muss auch das eigene Herangehen kritisch beleuchtet werden. Näherungen und Extrapolationen im Denken, die nach menschlichem Ermessen situationsangemessen und unmittelbar handlungsleitend sind, werden wir als transnaturales Denken bezeichnen. Dieses Phänomen sehen wir als ein Grundphänomen menschlichen Denkens an. Mit der auf diese Weise konstruierten Wirklichkeit werden wir uns beschäftigen müssen, sobald besprochen wurde, in welcher Form üblicherweise Wahrscheinlichkeiten beachtet werden. Erst unter Berücksichtigung des transnaturalen Denkens wird es letztlich möglich sein, alle sozialen, intellektuellen und fiktional-gedanklichen Leistungen einzuordnen und zu erklären.

Bei alldem ist stets zu berücksichtigen: Das Denken, auch das philosophische Denken, also das Nachdenken über das Denken, ist nicht eine besondere oder vertiefte Form von Wahrnehmung. Vielmehr steht das Denken im Dienste des Handelns, insbesondere des Vorstellens, des Planens und des Sprechens. Denken erfährt seine Bestätigung nach dem Handlungsvollzug.

Sozialrelevante Leistungen

Bleiben wir beim Bespiel der Gesichtswahrnehmung. Speziell die Beurteilung von Gesichtern ist ein in hohem Grade sozial bedeutsamer Prozess. Und er wird wie viele, besonders für den Menschen wichtige Prozesse durch das Stirnhirn unterstützt. In einer Untersuchung (Mitchell u. a. 2005) wurden Menschen Fotos von Gesichtern gezeigt und dabei gefragt, ob man der dargestellten Person eine bestimmte Aussage zutrauen würde (»... würde unter bestimmten Umständen mit dem Rauchen aufhören«). Bei solchen Gedanken ist ein bestimmtes Gehirnteil besonders aktiv, und zwar ein an den Hemisphären der Großhirnrinde innen liegender Teil, der sich allerdings ziemlich weit oben, nämlich in der Nähe der Blickfunktionen befindet. Dieses Areal[2] wird mit einer Art »inneren« Blickführung in Verbindung gebracht, also mit der Vorstellung einer bestimmten Blickperspektive oder der Übernahme der Perspektive einer anderen Person. Die entsprechende Region der Großhirnrinde ist auch aktiv, wenn Personen zum Beispiel gefragt werden, ob Christoph Columbus wüsste, was eine CD ist (Goel u. a. 1995). Sie ist auch aktiv, wenn man während einer Untersuchung nichts anderes macht als ruhig zu liegen und mit geschlossenen Augen über die momentane Situation nachzudenken – ebenfalls eine virtuelle, in diesem Fall jedoch selbst-referentielle Perspektive (Gusnard u. a. 2001).

Freilich stellt sich die Frage, ob Einschätzungen, die in der geschilderten Weise erfolgen, nicht einfach auf stereotypem Wissensabruf beruhen: Ein netter junger Mann wird es wohl schaffen, das Rauchen aufzugeben. Columbus hat mit Computern nichts zu tun. Um derartige Feststellungen zu treffen, so könnte man meinen, muss man sich doch nicht in die Perspektive einer anderen Person versetzen. Man kann jedoch die virtuelle Perspektive, die Menschen mitunter einnehmen und in der sie spekulative Stereotypen verwenden, gut von anderen Formen des Wissensabrufs unterscheiden. Zum Beispiel wurden in einer Untersuchung Personen gebe-

---

2 Area 9 (granuläres Stirnhirnareal ▶ **Kap. 2** *Orientierung*)

ten, bestimmte stereotype Aussagen (»sieht gerne romantische Filme«) oder bestimmte Eigenschaften Männern oder Frauen zuzuordnen (John oder Mary). Die dabei beobachteten Hirnaktivitäten wurden dann mit der Zuordnung von anderen Formen des Wissens (»hat vier Saiten«) zu Gegenständen (Gitarre oder Violine) verglichen. Nur bei den Stereotypen, die eine personale Perspektive erforderten, war das oben erwähnte Areal aktiv (Contreras u. a. 2012). Das zeigt, dass bedeutsame Funktionen des Gehirns eine soziale Spezialisierung aufweisen. Außerdem wird nach dem transnaturalen Denken ein weiteres Grundphänomen menschlichen Denkens sichtbar: Das soziale Denken setzt Personen voraus, die selbstständig handeln und die dabei bestimmte Eigenschaften erkennen lassen.

Wenn wir durch wenige Blicke oder aufgrund spärlicher Informationen einen raschen Eindruck gewinnen wollen, verlassen wir uns also gerne auf eine Spekulation. Eine solche, auf Stereotypen beruhende Spekulation ist offenbar immer noch besser, als völlig unvorbereitet in eine Situation zu gehen. Die Stereotypen können auf eigenen Erfahrungen oder – in den meisten Fällen – auf Hören-Sagen-Wissen beruhen. Vielfach werden wir auch durch markante Vorbilder, also zum Beispiel durch Eltern und Lehrer, durch Personen des öffentlichen Lebens oder durch Filmfiguren geprägt. Diese werden gewissermaßen als Prototypen unserem Gedächtnis einverleibt.

Einer der großen Meister des Films, die mit Prototypen hervorragend umgehen konnten, war Walt Disney. Seinen internationalen Durchbruch verdankte er seinem Trickfilm *Schneewittchen und die sieben Zwerge*, wo er Aussehen und Charaktere der gezeichneten Hauptfiguren einigen damals bekannten Schauspielern nachformte. Einer der Zwerge wurde zum Beispiel dem Charakter des damals bekannten Stummfilmstars Harpo Marx nachempfunden. Der Schwerpunkt lag nicht auf einer fotorealistischen Replikation. Obwohl, gelegentlich versuchte das Disney sogar, dann aber keineswegs immer mit treffendem Erfolg. Er hatte dazu sogar eine spezielle Technik entwickelt, mit der er eine fotorealistische Simulation komplizierter Bewegungen vornehmen konnte. Den eigentlichen Effekt seines Films erzielte er letztlich jedoch durch bewährte, prototypische Assoziationen, die die Zeichentrickfiguren erweckten.

Während bei Fiktionen der Anspruch auf eine genaue Realitätsbeschreibung oft gar nicht erhoben wird, ist dies bei virtuellen Realitäten anders. Der Begriff der virtuellen Realität wird meist im Zusammenhang mit der Orientierung in visuell dargebotenen Situationen eingeführt. Allerdings verwendet man ihn manchmal auch in allgemeineren Zusammenhängen, zum Beispiel für literarisch beschriebene soziale Szenen. Virtuelle Realitäten versuchen, einen Realitätseindruck zu erwecken. Meist sollen sie gleichzeitig ein Agieren ermöglichen. Wenn man davon ausgeht, dass in der Fiktion der Kunst Elemente der Realität für Fiktionales verwendet werden, so soll dieser Anspruch durch die virtuelle Realität gewissermaßen auf den Kopf gestellt werden: Der Anspruch der virtuellen Realität besteht darin, durch die interaktive Gestaltung tatsächlich Realität zu erzeugen, obwohl Elemente der Fiktion verwendet werden. Der berühmte Film *Matrix* von 1999 handelt davon, dass fast die gesamte Menschheit in einer künstlichen, von Computern geschaffenen Welt lebt. Nur wenige Menschen wissen dort über die Virtualität ihrer Welt Bescheid. Wir werden Phänomene des Erlebens in virtuellen Realitäten vor allem im letzten Kapitel behandeln.

Effekte von Simulationen kann man zum Beispiel an der Simulation des »Ichs« studieren, wobei das beste Beispiel für einen solchen »Ich-Simulator« ein Spiegel ist. Die Erfahrung zeigt, dass Menschen mit den Funktionen des Spiegelbildes sehr unterschiedlich umgehen. Manche verbringen sehr viel Zeit davor – nicht nur, um ihr Äußeres zu optimieren, sondern auch, um das eigene Aussehen und die eigenen Reaktionen besser kennenzulernen. Andere halten sich vor dem Spiegel nicht besonders lange auf und testen ihr Verhalten lieber in Interaktion mit anderen Menschen. Wir wissen, dass sich auch Tiere vor dem Spiegel nicht immer gleich verhalten.

Intelligenzleistungen

Kommen wir zu den anatomischen Verhältnissen der Informationsverarbeitung im Gehirn zurück. Während die Wahrnehmung hauptsächlich Sache der hinteren Gehirnteile ist, erfolgt die handlungsorientierte Deutung in den vorderen Gehirnteilen: im Stirnhirn. So spielt sich die Deutung visuell-räumlicher Gegebenheiten, sowie die Ergänzung und Weiterführung von Bewegungen in der Vorstellung im oberen Teil des Gehirns unter maßgeblicher Beteiligung und Aufmerksamkeitslenkung der oberen Stirnhirnteile ab. Die Ausschmückung und Deutung in zahlreichen sozialen Situationen ist außerdem eine Funktion der basalen Hirnteile und insbesondere des basalen Stirnhirns. Darüber hinaus hat das Stirnhirn eine große Zahl weiterer Funktionen, die im Zusammenhang mit dem Denken »als ob« und dem Handeln in virtuellen Umgebungen bedeutsam sind. Insofern werden wir uns im Folgenden vor allem mit dem Stirnhirn beschäftigen, also mit dem Gehirnteil unmittelbar hinter der Stirn. Dieses Hirnteil ist beim Menschen im Verhältnis zum restlichen Gehirn größer als bei jedem Tier. Wenn man den rein motorischen Teil wegrechnet, ist das menschliche Stirnhirn, wie bereits eingangs erwähnt, proportional sogar etwa dreimal so groß wie das eines Schimpansen.

An der Oberfläche des Gehirns lässt sich bei Säugetieren gut erkennen, wie weit das Stirnhirn reicht, weil es nach hinten durch eine oberflächliche Furche abgrenzt ist. In den neurowissenschaftlichen Lehrbüchern wird darauf hingewiesen, dass die oberflächliche Schicht des Gehirns, die sogenannte Rinde, im Stirnhirn Netzwerke besitzt, die von den weiter hinten gelegenen Rindenteilen weitgehend unabhängig arbeiten. Die Netzwerke des Stirnhirns sind allerdings über meist lange Faserstränge mit den hinteren Teilen des Gehirns verbunden. Gegenüber den hinteren Teilen der Hirnrinde werden dem Stirnhirn sogenannte exekutive Funktionen zugeschrieben. Damit meint man in erster Linie, dass der Schwerpunkt der Funktionen nicht auf der Wahrnehmung, sondern auf der Vorbereitung und Überwachung von Handlungen liegt. Menschen sind stolz darauf, dass sie mitunter denken, bevor sie handeln, ja sogar oft lange überlegen, um zweckmäßig und insofern möglichst richtig zu handeln. Zwar führen auch Wahrnehmungen zu Erkenntnissen, die beim Denken helfen. Die sogenannten höheren Denkprozesse, die intelligente Handlungen unterstützen, gehören jedoch überwiegend zu den exekutiven Funktionen und benötigen ein intaktes Stirnhirn.

Was sind eigentlich intelligente Handlungen? Im Grunde haben sich Menschen wahrscheinlich schon seit den ältesten Zeiten immer wieder über »richtiges« Verhalten Gedanken gemacht. Derartige Überlegungen dürfte es schon in der Frühgeschichte der Menschheit gegeben haben, schließlich bilden sie die Grundlage jeder pädagogischen Motivation. Leider fehlen uns dazu jegliche Quellen. Die ältesten Nachrichten stammen erst aus dem 6. vorchristlichen Jahrhundert und sind meist auch nur als Berichte aus zweiter oder dritter Hand überliefert. Diese beziehen sich auf Aussprüche und Regeln, die einflussreichen Personen des öffentlichen Lebens, angesehenen Bürgern, Adeligen, Anwälten, Beamten, Politikern oder Despoten zugeschrieben wurden. Regeln ergeben jedoch erst dann einen Sinn, wenn sie auf das eigene Selbst bezogen werden können. Insofern setzt intellektuelles Verhalten stets ein Denken voraus, das intentionale, also auf »Ich handle« bezogene Tätigkeiten beinhaltet. Das ist neben dem transnaturalen Denken und dem Denken über »Personen« ein drittes Grundphänomen bei Denktätigkeiten, die auf Funktionen des Stirnhirns beruhen.

Entsprechende Grundsätze (Maximen) und Lebensweisheiten aus dem Altertum wurden zu einem großen Teil als kompakte Sinnsprüche (Gnome) überliefert und sind im Wesentlichen zum Beispiel in Platons *Protagoras* dokumentiert. In freier Übersetzung und indem wir einen Ausspruch des von Platon ungeliebten Tyrannen Periandros ergänzen, lauten diese Maximen:

- Jeder macht Fehler, also orientiere dich sorgfältig!
- Verwende Gelerntes und mache einen Schritt nach dem andern!
- Berücksichtige Wahrscheinlichkeiten, um alles zum richtigen Zeitpunkt zu tun!
- Versuche, mit dir selbst im Reinen zu sein, und engagiere dich!
- Nutze Beispiele und Maßstäbe, damit du Zusammenhänge erkennst!
- Lege nie die Hand für etwas ins Feuer und zweifle Erfahrungen an, auch eigene!
- Nimm Bewertungen vor, aber ohne Zorn oder Eifer!

Es handelt sich um sieben Themenkreise, die letztlich grundlegende Fähigkeitsbereiche charakterisieren und – neben der Fähigkeit zum Sprachgebrauch – zentrale Mechanismen für *Intelligenzleistungen* und Problemlösen beschreiben. Moderne Intelligenztests prüfen die Leistungsfähigkeit in einigen dieser Fähigkeitsbereiche. Verblüffend ist, dass die Sammlung von »Weisheiten« der sogenannten sieben Weisen des griechischen Altertums letztlich auf Mechanismen verweist, die wir heute als eine zutreffende Beschreibung von einzelnen Funktionen des menschlichen Stirnhirns wiedererkennen können (vgl. Bösel 2014).

Erst in neuerer Zeit ist, wie bereits erwähnt, deutlich geworden, dass auch *soziale Fähigkeiten* auf Funktionen des Stirnhirns beruhen. Dies mag im ersten Augenblick etwas verwunderlich sein, weil Sympathie und Aspekte des Zusammenlebens lange Zeit eher emotional oder gar biologisch begründet wurden. Mit der Entdeckung von sogenannten Spiegelzellen begann man, die Mechanismen des sozialen Miteinanders unter einem neuen Blickwinkel zu untersuchen: Verstehen als inneres Nachahmen und Weiterdenken. Heute unterscheidet man vielfach zwischen kognitiver Empathie (Perspektivenübernahme) und emotionaler Empathie. Bei sehr verschiedenen Arten von sozialem Verstehen, von Zuneigung und Kooperation, auch unter Berücksichtigung von Sex oder von ökonomischen Interessen, ist das Stirnhirn beteiligt (vgl. Bösel 2012).

Es gibt noch einen dritten Bereich des Denkens, der neben kluger oder sozialer Reflexion das Handeln vorbereitet und der, wie zu sehen sein wird, eine zentrale Leistung des Stirnhirns ist: *das fiktionale Denken.* Es

ermöglicht Deutungen, sich mit metaphysischen Fragen auseinanderzu-
setzen, sich in virtuellen Räumen zu bewegen und unter Umständen Realitäten von Täuschungen zu unterscheiden. Es mag überraschend sein, dass
fiktionales Denken überhaupt zum Gegenstand naturwissenschaftlicher
Forschung gemacht werden kann. Dabei sind es oft gerade Ärzte, die sich
mit Fantasieproduktionen ihrer Patienten auseinandersetzen müssen. Insofern sind Fantasie, Vorausdenken oder Zuversicht nicht nur Gegenstände, die üblicherweise als charakteristisch für den menschlichen »Geist«
angesehen werden und selbst Gegenstand der Metaphysik sind. Es handelt
sich hierbei auch um Gegenstände medizinischer und selbstverständlich
auch psychologischer Forschung.

Fiktionales Denken

Wir werden prüfen, unter welchen Bedingungen unser Gehirn davon ausgeht, dass eine neurokognitive Konstruktion die Realität abbildet, ein
Phantasiegebilde ist oder eine vernünftige Schlussfolgerung bzw. ein ver-
nünftiges Theorem darstellt. Dazu werden wir uns jetzt mit den Funktionen einzelner Teile des Stirnhirns auseinandersetzen. Dabei wollen wir
versuchen, der Frage näher zu kommen, wie es der von der Evolution zur
Verfügung gestellte Nervenapparat schafft, über Dinge nachzudenken, die
nicht direkt in der Lebenswelt wahrgenommen und bewegt werden können. Derart vorgestellte Dinge können ja bewegt und verändert werden,
als ob sie Teil der Wirklichkeit wären. Wir sprechen von mentalen Handlungen, denen man Eigenschaften wie Global- oder Detailbetrachtung,
Verwendung von Bildern oder Sprache, Entschlussfassung und Ausführung zuschreiben kann. Das Ergebnis einer mentalen Vorstellung kann
Richtung und Intensität wirklicher Handlungen beeinflussen. Wenn das
der Fall ist, also wenn Vorgestelltes handlungsleitend wird, so ist das Vorgestellte Teil der »Wirklichkeit«. Ein Plan, der nie ausgeführt wird, und
sei es sogar ein Plan zur Tötung eines Menschen, ist bloße Fantasie.
Wenn ein Plan zu einer Handlung erkennbar beigetragen hat, dann geschah
diese Handlung mit Vorsatz. Fantasie und Wirklichkeit lassen sich nicht
immer klar voneinander trennen. Eine Trennung ist eigentlich erst aufgrund eines Ergebnisses, also am Ausmaß der Handlungsrelevanz einer
Vorstellung abzulesen. Bei Straftaten ist es Sache der Richter, letztlich
eine entsprechende Entscheidung zu treffen.

Wenn wir im Folgenden der Architektur der Hirnfunktionen nähertreten, so werden wir das stets am Beispiel von zielgerichteten Tätigkeiten tun. Der Hauptgrund für die Art dieses Herangehens ist schlicht die Tatsache, dass uns für eine andere Form der Beschreibung der psychologisch bedeutsamen Hirntätigkeit die Begriffe fehlen. Die Informationsverarbeitung im Gehirn hat ja größtenteils nicht unmittelbar mit der Wirklichkeit zu tun, die wir üblicherweise beschreiben. Begriffe zur Beschreibung von zielloser Fantasie oder unbewussten Prozessen sind in der Regel zu vage oder orientieren sich sehr stark an missverständlichen Metaphern. Zielgerichtete Tätigkeiten sind hingegen gut untersucht, und die dazu gehörenden Planungsprozesse lassen sich meist, zumindest aber in konkreten Einzelfällen, klar analysieren. Außerdem werden wir immer wieder auf Parallelen zwischen intrapsychischen Vorgängen und offenen Verhaltensweisen, also zwischen mikroskopischen und makroskopischen Prozessen, hinweisen. Teilweise handelt es sich dabei, wie oft auch in der Physik, in erster Näherung um die Verwendung von alltäglichem, gesichertem Wissen auf der makroskopischen Ebene zur Erklärung von weitgehend verborgenen, mikroskopischen Mechanismen. Außerdem gehen wir davon aus, dass sich die höheren Mechanismen der Informationsverarbeitung im Verlauf der Evolution im sozialen Kontext entwickelt haben. Allerdings lässt sich die Argumentation auch umkehren: Was sich bei der Evolution der Informationsverarbeitung im Gehirn bewährt hat, kann vielleicht auch als Modell für eine erfolgreiche Interaktion zwischen Menschen gelten.

Indem wir die Hirnfunktionen am Beispiel zielgerichteter Tätigkeiten beschreiben, kann der Eindruck entstehen, alle Fantasien wären handlungsrelevant und damit Teil der »Wirklichkeit«. Wäre es so, dann gäbe es kein Als-Ob. Tatsächlich werden zum Beispiel oft Pläne verworfen, die keine Realisierungschance besitzen. Solche Versuche beruhen nun tatsächlich auf einem Als-Ob. Ähnliches gilt für freisteigende Fantasien im Zustand zwischen Wachen und Schlafen und bei Gedankenflucht, also in einem Zustand ohne Tätigkeitsbedürfnis. Allerdings ist, wie man an diesen Beispielen sehen kann, der Übergang zwischen Fantasie und Wirklichkeit immer fließend. Das belegen die Schwierigkeiten und Konflikte von Personen mit Halluzinationen. Dazu kommt, dass Pläne, die verworfen werden, und Gedanken im entspannten Zustand immer irgendwie auch einen Beitrag zu realen Handlungen leisten. Insofern manchen wir keinen großen Fehler, wenn wir das Denken und die zugrundeliegenden Hirnfunktionen am Beispiel zielgerichteter Tätigkeiten besprechen. Allerdings ist unter dieser Voraussetzung das Als-ob-Denken stets als ein Teil der Wirklichkeitskonstruktion anzusehen.

Bei der folgenden detaillierten Betrachtung der Stirnhirnfunktionen werden wir einer einfachen anatomischen Gliederung folgen. Wir werden die Hirngebiete der Reihe nach von oben nach unten besprechen und gelegentlich die Funktionsunterschiede zwischen rechter und linker Hirnhälfte berücksichtigen.

2

Orientierung

Zu den Funktionen des Areals BA 9, des ACC und der Basalkerne

Die Netzwerke des Gehirns sind offenbar gut geeignet zur Verarbeitung von Vorgängen, also zur Bewegungs- und Prozessanalyse. Die entsprechenden Hochrechnungen können durch Probehandlungen verbessert werden. Wir verwenden das Paradigma des zielgerichteten Handelns, um Hochrechnungen daraufhin zu prüfen, unter welchen Umständen sie zu realistischen oder unrealistischen Ergebnissen führen. Evolution und individuelles Lernen haben einen ähnlichen Effekt: Es können überdauernde biologische Anpassungen erfolgen, die die jeweilige Verarbeitung flüssiger gestalten, beim Lernen durch überraschende oder eine Reihe ähnlicher Erfahrungen. Dadurch treten einzelne Gedanken und Verhaltensweisen unter bestimmten Bedingungen mit hoher Wahrscheinlichkeit auf. Wir müssen uns selbst als »Gefangene« von Biologie, Gewohnheiten und Kultur ansehen. Diese Bedingungen sind zwar selbst Konstruktionen, stellen jedoch einen grundlegenden Erkenntnisrahmen dar.

Die Funktionen des granulären Areals

Beginnen wir mit der obersten Stirnhirnregion. Sie besteht aus dem oberen Drittel der beiden Stirnhirnhälften. Dazu zählen wir die obere Stirnhirnwindung und ein Teil der mittleren Strinhirnwindung. Das prominenteste funktionelle Areal dieser Stirnhirnregion heißt granuläres Stirnhirnareal und trägt die Areal-Nummer BA 9.[3] Es erstreckt sich quer über die beiden oberen Stirnhirnwindungen. Das granuläre Areal zieht quer über das Stirnhirn schräg nach vorne oben. Es können dort in erster Linie Hochrechnungen über räumliche Bewegungen vorgenommen werden (Knauff u. a. 2002). Die Evolution des Stirnhirns war jedoch vermutlich eng mit der Entwicklung sozialer Fähigkeiten verknüpft. Jedenfalls ist das granuläre Areal auch bei Hochrechnungen über Absichten anderer Personen aufgrund deren Verhaltens eingebunden (Goel u. a. 1995; Bermpohl u. a. 2006).

Wie alle Stirnhirnareale besitzt auch das granuläre sogenannte exekutive Funktionen. Das bedeutet, dass es der Planung und Vorbereitung von Tätigkeiten dient. Wie alle Stirnhirnareale ist es über lange Faserzüge mit weiter hinten gelegenen Rindenarealen verbunden, die spezielle Aufgaben im Bereich der Wahrnehmung übernehmen. Das granuläre Stirnhirnareal ist mit einem Rindenareal unterhalb der Schädelmitte verbunden, das die Arealnummer 7 trägt (Gong u. a. 2009). Damit ist das granuläre Areal Teil eines oben in der Hirnrinde gelegenen Verarbeitungspfades, von dem wir wissen, dass in den zugehörigen Netzwerken Informationen über das »Wo« und »Wohin« eines Wahrnehmungsinhalts bzw. einer Bewegung bereitgestellt werden. Den Zusammenhang von Bewegungswahrnehmung und Bewegungssteuerung kann man sich rasch an einfachen Beispielen veranschaulichen. Kann man ein in der Nähe befindliches Objekt gut verorten, so ist es möglich, die Hand nach diesem Objekt mittels einer zielgerichteten Greifbewegung auszustrecken. Sieht man ein sich bewegendes Objekt, das von Interesse ist, so können die Augen diesem Objekt durch eine geeignete Augenfolgebewegung folgen.

Welche höheren Leistungen sind nun mit den Funktionen der Analyse von »Wo« und »Wohin« verbunden? Lässt sich das »Wo« im räumlichen

---

3 Die anatomische Unterscheidung verschiedener Areale der Großhirnrinde geht auf den Anatomen Korbinian Brodmann (1868–1918) zurück. Entsprechend werden die von ihm beschriebenen Areale als Brodmann-Areale (BA) bezeichnet.

Sinn auch für die Verortung im Bedeutungsraum verwenden? Ist das »Wohin« eine Schätzung, die nur für bewegte Objekte vorgenommen wird, oder können mit diesen Netzwerken auch komplexere Erwartungen aufgebaut werden? Jedenfalls besitzt das obere Drittel des Stirnhirns Netzwerke, die auf hochgradig abstrahierte Informationen aus der Wahrnehmung zurückgreifen und diese verwenden, um Hochrechnungen für einen Umweltzustand vorzunehmen, der sich aus den wahrgenommenen Voraussetzungen ergeben könnte.

Das granuläre Areal ermöglicht, dass Bewegungen weitergedacht und Ziele erkannt werden. Es unterstützt auch die Fähigkeit, Vorgänge und Verhaltensweisen anderer Personen zu interpretieren. Dabei scheint es unwichtig zu sein, ob man die betreffenden Vorgänge gesehen, gehört oder gelesen hat.

Nehmen wir als Beispiel die Wahrnehmung eines bewegten Objekts. Durch eine Bewegung werden nacheinander mehrere Teile der Netzhaut und damit auch der Sehrinde gereizt. Die entsprechenden Nervenzellen werden nur geringfügig erregt. Werden im Verlauf der Verarbeitung die entsprechenden Erregungen jedoch zusammengeführt, so ergibt sich als Summe der Gesamteindruck einer Bewegung, für die sogar die Bewegungsrichtung hochgerechnet werden kann. Generell gilt, dass Umweltereignisse häufig durch Nervenzellen repräsentiert werden, die auf die entsprechenden Signale nicht sehr spezifisch reagieren. In ihrer Gesamtheit erlauben sie jedoch eine zutreffende Abbildung der Umwelt.

Das entsprechende Prinzip für eine solche Repräsentation wird »coarse coding« genannt und ist im Gehirn weit verbreitet. Insbesondere dient es der Hochrechnung von Bewegungsrichtungen (vgl. Dawson & Boechler 2007).

Die Ergebnisse von Hochrechnungen, die man als Zukunftsvorstellungen oder Erwartungen bezeichnen kann, stammen jedoch nicht aus Berechnungen, die die Hilfe einer Zeitvariablen benötigen. Dazu müsste ein länger dauernder Entwicklungsprozess repräsentiert werden, was meist nicht der Fall ist. Vielmehr wird ein passendes Erfahrungsbild assoziiert, zum Beispiel die Erfahrung eines auf einer Straße fahrenden Autos, das als Repräsentation des möglichen Ausgangs dient: Wenn man die Vorderseite des Autos sieht, wird sich das Auto nähern. Die Repräsentation des Ausgangs gelingt umso besser, je weiter sich die Bewegung ihrem Ende nähert.

Die Fähigkeit, Prozesse weiterzudenken, ist keine Fähigkeit, über die nur Menschen verfügen. Jedes Tier, das jagt, versucht den Weg des Beutetiers zu berechnen, teilweise mit erstaunlichem Erfolg. Die Bewegungen eines Angreifers müssen vorhergesehen werden, um sich zu verteidigen. Unter vielen Bedingungen ist es bedeutsam zu verstehen, was ein anderes Tier als Nächstes tun wird. Beim Menschen beruhen derartige Hochrechnungen allerdings häufig auf Wissen, das kulturell geprägt ist. Ein Reisender, der in einem Bahnwaggon am Ausgang steht, wird vielleicht bei der nächsten Station aussteigen. Vorhersagen im sozialen Raum werden jedoch erst im Zusammenhang mit sozialen Bewegungen oder mit einem entsprechenden Routineabruf aus dem Gedächtnis verständlich. Dabei ist es nicht immer einfach zu unterscheiden, wann Hochrechnungen erfolgen und wann entsprechendes Wissen routinemäßig abgerufen werden kann. Ein geistreiches Wort sagt, der Mensch wäre das einzige Lebewesen, das sich seiner Sterblichkeit bewusst ist. Doch auch altersschwache Tiere wissen durchaus, wie leicht sie gestört oder überfordert werden können, und sondern sich daher oft von ihren Artgenossen ab. Über den Tod zu sprechen, erfordert jedoch einschlägiges, kulturell erworbenes Wissen.

Es gibt einige Untersuchungen, die zeigen, dass Hochrechnungen über den weiteren Verlauf einer sozialen Handlung ebenfalls gelegentlich das obere Drittel des Stirnhirns beanspruchen. Es ist in diesem Zusammenhang eine interessante Frage, ob zum Beispiel die Fiktion von sozialem Austausch in der Literatur ein Modell darstellt, das beim Lesen das Lernen am Modell ermöglicht. In vielen Studien wurde gezeigt, dass das tatsächlich der Fall ist und beim Lesen von Literatur in der Schule diese Funktion erfüllt. So wurden 5- bis 10-jährige Schüler für einige Wochen veranlasst, Geschichten über das Zusammenleben von Nichtbehinderten mit Behinderten zu lesen. Als Ergebnis konnte glaubhaft gemacht werden, dass Vorurteile durch die Beschäftigung mit entsprechenden sozialen Situationen in der Literatur abgebaut werden können (Cameron & Rutland 2006). In Bezug auf die Einstellung gegenüber Personen, die nicht der eigenen Kultur angehören, sind mehrere Studien an der Universität Modena durchgeführt worden. Schüler, die häufiger Geschichten über Fantasy-Charaktere lasen, zeigten in einer Studie geringere Vorurteile gegenüber Fremden (Vezzali & Giovannini 2012). Viel beachtet wurde die sogenannte Harry-Potter-Studie aus der gleichen Arbeitsgruppe (Vezzali u. a. 2015). Schüler, die viele Harry-Potter-Romane gelesen hatten, besaßen vor allem gegenüber Flüchtlingen und Einwanderern geringe Vorurteile. Nun könnte man bei derartigen Befunden an älteren Schülern einwenden, dass die vermehrte Lektüre solcher Romane bereits auf einer größeren Toleranz gegenüber fremden Charakteren beruht. Demgegenüber gab es auch Untersuchungen an jüngeren Kindern, denen Harry-Potter-Romane vorgelesen wurden und mit denen über das in den Romanen beschriebene Verhalten gegenüber Außenseitern (»Muggeln« und »Schlammblütern«) diskutiert wurde. Im Vergleich zu einer Kontrollgruppe verbesserte sich auch hier die Einstellung der Harry-Potter-Kenner gegenüber Flüchtlingen und Einwanderern.

Eigenes Handeln an möglichen Entwicklungen orientieren

Eine sehr grundsätzliche Frage ist, warum wir Menschen dazu neigen, für alles Mögliche eine Erklärung zu suchen oder, vereinfacht gesagt, Ursachen zu suchen und darüber Vorstellungen aufzubauen. Eine Begründung, also die Rede über Ursachen, erfolgt meistens mit Verweis auf eine Evidenz (»Das weiß oder sieht doch jeder!«) oder aufgrund von schlussfolgerndem Denken. Wir werden also zu überlegen haben, ob und wie die neuronale Informationsverarbeitung so etwas wie Evidenz oder schlussfolgerndes Denken erzeugt. Zunächst ist festzustellen, dass die Beobachtung einer Bewegung noch keineswegs bedeutet, dass die Bewegungsursache mitgedacht werden muss. Es werden jedoch ziemlich leicht Erwartungen über den weiteren Verlauf einer Bewegung aufgebaut, und der Aufbau solcher Erwartungen ist Gegenstand der Funktionen des oberen Stirnhirndrittels. Daher ist in diesen Funktionen wohl auch der Ursprung des Ursache-Wirkungs-Denkens zu vermuten.

Tatsächlich gibt es einige Befunde, die zeigen, dass Konsequenzen, also Folgen und Wirkungen von Bewegungen, mit Hilfe des Stirnhirns vorausgedacht werden können. Eine Frau muss mit ihrem Auto eine Notbremsung machen, um eine Katze nicht zu überfahren. Die Frau öffnet den Mund. Was wird sie jetzt sagen? Ist sie erleichtert, weil alles gut ausgegangen ist? Ist sie ärgerlich, weil sie erschreckt wurde? Ist sie traurig, weil sie daran denkt, was hätte passieren können? Was auch immer ein Beobachter von der Frau erwartet: Bei solchen Erwartungen ist die obere Stirnhirnwindung aktiv (Hynes u. a. 2006). Dieses Beispiel besitzt einige wichtige Eigenschaften. Es ist ein erstaunlich vielschichtiger Vorgang, der hier weitergedacht wird. Er handelt von der Übernahme einer fremden Sichtweise und spielt sich also in einem Bereich ab, der den sozialen Leistungen des Gehirns zuzuordnen ist. Die Art der Zuschreibung kann zwischen verschiedenen Personen ganz unterschiedlich ausfallen und hängt offenbar von individuellen Erfahrungen oder erlernten Stereotypen ab.

Wir haben andernorts noch weitere Beispiele diskutiert, in denen die obere Stirnhirnwindung aktiv ist und in deren Verlauf komplexe Situationen nahezu automatisch weitergedacht werden (Bösel 2012, S. 41–51). Offenbar folgt aus dem Verständnis für den beobachteten Vorgang noch kein unmittelbares Handeln. Es kommt zunächst nur zu einer Aktivierung in den Stirnhirnnetzwerken. Ein derartiges Innehalten in der Informationsverarbeitung und -weiterleitung ist gut untersucht. Das Areal, das die Antwortabgabe vorbereiten sollte, wird zwar durch die Vorgaben aufgeladen und ist aktiv. Es erfolgt jedoch noch keine rasche Weiterleitung, da die Antwort selbst erst gesucht werden muss.

Damit kommen wir zum nächsten Schritt der Informationsverarbeitung, nämlich der Suche im Gedächtnis nach einer passenden Ergänzung und Vervollständigung des beobachteten Vorgangs. Man spricht in diesem Zusammenhang auch von Extrapolation. Das ist ein Kunstwort, das als Gegenteil zur Interpolation, einem glättenden Einschub, gebildet wurde. Es meint eine passende Ergänzung. In der Rede über Sachverhalte unterscheidet man zwischen beobachteten und erschlossenen Sachverhalten. Letztere werden als Konstrukte bezeichnet. Zu den wichtigsten Konstrukten in der Psychologie gehören solche, die Eigenschaften von Personen beschreiben. Dabei handelt es sich um typische Beispiele für Konstrukte, die auf Extrapolationen (Verallgemeinerungen) und damit auf fiktionalen Ergänzungen beruhen, weil sie auf der Basis von einzelnen Beobachtungen Aussagen über Nichtbeobachtetes machen (Herrmann 1984).

Wie konnte man sich eine Suche nach einer passenden Ergänzung im Gedächtnis vorstellen? Wie kommt es zu induktivem Denken, also zu einem passenden Weiterdenken? Die einfachste Annahme darüber, wie eine solche Gedächtnissuche funktionieren könnte, betrifft das Vorhandensein erlernter Assoziationen. Man wird davon ausgehen müssen, dass einige Merkmale der vorgestellten Situation mit bestimmten Gedächtnisteilen assoziiert sind. In unserem Beispiel spielen eine Frau, ein Auto und eine Vollbremsung eine Rolle. Sicherlich ist es so, dass jeder dieser Vorstellungsinhalte mit zahlreichen anderen Themen verbunden ist. Sofern es jedoch eine gemeinsame Zielvorstellung gibt (zum Beispiel eine selbsterlebte Vollbremsung oder Vorurteile über Frauen am Steuer), so könnte diese Vorstellung als Erwartung für die Fortsetzung der Vorgaben verwendet werden. So haben es auch schon die Denkpsychologen vor 100 Jahren gesehen (vgl. Ach 1905). Die Zielvorstellung ist jedenfalls eine der wichtigsten Determinanten für Hochrechnungen über Bewegungen und Entwicklungen.

Doch nicht immer lässt sich das Funktionieren des Gehirns auf diese einfache Formel reduzieren. Glücklicherweise, denn es ist nur selten hilfreich, dem ersten Impuls oder dem ersten Eindruck zu folgen. Das gilt vor allem für sozial bedeutsame Situationen, wo viele mögliche Reaktionen mitzudenken sind. Erwachsene, aber auch Kinder, verstehen unvertraute soziale Wirkungsketten leichter als unvertraute physikalische Kausalitäten (Fein 1972, Cosmides & Toby 1989). Nicht einmal Tiere folgen in sozialen Situationen einfach nur den nächstliegenden Impulsen.

Bereits Darwin hat darauf hingewiesen, dass Tiere im Laufe der Evolution befähigt wurden, zumindest ansatzweise zu verstehen, was andere Tiere als Nächstes tun werden. Dazu gibt es viele Beobachtungen zum Beispiel an Affen. Ein junger, kräftiger Pavian wird von einem gleichaltrigen Pavianweibchen geärgert. Dieses Tier ist die Tochter eines ranghohen Weibchens. Der junge Pavian weiß das. Er fürchtet offenbar die Konsequenzen und vermeidet einen weiteren Streit (Nishida 1987). Oder ein anderes Beispiel: Ein junger Schimpanse entdeckt eine verlorengegangene Banane. Obwohl er sie haben will, vermeidet er es zunächst, sie anzustarren und wendet den Kopf ab. Er wird nämlich gerade von einem ranghohen Schimpansen beobachtet. Erst als dieser verschwindet, dreht sich der junge Schimpanse ganz schnell um und holt die begehrte Banane (vgl. Bösel 2012, S. 68f). In diesen Beispielen wird deutlich, dass für das Weiterdenken von Vorgängen, mit dem Ziel selbst passend zu handeln, oft sehr globales Wissen herangezogen wird, auch schon bei Affen. In dieses Wissen wird die konkrete Situation gewissermaßen eingebettet, um sich in der Situation verhalten zu können.

Erst indem Wirkungen, Ziele und Folgen von beobachteten Vorgängen erkannt werden, kann eigenes Verhalten angepasst werden. Genau das scheint eine wichtige Komponente für die Zuschreibung von Kausalitäten zu sein (Dickinson 1980), und wir werden das gleich noch vertiefen. Tatsächlich ist seit langem bekannt, dass Affen Ursache-Wirkungs-Beziehungen erkennen können, die über eine bloße Spontanassoziation hinausgehen. Beispiele dafür findet man schon in den Experimenten mit Schimpansen, die gelernt hatten, Symbole zu verstehen (Premack 1976). Premack zeigte seinen Tieren damals zum Beispiel ein Bild mit einem ganzen und einem halbierten Apfel. Wenn diese anschließend zwischen einem Glas Wasser, einem Bleistift und einem Messer zu wählen hatten, griffen sie nach dem Messer. Bei diesem Ergebnis könnte man noch die Meinung vertreten, dass die Wahl auf das Messer fiel, weil Wasser und Bleistift ja kaum mit dem Apfel zu assoziieren waren. Diese Gegenstände konnten jedoch bei anderen Aufgaben gut zugeordnet werden. Spannend war es, als ein ganzer und ein zerstückelter Schwamm gezeigt wurden. Der Schwamm war ja in erster Linie mit Wasser assoziiert. Dennoch wählten die Schimpansen das Messer, offenbar als ein Werkzeug, das geeignet war, einen Schwamm in Teile zu schneiden.

Mit Probehandeln mögliche Wirkungen prüfen

Ziehen wir ein vorläufiges Fazit. Die Beobachtung eines handlungsrelevanten Vorgangs führt zum Aufbau von Erwartungen über den möglichen, weiteren Verlauf des beobachteten Prozesses. Dabei spielen Assoziationen zu ähnlichen Sachverhalten eine Rolle, über die Informationen im Gedächtnis vorliegen. Vor allem in Situationen, deren Komponenten komplexe oder mehrdeutige Eigenschaften besitzen, gibt es keine einfachen und direkten Assoziationen. Das trifft zum Beispiel häufig für soziale Situationen zu. In der Regel wird in diesen Fällen übergeordnetes Wissen herangezogen. Dieses entsteht jedoch meist erst aus Einzelerfahrungen. Induktives Denken ist somit die Mutter der Theorie (vgl. Bösel 2014, S. 51f). Damit widersprechen wir zwar verschiedenen prominenten Denkern, wie zum Beispiel Bertrand Russell (1872–1970). Russell ging davon aus, dass jede Erfahrung nur vor dem Hintergrund einer bereits existierenden Theorie eingeordnet werden kann. Diese Annahme würde jedoch einen sehr weitgefassten Theoriebegriff voraussetzen. Mit unserer Ansicht können wir hingegen Erfahrungen mit der Natur und Erfahrungen mit dem Denken in Einklang bringen. Nun führten wir bereits Beispiele an, in denen Wissen über übliches Sozialverhalten bestimmter Gruppenmitglieder für die Wahl eigener Verhaltensweisen herangezogen wurde. Die Frage ist nun: Trug dieses soziale Wissen bereits zu einer deutlichen Kausalvorstellung bei? Denkt ein Schimpanse wirklich, dass ein Ranghöherer seine Gedanken erraten könne, nur weil er selbst zu einer halb verborgenen Banane schielt? Im Grunde trauen wir Schimpansen derartige Gedanken nicht zu. Für Menschen träfe das aber wahrscheinlich zu. Denn für Menschen ist es hilfreich, explizite Erklärungen zu suchen, um unter komplizierten Bedingungen handlungsfähig zu bleiben.

Auf welche Weise können Menschen das passende, übergeordnete Wissen finden? Wir müssen davon ausgehen, dass die obere Stirnhirnwindung für das Auffinden übergeordneten Wissens die Unterstützung weiterer Netzwerke benötigt. Das ist auch der Fall. Diese unterstützenden Netzwerke schließen im Stirnhirn an die eben besprochenen an, liegen etwas weiter unten als diese und sind bei erwachsenen Menschen weitaus stärker entwickelt als bei Schimpansen oder Kleinkindern. Diese Netzwerke sind bedeutsam für die Herstellung von Relationen und für Zusammenhangswissen (▶ **Kap. 5** *Vergleichen und Analogien bilden*).

Zuvor wollen wir jedoch der Frage nachgehen, unter welchen Bedingungen die obere Stirnhirnwindung überhaupt beginnt, nach übergeordnetem Wissen zu suchen, statt der ersten naheliegenden Assoziation zu folgen. Eine der berühmtesten Metaphern für zielgerichtetes Handeln ist das Einschlagen eines Nagels. Sie stand im vorigen Jahrhundert am Beginn der Erforschung von Planungsprozessen im Vordergrund (Miller u. a. 1960). Ziel ist es, mit Hammerschlägen einen Nagel bis zum Kopf in das Holz zu treiben. Nach dem ersten Schlag lässt sich kontrollieren, wie weit der Nagel bereits versenkt ist. Darauf erfolgt der nächste Hammerschlag, bis das Ziel erreicht ist und die Bewegungsfolge beendet wird. Ein solcher Zyklus enthält Bewegungen und Kontrolltätigkeiten. Die Kontrollen legen die Art der nächsten Bewegung bzw. deren Unterlassung fest. Der Kontrollvorgang selbst besteht in diesem Fall aus einem Vergleich des Ist-Zustandes mit der Zielvorstellung. Dieses Modell lässt sich auch auf einen Fall übertragen, in dem geprüft wird, ob eine Zielvorstellung zu einem bisher beobachteten Verlauf passt. Genau das geschieht, wenn ein Sachverhalt als Wirkung einer bestimmen Ursache angesehen wird. Dabei ist es zweckmäßig, dass die Zuschreibung einer Ursache einer Plausibilitätskontrolle unterzogen wird.

Wahrgenommene Bewegungen werden zum Beispiel automatisch darauf geprüft, inwieweit die Bewegungswahrnehmung auf eine Eigenbewegung zurückzuführen ist. Es existiert ein biologischer Mechanismus, der die aufgrund von Eigenbewegung zu erwartenden Wahrnehmungen (Anochin 1967) von den tatsächlichen Bewegungswahrnehmungen subtrahiert. Dieser Mechanismus ist gut untersucht. Es handelt sich um das sogenannte Reafferenzprinzip (von Holst & Mittelstaedt 1950). Im Grunde stellt die Eigenbewegung eine Referenz dar. Für weitere Aktionen relevant und beachtenswert sind nur die Wahrnehmungen, die darüber hinausgehen. Dazu werden die vom Körper kommenden Signale in den verarbeitenden Netzwerken in besonderer Weise verrechnet. Erst die Differenz aus ankommenden Bewegungsimpulsen minus Eigenbewegung wird als Wahrnehmung einer Objektbewegung dem motorischen System bzw. dem Bewusstsein zugeführt. Angenommen, Sie verfolgen mit Ihrem Blick einen vorüberlaufenden Hund. Dabei drehen Sie Kopf und Augen mit der Bewegung mit. Es kann sein, dass sich unter diesen Umständen das Bild des Hundes praktisch immer im Zentrum Ihres Sehfeldes befindet. Dennoch entsteht der Eindruck, dass sich der Hund fortbewegt hat, weil die gesehene Bewegung durch eine Verrechnung mit der Eigenbewegung automatisch korrigiert wird.

Doch nicht immer ist nicht evident, dass eine Eigenbewegung vorliegt. In diesem Fall muss geprüft werden, welche Verrechnungsgröße sich als Referenz eignet. Sie sitzen zum Beispiel im Abteil eines in einer Bahnstation stehenden Zuges. Auf dem Nachbargleis steht ebenfalls ein Zug. Plötzlich sehen Sie, wie sich der andere Zug bewegt. Wenn sie merken, dass der eigene Zug rüttelt, wissen Sie, dass der eigene Zug angefahren ist und dass die Fremdbewegung eine Täuschung war. Erst durch diese Schlussfolgerung, die im einfachen Fall die Art der Bewegungs-Subtraktion festlegt, wird die Bewegungsursache eindeutig erkannt. Menschen denken also in der Regel nicht, bevor sie handeln, sondern sie denken meist über das Ergebnis einer äußeren Handlung oder einer inneren Probehandlung nach.

Fassen wir zusammen: Eine zutreffende Interpretation einer Beobachtung setzt voraus, dass mehrere konvergente Beobachtungen gemacht wurden oder dass Ergebnisse einer Probehandlung vorliegen.

Der Einfluss des ACC und der Basalkerne auf das Stirnhirn

Das granuläre Areal BA 9 reicht auf jeder Seite des Stirnhirns vorne oben bis an den Spalt zwischen den Gehirnhälften. Dort knickt es am Hemisphärenrand nach innen und trifft auf eine die Innenseite der Hirnhälften dominierende Windung. Diese Windung ist ziemlich breit und oft sogar zweigeteilt. Man nennt sie zinguläre Windung. Der vordere Teil der zingulären Windung heißt ACC (Anteriorer Cingulärer Cortex). Er überwacht und reguliert gewissermaßen den gesamten Informationsfluss der jeweils angrenzenden Hirnrindengebiete.

Der ACC wird üblicherweise mit der Erkennung und Korrektur von Tätigkeitsfehlern in Verbindung gebracht. Bei der fehlerhaften Ausführung einer Routinetätigkeit wird häufig über dem ACC eine Auslenkung der Hirnstromaktivität beobachtet, deren Intensität besonders hoch ist, wenn anschließend der Fehler korrigiert wird (Holroyd u. a. 2004). Damit liefert seine Funktion ein Beispiel dafür, wie es dem Gehirn gelingen kann, gewissermaßen sich selbst zu überwachen.

Es ist nicht überraschend, dass ein komplexer Informationsverarbeitungs-Mechanismus auch eine gut entwickelte »Fehlerüberwachungseinheit« besitzt. Immerhin ist es menschlich, zu irren. Britische Computer-wissenschaftler programmierten einen Roboter so, dass er gelegentlich Fehler machte und ließen ihn mit mehreren Personen kontrolliert inter-agieren. Danach wurden die Personen unter anderem gefragt, ob sie mit diesem Roboter gerne wieder in Interaktion treten wollten. Dies war über-wiegend dann der Fall, wenn der Roboter Fehler gemacht hatte (Biswas & Murray 2014).

Noch besser lässt sich die Funktion des ACC allerdings beschreiben, in-dem man ihn als Konfliktmanager auffasst, wie das in einer älteren Unter-suchung gemacht wurde: Sollten sich mehrere Areale in einer Weise auf-laden, sodass sie sich wechselseitig blockieren, würde das zu einem Konflikt bei der Handlungsausführung kommen. In einem solchen Fall sorgt der ACC für weitere Energetisierung, um letztlich doch eine Informationswei-terleitung zu ermöglichen (Konishi u. a. 1998). Der ACC bezieht seiner-seits seine Informationen aus anderen Abschnitten der zingulären Win-dung, die weit nach hinten reicht, aus vielen Gedächtnisteilen Zuflüsse erhält und über lange Fasern letztlich auch Hilfe aus dem visuellen Abtas-ten der Umwelt erhält (Gong u. a. 2009).

Mit diesen Beschreibungen der Funktionen des Stirnhirns auf der Grundlage zielgerichteter Tätigkeiten wird immer deutlicher, wie Planen und Handeln an die Eigenschaften und die Widerständigkeit der Realität angepasst werden können. Bei allen diesen Funktionen darf jedoch eine der wichtigsten Eigenschaften des menschlichen Gehirns nicht vergessen wer-den, nämlich seine hohe Lernfähigkeit. Lernen vollzieht sich an zahlreichen Stellen der Nervennetzwerke, oft unbemerkt als mikroskopischer, aber überdauernder Prozess. Meist zeigt sich Lernen auch offen in einer Verän-derung des Verhaltens. Es gibt verschiedene Arten, wie sich Lernprozesse bemerkbar machen können, sei es, dass eine Verhaltensweise fast regelmä-ßig in einer bestimmten Situation auftritt, in der sie bisher nicht gezeigt wurde, oder sei es, dass eine Verhaltensweise generell häufiger auftritt.

Uns interessiert hier der Fall, dass eine Verhaltensweise, die sich in ir-gendeiner Weise zu bewähren scheint, häufiger gezeigt wird. Ein solches Lernen am Erfolg ist möglich, weil die Zusammensetzung von Bewegungs-programmen in speziellen, anpassungsfähigen Netzwerken erfolgt, die sich an der Basis des Großhirns befinden. Wie Kerne beim Kernobst liegen die sogenannten Basalkerne innen unten im Großhirn. Die dort befindlichen Netzwerke erhalten genaue Informationen darüber, ob sich eine Bewegung einem Ziel nähert oder sich von ihm entfernt, und sie melden dem Stirn-hirn, ob die Durchführung eines Planes momentan zielführend ist oder nicht.

Eine große Fläche des granulären Rindenareals liegt auf der Außenseite des Stirnhirns, zum Teil setzt es sich aber auch auf der Innenseite der Hirnhälfte fort. Dazwischen ist ein größeres Fasergebiet eingeschlossen. Diese Fasern ermöglichen zahlreiche Verbindungen innerhalb des Stirnhirns. Ein Teil der Fasern stammt jedoch von den Basalkernen. Diese senden immer wieder Bewegungsimpulse zum Stirnhirn, die zu bewährten Verhaltensweisen führen. Solche Impulse haben die Wirkung von Bedürfnissen, die entweder biologisch bedeutsam sind, wie das Bedürfnis nach Schutz oder Nahrung, oder von Antrieben, die aus häufig wiederholten Gewohnheiten stammen. Ähnliche Verhältnisse existieren auch für andere Rindenreale.

Die Funktion der Basalkerne ist eng an die Funktion von Nervenzellen gebunden, die mit dem Überträgerstoff Dopamin arbeiten. Lernen am Erfolg hängt unter anderem mit der Verfügbarkeit von Dopamin in einzelnen Netzwerkteilen zusammen. Um mögliche, zielführende Effekte, die in der Umgebung auftreten können, zuverlässig abzubilden, muss die Aktivität von Dopamin-Zellen immer wieder angepasst werden. Zum Beispiel müssen sie ihre Aktivität erhöhen, wenn ein Ergebnis besser war als erwartet. Dazu ist es erforderlich, dass bestimmte Hirnregionen die Abweichungen von den jeweiligen Erwartungen registrieren und eine entsprechende Regulation der entsprechenden Dopamin-Zellen veranlassen. Eine dieser Hirnregionen, die das veranlasst, ist das bereits besprochene granuläre Areal BA 9, das am Aufbau der entsprechenden Erwartungen beteiligt war (Park u. a. 2012).

Anhand von Fehlsteuerungen kann man sich das Funktionieren der Basalkerne eindrücklich veranschaulichen. Eine Überaktivität erzeugt subjektiv den Eindruck, dass im Grunde unausgegorene Pläne als zielführend erscheinen. Die Folge ist eine Überschätzung der objektiven Chancen und der eigenen Fähigkeiten. Ein eigener Plan wird als bedeutsam eingeschätzt, und Faktoren, die dessen Zielerreichung behindern, werden besonders beachtet, mitunter verbunden mit einer Geringschätzung anderer Meinungen. Eine Unteraktivität verhindert, dass ein Ziel in der Aufmerksamkeit zu dominant wird. Unter solchen Bedingungen ist auch die Merkfähigkeit für eine entsprechende Absicht reduziert. Der eigene Plan wird unter widrigen Umständen hintangestellt, sodass im Zweifel flexibel agiert werden kann – was sich mitunter in Toleranz äußert. Solche Eigenschaften gelten in der Regel nur für bestimmte Absichten und treten nur in bestimmten Situationen auf. Wenn sie jedoch als typisch für eine Person angesehen werden, spricht man je nach Ausprägung von einer eher impulsiven oder eher besonnenen Person.

Die Informationsverarbeitung in den Arealen des Stirnhirns ist gewissermaßen die Fortsetzung einer in der Großhirnrinde von hinten nach vorne fortschreitenden Informationsverarbeitung. Im Stirnhirn erhält sie Zuflüsse aus phylogenetisch älteren Hirnregionen. Im vorliegenden Abschnitt haben wir den Einfluss des ACC (Informationen aus den hinteren Gedächtnisteilen) und den Einfluss der Basalkerne (Impulse aus den anreizgesteuerten Motorik-Zentren) erwähnt. In später folgenden Kapiteln werden weitere solcher Einflüsse besprochen werden (aus dem Hippocampus und dem Mandelkern).

Krankheiten, wie bestimmte Formen der Schizophrenie, sowie manche Drogen, wie Kokain, wirken ebenfalls auf die Verfügbarkeit von Dopamin, meist mit recht chaotischen Auswirkungen. Aber gerade an solchen Extremfällen sieht man deutlich, dass die Hirnmechanismen, die üblicherweise Lernen ermöglichen, gleichzeitig die Frage aufwerfen, ob es eine für alle Menschen gleichermaßen gültige Wirklichkeit gibt. Nimmt ein Mensch unter Kokainwirkung nicht manche Dinge wesentlich deutlicher wahr und hat für manche Dinge ein beneidenswert stärkeres Empfinden? Besitzt ein Schizophrener eine höhere Form der Wahrnehmung, wenn er Dinge in Verbindung bringt, die andere so nicht im Zusammenhang gesehen hätten?

Der Psychiater Hans Prinzhorn (1886–1933) sammelte im Auftrag der Heidelberger Psychiatrischen Universitätsklinik eine Fülle von Kunstwerken, die von psychiatrischen Patienten geschaffen worden waren. Vor allem der Surrealist Max Ernst war von dieser Sammlung fasziniert. Andere Surrealisten, wie André Breton oder Salvador Dalí sahen den Wahnsinn als Quelle für Erkenntnisse an, die den Verstand übersteigen. Prinzhorn selbst beobachtete, dass bei Schizophrenen offenbar der Zustrom produktiver Potenz erhöht ist, die bildnerischen Fähigkeiten jedoch müssen keineswegs beeinträchtigt sein (Prinzhorn 1922, S. 340f).

Nun wissen wir, dass Personen mit subjektiven Verzerrungen in der Informationsverarbeitung in der Regel auf die Dauer damit nicht glücklich sind. Das gilt zumindest, wenn sie beim Versuch, am sozialen Leben teilzunehmen und sich auszutauschen, immer wieder auf Schwierigkeiten stoßen. Denn die Wirklichkeit wird nicht nur durch den subjektiven Handlungsraum bestimmt, sondern auch in hohem Maße durch das Handeln der Gemeinschaft, in der man sich bewegt. Der Maler Josef Karl Rädler (1844–1917) hatte infolge unglücklicher Umstände mehrere belastende Gerichtsverfahren durchzustehen, die er zwar schließlich gewann, die aber seine Existenz ruinierten. Nach Ausbruch einer manisch-depressiven Psychose gelangte er letztlich in eine der damals modernsten Heilanstalten, über die Kaiser Franz Joseph in einem Brief geschrieben hatte: »Es muss ein Hochgenuss sein, dort eingesperrt zu sein.« In dieser Anstalt begann Rädler, skurrile Bilder zu malen. Eines trug die Beschriftung: »Im Irrenhaus genieße ich das bewusste Glück«. Sich selbst bezeichnete er als »Hofmaler von Österreich, Italien und Siam«. Siam galt damals als das »Land des Lächelns« (Altnöder 2010).

Die Wirklichkeit wird jedenfalls durch das Handeln der Gemeinschaft und damit durch die Kultur bestimmt, in der man lebt. Die Frage ist, in welchem Ausmaß. Leben Menschen aus verschiedenen Kulturen tatsächlich in Parallelwelten, wie man das so oft liest? Bereits Menschen, die sich mit exotischen Dingen beschäftigen, scheinen ja in anderen Sphären zu leben. Doch man sollte nie vergessen, dass alle Menschen durch eine gemeinsame Biologie geprägt sind. Das betrifft die durch die vielfältigen Lebensfunktionen veranlassten Bedürfnisse ebenso wie die Schemata, die uns unser genetisch geprägtes Denkorgan vorgibt. Sofern also die neurologischen Basisprozesse durch Krankheit oder Drogen nicht wesentlich verändert sind, haben alle Menschen auch eine gemeinsame Wirklichkeit, die weit über die individuelle Handlungssphäre hinausgeht.

Evolution als Voraussetzung und Produkt von Erkenntnis

An dieser Stelle drängt sich geradezu die Frage auf, ob uns die Wirklichkeit, die wir begreifen, nicht eigentlich von der Evolution aufgedrängt wurde. Wie könnte eine Wirklichkeit aussehen, die nicht mit Augen betrachtet wird, die in der Evolution der Wirbeltiere entstanden sind? Eine differenzierte Informationsverarbeitung vorausgesetzt, gäbe es unter den Bedingungen einer gänzlich andersartigen evolutiven Herkunft auch Licht und Schatten und eine Sonne, die tagsüber scheint? Gäbe es Wasser, Pflanzen und Tiere?

Mit hoher Wahrscheinlichkeit ist die Wirklichkeit jedes nichtmenschlichen Lebewesens anders als diejenige, in der wir Menschen leben – auch unabhängig von der individuellen Lernfähigkeit. Die Wirklichkeit, verstanden als Wirkwelt, hängt ja vom Planungs- und Handlungspotential ab. Dieses Potential umfasst bei allen Menschen, im Gegensatz zu unseren biologisch Verwandten im Tierreich, in hohem Maße Fähigkeiten im Bereich des mentalen Manipulierens, des schlussfolgernden Denkens, des Ich-Bewusstseins und der Sprache.

Um das Gemeinte zu verdeutlichen, kann an dieser Stelle vielleicht ein Beispiel genügen, und zwar aus dem Bereich von Kategorisierungsleistungen. Keine einzige Untersuchung macht plausibel, dass nichtmenschliche Primaten, die intensiven Kontakt zu verschiedenen Menschen hatten, diese einer gemeinsamen, eigenen Kategorie zuordneten. Eine Reaktion auf nichtessbare Dinge gegenüber essbaren Dingen ist hingegen bei Primaten meist leicht hervorzurufen. Prüft man unter verschiedenen Bedingungen Reaktionen auf Bilder mit verschiedenen unbelebten und nichtessbaren Gegenständen, auf denen im Hintergrund gelegentlich ein Artgenosse und gelegentlich ein Mensch zu sehen war, so konnten Schimpansen nur Reaktionen auf die Bilder mit anderen Schimpansen lernen. Die Menschen auf den Bildern hatten für sie offenbar keine andere Qualität wie die anderen Gegenstände des täglichen Lebens, die sich im Vordergrund der Bilder befanden. Dagegen gibt es zahlreiche Untersuchungen, die zeigen, dass nichtmenschliche Primaten den Artgenossen, mit denen sie zusammenleben, sehr genau einen sozialen Rang zuordnen, wenn sie ihn sehen (Cheney & Seyfarth, 1994).

Angehörige einer Art besitzen also eine ähnliche Sicht der Wirklichkeit, die sich von der Sichtweise anderer Tierarten unterscheidet. Als Grund dafür sehen wir Ähnlichkeiten und Unterschiede in der Architektur des Gehirns, die ihrerseits wieder auf genetische Unterschiede zurückzuführen sind. Die Unterscheidung Kants nach Kategorien a priori hilft bei einer solchen evolutionstheoretischen Argumentation nicht weiter (Lorenz 1971). Vielmehr können wir unter den genannten Voraussetzungen zunächst keineswegs sicher sein, dass die Wirklichkeit, die uns unser Denken nahelegt, nützlich ist. Nach Hans Vaihinger handelt es sich ohnehin größtenteils um bewusst-falsche Vorstellungen, über deren Brauchbarkeit die Lebenspraxis entscheidet. Wenn wir aber das Gehirn als Grundlage des Denkens ansehen, so war es nicht die Lebenspraxis einzelner Menschen, die zu den Vorstellungen »als ob« Anlass gab, sondern die Denkfähigkeiten, die uns die Evolution zur Verfügung gestellt hat.

In überspitzter Weise wies der Physiker Erwin Schrödinger (1965) darauf hin, dass die bewusste Wahrnehmung der Welt nicht einfach auf die Funktion von Nervenzellen zurückgeführt werden sollte, sondern als Produkt der organischen Substanz an sich begriffen werden muss, allerdings mit der Einschränkung, dass diese mit einer neuen Situation konfrontiert ist.[4] Das Problem ist ja, dass die Evolution selbst eine Vorstellung ist, die

---

4 Dieser Gedanke steht in Beziehung zum Vitalismus, der Annahme einer Lebenskraft, die das Ziel der Entwicklung und damit auch seiner Erkenntnis in sich trägt

ein Produkt menschlicher Gehirne ist. Doch was folgt aus dieser Tatsache? Nichts weiter, außer dass unsere evolutionsgegebenen Denkfähigkeiten uns veranlassen, die Existenz der Evolution im Grundsatz so wie beschrieben vorauszusetzen (vgl. auch Riedl 1982, S. 60f). Am Anfang steht also die Wirklichkeitsbeschreibung. Auf deren Basis landen wir bei Erkenntnissen über die Natur. Doch die Natur, wie wir sie kennen, scheint bestimmend für die Wirklichkeitsbeschreibung zu sein. Diese war ja von Anfang an Teil der Natur. Es gibt keine Alternative zu der Sichtweise, das als Wirklichkeit zu bezeichnen, was die von der Evolution zur Verfügung gestellten Fähigkeiten erkennen lassen – sofern es im Austausch mit anderen Menschen geteilt werden kann.

Es gibt also grundsätzliche, biologisch vorgesehene Denkfähigkeiten, an denen wir kaum rütteln können. Diese müssen von den individuellen und kulturspezifischen Hypothesen und Denkfiguren unterschieden werden: Immerhin sind die einen als Rahmenbedingungen für die anderen anzusehen. Bedeutsam ist, dass jede Kultur aus den Möglichkeiten, die die evolutionsgegebenen, beschränkten Erkenntnisfenster zur Verfügung stellen, eigenen Gewinn zieht.

Halten wir fest, dass uns die Evolution eine Wirklichkeit geschenkt hat, in der wir uns bewegen, als ob sie die einzig mögliche Wirklichkeit wäre. Es war der Theologe Augustinus, den dieses Problem um 400 n. Chr. bewegte. Augustinus verfolgte den Gedanken der Erblast bei der Entwicklung menschlicher Fähigkeiten. Damit kam er zwangsläufig zur Erkenntnis, dass jede individuelle Erfahrung sich nur in den von der Natur gegebenen Grenzen bewegen kann. Allerdings besitzen wir im Rahmen dieser Grenzen einige erstaunliche Kategorien zum Erkennen der Welt. Die Sonderstellung des Menschen in der Natur wird damit nicht nur durch die generelle biologische Weiterentwicklung oder durch die besonderen sozialen und kulturellen Rahmenbedingungen begründet, sondern offenbar durch die speziellen, dem Menschen konkret zur Verfügung stehenden Fähigkeiten. Aufgrund dieser Fähigkeiten sind wir tatsächlich imstande, in der so erkannten Wirklichkeit das Ergebnis von Bewegungen vorauszusehen, als ob diese bereits durchgeführt wären – unabhängig davon, ob sie tatsächlich realisierbar sind und realisiert werden. Indem wir das tun, ist jeder Gedanke zur einer Handlungsvorbereitung ein mentales Tun »als ob«.

(»Entelechie«). Diese Annahme wurde von zahlreichen Naturforschern vertreten, von Aristoteles bis zu verschiedenen philosophierenden Biologen des vorigen Jahrhunderts.

Es gibt also zweierlei Als-Ob: Das eine ist die automatische und unwillkürliche Voraussicht im Vorfeld der Handlung. Das andere Als-Ob entsteht nach der Bewertung von Handlung und die Zuschreibung von Eigenschaften zu stattgefundenen Probehandlungen und Urteilen. Auf dieses Denken bezieht sich Vaihingers bewusst falsches Als-Ob. Tatsache ist, dass Ergebnisse des Denkens zu Wissen gerinnen können. Solches Wissen kann unter Umständen immer wieder mit Erfolg verwendet werden und somit als zutreffende Erklärung von Wirklichkeit gelten. Zum Beispiel ist ein »Dreieck« eine gedankliche Konstruktion und kann in der Natur wohl niemals so aufzufinden sein, wie es den Kriterien entsprechen würde. Dennoch gilt es als hinreichend genaue Beschreibung der Wirklichkeit, wenn man von dreieckigen Dingen spricht. Darauf hat bereits der französische Philosoph René Descartes in seinem *Discours de la méthode* von 1637 nachdrücklich hingewiesen.

Nachhaltige Strategien

Wie entsteht Wissen, auf das man sich verlassen kann? Welche Entscheidung, welches Handeln richtig gewesen wäre, kann man ja bestenfalls immer nur hinterher wissen – wenn überhaupt. Mit diesem Dilemma müssen nicht nur wir Menschen leben, es gilt auch für Tiere. Die Evolution hat diejenigen Tiere überleben lassen, deren Verhaltensrepertoire nachhaltig ist. In den Tierarten, die in hohem Grade individuelle Erfahrungen bilden können, die also lernfähig sind, musste die Evolution dafür sorgen, dass sich Mechanismen herausbilden, aufgrund derer ein Erfolg nach Möglichkeit bereits vorausgesehen werden kann. Je höher die Fähigkeit zum Lernen, desto wichtiger ist es, so zu lernen, dass es nicht nur zu momentanen Anpassungen kommt, sondern ein möglichst nachhaltiger Erfolg erzielt wird.

Leider können Tiere und Menschen nicht in die Zukunft sehen, und die Erfolgsaussichten werden tatsächlich nur auf der Grundlage vergangener Erfolge geschätzt. Dazu hat die Natur im Nervensystem, zumindest bei höheren Tieren wie Weich- oder Wirbeltieren, auf der Ebene von Nervenzellen Mechanismen entwickelt, die nicht nur Anpassungen, sondern sogenanntes höheres Lernen ermöglichen. Was versteht man darunter? Am einfachsten kann man den Effekt höherer Lernmechanismen an Tieren veranschaulichen, die zwar kaum Lernen können, aber im offenen

Verhalten zeigen, was sonst nur versteckt in den Netzwerken des Nervensystems vorbereitet wird. Als Beispiel wählen wir die Versuche und den Erfolg bei der Futtersuche von Ameisen.

Stellen wir uns vor, wie ein Ameisenvolk bei der Suche nach einer Futterquelle vorgeht. Wir greifen dabei nicht penibel auf zoologische Befunde zurück, sondern begnügen uns mit einem stark vereinfachten Modell. Wir nehmen an, dass eine gewisse Anzahl von Ameisen beauftragt wird, in verschiedene Richtungen auszuschwärmen. Das Ausschwärmen erfolgt ungerichtet, wenn es zunächst keine vernünftige Annahme über eine erfolgversprechende Richtung gibt. Entsprechend ihrer subjektiven Erfolgserwartung soll jede Ameise den von ihr gewählten Weg mit Duftmarken versehen. Nehmen wir weiterhin an, dass viele der nun suchend umherirrenden Ameisen auf Hindernisse stoßen, die die Tiere in unvorhergesehene Richtungen leiten. Irgendwann werden einige dieser Ameisen aufgrund von Gerüchen oder Wegmarken auf Hinweise stoßen, dass sie sich in der Nähe eines möglichen Ziels befinden. Wo das der Fall ist, werden die Duftmarken auf den Wegen verstärkt gesetzt.

An dieser Stelle soll berücksichtigt werden, dass sich nicht immer nur eine einzige Kohorte von Ameisen auf der Suche befindet. Man kann davon ausgehen, dass nicht alle Ameisen gleichzeitig starten, sondern in unterschiedlichen Zeitabständen immer wieder. Die Tiere, die sich später auf den Weg machen, können sich eigene Wege suchen oder aber den Duftmarken ihrer Vorgänger folgen. Doch auch alle diese Ameisen haben die Aufgabe, je nach eingeschätztem Erfolg ihren Weg zu markieren. So ist zu erwarten, dass immer mehr Ameisen dem Weg folgen, der die größten Erfolgsaussichten verspricht. Obwohl jede einzelne Markierung unter Umständen zufällig erfolgte oder wegen einer Fehleinschätzung unzuverlässig ist, funktioniert das System in der Gesamtheit. Die letzten Tiere haben es bereits einfach: Wenn sie dem am deutlichsten markierten Weg folgen, finden sie mit höchster Sicherheit und auf dem wahrscheinlich schnellsten Weg zum Futter.

Wie an anderen Stellen diskutiert (Bösel 2014, S. 81), ist das eben geschilderte Verhalten der Ameisen etwas anderes als die auf Imitation beruhende, oft zitierte »Schwarmintelligenz«. Die Ameisen imitieren nicht bloß das Verhalten ihrer Artgenossen. Sie berücksichtigen vielmehr systematisch fremde Erfahrungen, ergänzen diese mit eigenen und stellen erst dann das so verarbeitete Produkt der Nachwelt zur Verfügung. Wenn wir also im Folgenden über Lernen sprechen, so sollten wir stets an einen wiederholten und mehrgleisigen Weg denken. Eine einzelne Lernerfahrung hat im Hinblick auf nachhaltigen Erfolg so gut wie keine Bedeutung. Lernerfahrungen werden erst in ihrer systematisch angehäuften Summe erfolgversprechend sein. Darin liegt auch der entscheidende Vorteil einer engen Integration in die vorhandene Kultur: Gewinn zu ziehen aus der Summe von vorhandenen Erfahrungen. Nicht nur einer momentanen Mode, einer individuellen Erkenntnis oder einer esoterischen Lehre zu folgen. Kollektives Wissen entsteht nicht bloß durch kommunikativen Austausch, sondern durch Weitergabe und Erwerb von erfolgversprechenden Handlungen.

Die oben beschriebene »Ameisenstrategie« ist in den Computerwissenschaften auf verschiedene Arten formalisiert worden. Dort spricht man allerdings nicht von Ameisen, sondern von Agenten, die in Populationen miteinander kommunizieren. Wir haben hier das Bild der »Ameisenstrategie« eingeführt, um zu veranschaulichen, wie viele kleine Lernprozesse zu einem strategisch wertvollen Handeln beitragen können. Solche vielfältigen, kleinen Lernprozesse kennt man auch vom Begriffslernen. Es erfordert mehrere Erfahrungen mit dem Begriff »Baum«, um zu wissen, was ein Baum ist. Man muss erkennen, dass bestimmte Eigenschaften, wie zum Beispiel eine gewisse Größe, ein holziger Stamm, Äste und Wurzeln wichtig sind, dagegen ist die Gestalt der Blätter, ob rund oder nadelförmig, eher zweitrangig.

Operante Konditionierung

Für den einzelnen Lernakt kennt die Psychologie die sogenannte operante Konditionierung. Sie wurde bei Tier und Mensch ausführlich untersucht. Angenommen, eine Taube schlägt in ihrem Käfig zufällig mit ihrem rechten Flügel und erhält unmittelbar danach ein Maiskorn als Futter. Diese Taube wird alsbald wieder mit ihrem rechten Flügel schlagen. Sie bekommt dafür wieder ein Maiskorn und sie wird nun häufiger mit dem Flügel schlagen. Vergegenwärtigt man sich diesen Mechanismus des Lernens, dann bekommt das Handeln »als ob« eine neue Facette. Das Handeln, als ob ein Ergebnis zwingend so eintreten wird, wie es ein Modell der Wirklichkeit vorspiegelt, ist vielfach einfach konditioniert. Die Lebenspraxis, so Vaihinger, entscheidet über richtig oder falsch. Dies könnte auch dann gelten, wenn die konditionierte Taube »wüsste«, dass die Annahme, Flügelschlagen könne Futter herbeizaubern, im Grunde falsch ist.

Allerdings trifft die Taube keine bewusst falschen Annahmen, wie Vaihinger es für das Als-ob-Handeln voraussetzt. Und es kommt noch komplizierter: Der Lerneffekt beim operanten Konditionieren ist besonders groß, wenn die »Belohnung« unregelmäßig erfolgt. Wir wissen aus zahlreichen Experimenten, dass Lernen meist als Wahrscheinlichkeitslernen beschrieben werden kann. Wenn eine gewisse *Wahrscheinlichkeit* dafür existiert, dass Umweltgegebenheiten und eigenes Verhalten zusammenpassen, so wird das Verhalten unter den entsprechenden Umständen in Zukunft *regelhaft* gezeigt. Selbst, wenn die Taube also zwischen richtigen und falschen Annahmen unterscheiden könnte, würde sie nach Vaihinger falsch rechnen, ihre »Rechnungsweise« würde nicht den »logischen Funktionen« folgen. Es ist nicht logisch zwingend, ein Verhalten fortzusetzen, das nicht *unmittelbar* erfolgreich ist. Unwillkürlich drängt sich das Bild einer süchtigen Person auf, etwa eines Spielers, der mit dem Glücksspiel nicht aufhört, obwohl er verliert. Hier würde ein Erklärungsbegriff passen, den man »Hoffnung« nennen könnte. Die Konditionierung, über die wir sprechen, ist jedoch ein Prozess, der auf sehr elementaren Nervenzellfunktionen basiert. Dieser Prozess mag dann erst post hoc zur Erklärung von optimistischen oder süchtigen Verhaltensweisen dienen.

Das Lernen am Erfolg beruht nicht auf zuverlässigen Erfahrungen, sondern auf wahrscheinlichem Erfolg. Und die Eigenschaft von Konditionierungen, ohne regelmäßige »Belohnung« auszukommen, muss – wie erwähnt – Anlass geben, den Nutzen von Vaihingers *Philosophie des Als Ob* für eine »Psychologie des Als Ob« grundsätzlich infrage zu stellen. Wir werden die Frage des Als-ob-Handelns auch nicht durch eine »Psychologie des Wunsches« erklären können. Vielmehr ist die Erwartung die Mutter des Gedankens (vgl. dazu Bösel 2014, S. 87), auch wenn die Erwartung mancher Menschen für andere eher wie ein Wunsch aussieht.

Tritt ein Ereignis in einer Situation ein, in der man es nicht erwartet hätte, dann verhält sich der informationsverarbeitende Apparat so, als ob dieses Ereignis in der gleichen Situation auch das nächste Mal auftreten könnte. Fällt einer Taube, die gerade mit ihrem Flügel schlägt, unerwartet ein Maiskorn vor den Schnabel, dann verhält sich die Taube beim geringsten nächsten Anlass so, als ob ein Maiskorn fallen könnte, und sie wird mit dem Flügel schlagen. Dabei kann der Anlass letztlich darin bestehen, dass seit dem letzten Flügelschlagen bereits ein wenig Zeit verstrichen ist. Ein Kind, das dafür gelobt wurde, weil es sich freundlich verabschiedet hat, wird den nächsten Abschied wieder freundlich gestalten, so als ob es wieder gelobt werden würde. Vielleicht musste das Lob einige Male wiederholt werden, damit es überhaupt mit dem Gruß in Verbindung gebracht wurde. Schließlich wird jedoch eine Wiederholung des Lobes für längere Zeit nicht mehr erforderlich sein. Der Gruß folgt der Als-ob-Verknüpfung. Manche Psychologen sprechen davon, dass das Kind sich schließlich selbst für den Gruß lobt. Das mag sein, aber ist zum Lernen nicht unbedingt vorauszusetzen. Jedenfalls kommt es zu einer individuellen Sichtweise auf die Wirklichkeit, die bestimmte Erfolgserwartungen aufgrund von Lernen aufdrängt.

Als-ob-Handeln in der eben beschriebenen Weise setzt also in der Regel voraus, dass ein Erfolg unerwarteterweise eingetreten ist. Das Als-ob-Handeln wird umso zwingender, je häufiger der Erfolg eingetreten ist, obwohl man das unter wechselnden Randbedingungen nicht erwartet hätte. Ein fiktives Beispiel mag das illustrieren: Angenommen, ein Alchimist hat überraschend herausgefunden, dass eine von ihm hergestellte Essenz, von der er kostete, seinen zufällig vorhandenen Kopfschmerz lindert. Misstrauisch probiert er die gleiche Essenz ein anderes Mal bei Kopfschmerzen aus und hat den gleichen Erfolg. Er schließt zunächst, dass die Essenz eine mögliche, anregende Wirkung hat, mit der er seinen bei niedrigem Blutdruck auftretenden Kopfschmerz erfolgreich behandeln kann. Später hat er Zahnschmerzen, die ihn stark quälen. In seiner Verzweiflung greift er zu seiner geheimnisvollen Essenz und stellt überraschend fest, dass auch der Zahnschmerz nachlässt. Erst ab dieser Prüfung nähert sich der Alchimist einer brauchbaren Regel. Eine schrittweise Überprüfung eines Effekts nennt man auch Exhaurieren. Dieses Wort taucht in Fremdwortlexika leider selten auf. Es stammt aus dem Lateinischen und bedeutet so viel wie »erschöpfend Klären«. In der Wissenschaft meint man mit Exhaurieren eine vorurteilslose, systematische und gegenüber verschiedenen Einwänden ausreichende Prüfung. Die Voraussetzung für Exhaurieren bilden ausreichende Widerlegungsversuche. Ohne, dass wir den Begriff des Exhaurierens noch einmal verwenden, werden wir diesen Sachverhalt im Kapitel 6 *Erfahrungen anzweifeln* noch genauer besprechen. Erst dann werden wir nämlich genauer auf einzelne Verhaltensweisen eingehen, welche die jetzt erwähnten Kontrollprozesse unterstützen können.

Mit dem Blick auf das offene, makroskopisch sichtbare Verhalten wird der Zusammenhang zwischen Wahrheitsfindung und den Lernprozessen in Nervennetzwerken jedenfalls deutlicher: Was Wahrheit ist, zeigt der *nachhaltige* Erfolg, nicht der unmittelbare. Lässt sich in einer Situation ein Ereignis nach redlicher Prüfung mit hoher Sicherheit voraussagen, sind die Annahmen über das Eintreten des Ereignisses in der entsprechenden Situation richtig. Es lohnt sich, sich so zu verhalten, als ob die Annahmen stimmen. Beim Als-ob-Verhalten handelt es sich also keineswegs immer darum, dass Annahmen bewusst falsch getroffen werden, mit der Hoffnung dass sie infolge von logischen Schlussfolgerungen doch praktikabel sind. In der Psychologie wäre es wahrscheinlich zweckmäßiger, von Als-ob-Verhalten zu sprechen, wenn es auf Annahmen beruht, die sich aufgrund von überraschenden Erfahrungen und anschließenden Widerlegungsversuchen bewährt haben. Doch damit haben wir einer noch folgenden, ausführlicheren Argumentation bereits vorgegriffen.

3

Die Berücksichtigung von Wahrscheinlichkeiten

Lernerfahrung ermöglicht gegenüber spontanen Reaktionen eine Anpassung, die sich längerfristig bewährt. Daraus entsteht der oft überraschende Erfolg mancher intuitiven Entscheidungen aufgrund früherer Erfahrungen. Gleichzeitig sind Lernerfahrungen bis zu einem gewissen Grad tolerant gegenüber momentanen Misserfolgen. Im bewussten Denken können vor allem Misserfolge durch Zuschreibungen von verborgenen Ursachen erklärt werden. Damit kann nicht nur durch erfolgreiche, sondern auch durch erfolglose Handlungen Ursachenwissen erzeugt werden. Es ist vernünftig, zwischen automatischen Hochrechnungen und expliziten, aber unbegründeten Zuschreibungen zu unterscheiden. Wenn es explizierbare Gründe für automatisch erfolgte Hochrechnungen gibt, sprechen wir von transnaturalem Denken.

Ursachenwissen und glücklicher Zufall

Ursachen werden aus Wirkungen erschlossen und Wirkungen können aus inneren Probehandlungen folgen, die man bereits als eine innere Simulation verstehen kann (Bösel 2012, S. 140f). Gedanken über Ursachen können also erst nach einer Handlung oder einer Probehandlung entstehen. Eine Sicherheit darüber, ob sie zutreffen, gibt es dabei nicht. Oft sind die als Referenz dienenden Signale unzuverlässig. Damit ist dann auch jede weitere Hochrechnung und letztlich jede Bewegung risikobehaftet. Dabei kann man je nach Betrachtungsweise von einer falschen Bewegung und einer Bewegung im falschen Augenblick sprechen. Jedenfalls ist dieses Risiko bei Bewegungen, die durch Lernen am Erfolg erworben wurden, besonders hoch.

Eine berühmte Aufgabe ist die Vorhersage einer Gewinnwahrscheinlichkeit durch Ziehen einer Karte aus einem von vier Kartenstapeln (Bechara u. a. 2000). Den Versuchspersonen werden vier Stapel von Karten vorgelegt. In jedem der vier zur Wahl gestellten Kartenstapel gibt es Karten, die entweder einen Gewinn ankündigen oder einen Verlust. Allerdings wird darauf hingewiesen, dass die Karten von zwei Stapeln in Summe vorteilhafter sind als die Karten der beiden anderen Stapel. Man soll durch wiederholtes Ziehen herausfinden, welche Kartenstapel die besseren sind. Die bei jedem Zug angegebenen Gewinn- und Verlustbeträge werden automatisch aufgerechnet, und die erreichte Summe wird nach 100 Zügen ausgezahlt. Insofern erzeugt jede Karte, die gezogen wurde, eine Erwartung über die Qualität des jeweiligen Kartenstapels. Die meisten Versuchspersonen entwickeln nach 20 bis 60 Zügen eine ausgeprägte Meinung darüber, welcher oder welche Kartenstapel im Schnitt den höchsten Gewinn versprechen.

Da die Basalkerne des Großhirns sensibel auf Erfolgserlebnisse reagieren, muss man davon ausgehen, dass diese bei Risikoschätzungen besonders eingebunden sind (Poldrack u. a. 2001). Tatsächlich wissen wir, dass bei der Bewältigung einer solchen Aufgabe die mit Dopamin arbeitenden Nervennetzwerke eine zentrale Rolle spielen (vgl. dazu die Besprechung in Bösel 2014, S. 87f). Bei der Auseinandersetzung mit Aufgaben dieser Art entwickelt man eine recht abstrakte Ursache-Wirkungs-Vorstellung: Die Wahl eines bestimmten Stapels bringt Erfolg. Das Besondere daran ist, dass dieser Effekt des Erfolges eintritt, obwohl keineswegs jeder Zug einen Gewinn bringt. Aus zahlreichen Lernexperimenten wissen wir, dass Lernen sogar dann besonders effektiv ist, wenn nicht jeder Versuch zum Erfolg führt. Diese Eigenschaften der Ursache-Wirkungs-Verknüpfung sind so außergewöhnlich, dass wir sie näher betrachten wollen.

Zunächst ein alltägliches Beispiel: Jede Sicherheitsmaßnahme zur Verhinderung eines möglichen Unglücks kann das befürchtete Unglück in der Regel nicht verhindern. Sie wird jedoch vorgenommen, um ein unerwünschtes Ergebnis »nach menschlichem Ermessen« unwahrscheinlicher zu machen, unter Umständen nach Maßgabe einer entsprechenden Kosten-Nutzen-Abwägung. Die verständliche Suche nach Regeln, mit der man die Zufälligkeit von Gewinn oder Verlust in den Griff bekommen kann, stand, historisch gesehen, am Beginn der Entwicklung der modernen Wahrscheinlichkeitslehre. Das ist insofern paradox, als die Wahrscheinlichkeitslehre im Grunde keine Regeln liefert. Wahrscheinlichkeiten sind numerische Werte, deren Bedeutung für das eigene Handeln letztlich doch wieder einer subjektiven Einschätzung bedarf. So gilt ein unwahrscheinliches, aber tödliches Risiko, zum Beispiel an einem Atomunfall zu sterben, als weitaus gefährlicher, als ein höchst unangenehmer, jedoch ziemlich häufig vorkommender Unglücksfall, wie der, von einer Biene gestochen zu werden. Doch sehen wir uns die Geschichte der Wahrscheinlichkeitstheorie einmal genauer an.

Das Interesse an Glücksspielen dürfte uralt sein. Bereits die Römer kannten das Würfelspiel, das auch heute noch zur Veranschaulichung von Zufalls-Phänomenen dient. Im 17. Jahrhundert gab es einen bekannten Spieler, den Chevalier de Méré, der sich sehr für die Gewinnwahrscheinlichkeiten bei verschiedenen Spielen interessierte. Ihm war bekannt, dass die Wahrscheinlichkeit, mit einem (idealen) Würfel eine Sechs zu werfen, 1/6 beträgt. Weiterhin wusste er, dass man auch nach 6 Würfen nicht sicher sein konnte, tatsächlich eine Sechs zu bekommen. Aber er hatte herausgefunden, dass man bereits nach 4 Würfen eine mehr als 50-prozentige Chance hatte, die Sechs zu würfeln. Es gibt nun Spiele, bei denen man zwei Würfel verwendet. Die Wahrscheinlichkeit, dass beide Würfel zugleich eine Sechs zeigen, liegt bei 1/6 x 1/6, also insgesamt nur bei 1/36. Wie oft muss man werfen, um auch hier eine wenigstens 50-prozentige Chance auf zwei Sechsen zu bekommen? Es liegt nahe, diese Chance in Analogie zu den Verhältnissen bei einem Würfel zu vermuten, also nun nach 6 x 4 = 24 Würfen. Chevalier de Méré hatte die Erfahrung, dass das so nicht stimmen konnte.

Im Jahre 1652 lernte Chevalier de Méré auf einer Reise den damals 29-jährigen Physiker Blaise Pascal kennen. Diesem schilderte er sein Problem. Tatsächlich lassen sich die infrage stehenden Wahrscheinlichkeiten wie folgt berechnen:

4 Würfe mit einem Würfel, bei dem 5 von 6 Fällen uninteressant waren:
$1 - (5/6)^4 = 0,52$ (52 %)
24 Würfe mit zwei Würfeln, bei denen 35 von 36 Kombinationen uninteressant waren:
$1 - (35/36)^{24} = 0,49$ (49 %)

Blaise Pascal ließ sich damals vom Fieber der Wahrscheinlichkeitslehre anstecken. Zwei Jahre später führte er mit dem etwas älteren Mathematiker Pierre de Fermat einen Briefwechsel über die Berechnung von Wahrscheinlichkeiten. Darin ging es vorrangig um das Problem, wie ein Glücksspiel-Einsatz gerecht aufgeteilt werden sollte, wenn ein Spiel vorzeitig abgebrochen werden musste. Die Frage jedoch, warum sich die Gewinnwahrscheinlichkeiten beim Werfen mit mehreren Würfeln nicht einfach proportional zu den Basiswahrscheinlichkeiten verhielten, wurde erst etwa 60 Jahre später eindeutig geklärt (De Moivre 1718).

Glücksspieler suchen oft nach Regeln, die ihnen einen Gewinn sichern. Man kann es als Regel nehmen, dass nach viermaligem Würfelwurf die Wahrscheinlichkeit für eine Sechs bereits über 50 % liegt. Ähnliche, auf Wahrscheinlichkeitsberechnungen beruhende Regeln gibt es in vielen Wissenschaften. Eine allgemein akzeptierte Regel ist, dass man eine Beobachtung, eine These oder ein Modell gegenüber sonstigen Beobachtungen als auffällig beurteilt, selbst wenn noch eine Restunsicherheit von 5 % als Fehlerwahrscheinlichkeit besteht. Dieser sogenannte Alphafehler beruht auf einer Vereinbarung, wird jedoch vor allem in der statistischen Prüfung von Beobachtungsdaten an einem Zufallsmodell als allgemeine Regel akzeptiert. Mathematiker spotten oft über Physiker, weil diese ihre Regeln meist aufgrund von Rundungen aufstellen. Mit Hilfe solcher Regeln können wir jedoch erstaunlich sichere Vorhersagen über die Welt machen, ja sogar Naturgesetze formulieren.

Nun haben wir am Beginn dieses Kapitels über Lernprinzipien gesprochen, die es uns erlauben, aus Erfahrungsdaten zu lernen. Die Kenntnis dieser Prinzipien lässt ein wenig Spielraum für das Vertrauen, das man der daraus folgenden Entwicklung von Regeln schenken kann. Jedenfalls ist festzustellen, dass die Rede über die Wahrscheinlichkeit von Voraussagen, die Menschen machen, so manchen Annahmen widerspricht, von denen Naturwissenschaftler üblicherweise ausgehen. Wissenschaftliche Voraussagen beanspruchen nämlich zu gelten. Zum Beispiel ging der Physiker Max Planck (1858–1947) davon aus, dass ein Ereignis dann kausal bedingt ist, wenn es mit Sicherheit vorausgesagt werden kann. Empirische Befunde zeigen jedoch, dass ein Kausaldenken geradezu miteinschließt, dass kausal bedingte Ereignisse nur mit einer bestimmten Wahrscheinlichkeit eintreten. Vereinfacht gesprochen: Ausnahmen bestätigen die Regel.

Ist es nun als Fortschritt oder als Rückschritt anzusehen, wenn man den Wahrscheinlichkeiten mehr Aufmerksamkeit schenkt als den Regeln, die man als Handlungsgrundlage braucht? Immerhin konnten wir sehen, dass Regeln im Gehirn letztlich mittels umfangreicher Informationsverarbeitung aus den Erfahrungen beim Wahrscheinlichkeitslernen ermittelt werden. Diese Regeln werden für weiteres Handeln gebraucht, sowohl um lokal tätig zu werden als auch um global weiterdenken zu können. Damit gibt es an dieser Stelle ein grundsätzliches wissenschaftliches Problem.

Einstein beharrte stets auf seiner Meinung, dass der Zufall keine Erklärung darstellt. Warum tat er das? Warum verstieg er sich zu der Behauptung, dass Gott nicht würfelt? Wir werden dieser Frage später im Kapitel 6 *Erfahrungen anzweifeln* noch genauer nachgehen. An dieser Stelle können wir jedoch bereits die Rolle anspruchsvoller und somit globaler Annahmen gegenüber konkreten und lokalen Annahmen näher beleuchten. Tatsächlich wird sich nämlich eine Aussage über ein angemessenes (ideales) Modell der Wirklichkeit – das es ja kaum geben wird – von einem angemessenen Urteil über ein (taugliches) Modell der Wirklichkeit – das wir täglich brauchen – unterscheiden.

Der Physiker Erwin Schrödinger (1887–1961) entwickelte die sogenannte ψ-Funktion, die imstande sein sollte, Teilchen als Wellenpakete aufzufassen. Wenn er es im Zuge seiner Modellkonstruktion hilfreich fand, über eine Katze nachzudenken, die zugleich lebt und tot ist, ist das die eine Sache. Die andere ist, wie weit ein auf der Basis solcher Gedanken entwickeltes Modell in der praktischen Wirklichkeit trägt. Als Einstein im Jahre 1935 Schrödinger wegen seiner paradoxen Denkweise kritisierte, schrieb dieser prompt zurück: »Ich bin längst über das Stadium hinaus, wo ich mir dachte, dass man die ψ-Funktion irgendwie direkt als Beschreibung der Wirklichkeit ansehen kann.«

Wir wollen hier feststellen, dass sich Schrödinger und Einstein darin einig waren, dass man einen lokalen Zustand (tot oder lebendig) von einem generellen Sachverhalt zu unterscheiden hat, der tote und lebendige Tiere zulässt. Im oben vorgestellten Beispiel des Gewinnspiels mit den Kartenstapeln wissen die Spieler, dass der Versuchsleiter mit wechselnden Gewinn- und Verlustkarten ein böses Spiel treibt. Dennoch folgen kluge Spieler dem Vorsatz, Karten nur von »guten« Stapeln zu ziehen. Tatsächlich scheint das Ziel der neuralen Informationsverarbeitung nicht die vollständige Erfassung der Wirklichkeit, sondern die Erarbeitung handhabbarer (und dafür starrer) Regeln zu sein. Insofern hat Max Planck Recht, wenn er für eine kausal gültige Regel eine sichere Vorhersage verlangt. Das trifft für plausible Regeln zu.

Transnaturales Denken

Neurowissenschaftler vertreten in der Regel einen naturalistischen Standpunkt, gehen also davon aus, dass die Wirklichkeit der Natur entspricht, die aufgrund zahlreicher Erfahrungen evident erscheint. Evident ist, was einsichtig ist und faktisch erscheint. Daraus folgt nach Edmund Husserl (1859–1938) das Phänomen des Fürwahrhaltens. Regeln entstehen jedoch aus Beobachtungen, die mit einer zwar hohen Wahrscheinlichkeit, aber nie mit Sicherheit zutreffende Vorhersagen über die Wirklichkeit machen können. Die entsprechenden Beobachtungen stammen aus Episoden, die nicht nur zu unterschiedlichen Zeitpunkten, sondern unter wechselnden Bedingungen und oft auch in unterschiedlichen Kontexten gemacht wurden. Die unscharfen Bilder der Wirklichkeit, die zu brauchbaren Regeln führen, beruhen offenbar weder auf einfachen Abstraktionen, noch auf schrittweise aufeinander folgenden Operationen. Vielmehr scheinen sie die Summe von Aggregationen zu sein. Sie addieren Teilergebnisse, die für sich genommen unbedeutend sein können. Wir müssen zur Kenntnis nehmen, dass Evidenz nicht die ausschlaggebende Grundlage ist, auf der das Gehirn Handlungen plant, bestenfalls Plausibilität. Evidenz kann höchstens eine Folge davon sein. Vielmehr muss es sich um eine besondere Art des Denkens handeln, das die Voraussetzung für physikalische, aber auch für metaphysische Thesen liefert. Wir werden es transnaturales Denken nennen.

Welche neuronale Grundlage kommt für ein Denken infrage, das Wirklichkeit aus einzelnen, unzureichenden Erfahrungen zu erschließen versucht? Das Erschließen von Wirklichkeit folgt im Denken zunächst offenbar vor allem den induktiven Schritten der Informationsverarbeitung. Ein Mechanismus, der als Basis hierfür infrage kommt, ist das sogenannte coarse coding. Dieses wurde gleich zu Beginn des Kapitels 2 *Orientierung* erwähnt. Coarse coding beruht auf schwachen Erregungen von einzelnen, unspezifischen Netzwerkteilen, die jedoch in ihrer Gesamtheit die prägnante Repräsentation eines nicht direkt wahrgenommenen Sachverhalts erlauben. Eine derartige Repräsentation beruht also auf einer Summe von je scheinbar unbedeutenden Informationen und kann dennoch handlungsleitend sein. Vereinfacht gesprochen, handelt es sich beim transnaturalen Denken um Glaubenssätze, die infolge einer subjektiven Aggregatbildung entstehen.

Ein Beispiel für eine solche Aggregatbildung ist der anschauliche Sonderfall, der beim Erkennen einer Familienähnlichkeit in den Gesichtern einer Familie auftritt. Es ist nicht einfach, Familienähnlichkeit in Worte zu fassen. Das Besondere dabei ist, dass die Familienähnlichkeit von Geschwistern auf Merkmalen beruhen kann, die entweder vom Vater oder von der Mutter vererbt wurden, aber nicht von beiden. Das Prinzip, das coarse coding ermöglicht, ist in den Netzwerken des Gehirns überall dort zu erwarten, wo eine Informationsverarbeitung in mehreren Stufen erfolgt (vgl. die Diskussion der XOR-Netzwerke in Bösel 2006, S. 40f). Mit hoher Wahrscheinlichkeit gilt das wohl auch für das Stirnhirn. Wie komplexe Aggregate aus wechselnden subjektiven Erfahrungen entstehen, kann in bestimmten Anordnungen auch empirisch untersucht werden. Ein schönes Beispiel dafür sind Experimente, die zeigen, unter welchen Bedingungen sich zwischen zwei kooperierenden Menschen allmählich Vertrauen aufbauen kann (z. B. King-Casas u. a. 2005). Auf eine andere Untersuchung zum Verlauf subjektiver Aggregatbildungen werden wir noch in diesem Kapitel zurückkommen.

Das Stirnhirn ist in besonderem Maße auf zuverlässige Informationen über die Wirkwelt angewiesen. Dazu greift das Stirnhirn auf die Inhalte der gedächtnistragenden Netzwerke der hinteren Gehirnteile zu und bündelt diese. Es würde somit indirekt Informationen erfassen, die auf Komponenten beruhen, die hinten an mehreren Stellen schwach und unscharf codiert sind. Wirklichkeitserschließendes Denken wäre somit eine Konsequenz von Informationsbündelung. Es aggregiert gewissermaßen wirklichkeitsabbildendes, »naturalistisches« Erfahrungswissen. Insofern macht es Sinn, dieses wirklichkeitserschließende Denken als transnaturales Denken zu bezeichnen, wenn es bewusst oder über einen Selbstbericht erfahrbar wird.

Ein derartiges, transnaturales Denken berücksichtigt das über die Handlungsumwelt bisher gesammelte und gesicherte Wissen, um einfache und verlässliche Sichtweisen über die nichtbeobachteten Teile der Wirklichkeit aufzustellen. Diese Sichtweisen begründen Sätze, die »offenbar« (revealed) richtig sind. Weitere metaphysische Themen wie das Nachdenken über Sinn und Zweck des Lebens oder über die Existenz von Transzendentalien zählen sicherlich nicht zum transnaturalen Denken. Die sogenannten Transzendentalien, wie das Wahre oder das Schöne, sind wohl eher als Form des abstrakten Denkens anzusehen, und Gedanken über das Leben nach dem

Tode werden meist stark kulturabhängig gedacht. Der Teil des metaphysischen Denkens, den wir als transnaturales Denken bezeichnen, vermittelt dagegen einen Eindruck von faktischer (und nicht nur theoretischer) Wirklichkeit und liefert den sicheren Boden für zielgerichtetes Handeln. Es bildet die Grundlage davon, dass etwas *subjektiv* unmittelbar einsichtig ist, wie zum Beispiel das Weiterdenken einer beobachteten, kontinuierlichen Bewegung, oder gut nachvollziehbar, wie die Übereinstimmung mit Wissen oder wie eine einfache Schlussfolgerung, die man gehört hat. All das trägt zum Plausibilitäts-Empfinden bei.

Plausibilität ist übrigens bereits eine Grundlage, auf der Wissenschaftler tätig werden. Diese lassen sich bei ihrem empirischen Tun stets von Generalisierungen oder Hypothesen leiten, die in der Regel nicht einheitlich als evident bewertet werden. Allein schon die Rede über Sachverhalte, die momentan nicht beobachtbar sind, ist schwierig. Das geht, wie wir weiter unten noch ausführen werden, in der Regel nur, wenn man Beobachtetes oder Beobachtbares aufeinander bezieht: »Wenn man dies und jenes täte, könnte man ...« Man spricht von Operationalisierung, wenn man Operationen angibt, die man durchführen muss, um zu einem bestimmten, behaupteten Ergebnis zu gelangen (Bridgman 1927). Die Operationalisierung als Grundlage zur Verdeutlichung von Gemeintem ist eine wichtige Voraussetzung im wissenschaftlichen Diskurs. Allerdings ist damit erfahrungsgemäß die Replikation eines Ergebnisses nur theoretisch sichergestellt, also nur für den Fall, dass keine unerwarteten Randbedingungen auftreten. Die Existenz einer behaupteten Kausalität ist damit noch nicht sichergestellt. Insofern ist selbst eine auf diese Weise sorgfältig erzeugte Evidenz nicht immer geeignet, objektiven Konsens herzustellen. So zumindest sieht es der Wissenschaftstheoretiker Wolfgang Stegmüller (1923–1991) in seiner *Metaphysik* von 1954.

Transnaturales Denken liefert eine mitunter »höhere« Sicht der Dinge und damit Einsicht. Es ist Teil unseres naturalistisch geprägten Weltbildes, ebenso wie die Verwendung von Wissen oder wie das schlussfolgernde Denken. Jede dieser Operationen ist, wie erwähnt, geeignet, Gedachtes zunächst einmal als verständlich und plausibel anzunehmen. Doch erst im Schlussteil von Kapitel 6 *Erfahrungen anzweifeln* wird deutlich werden, wie ein Zusammenspiel dieser Operationen das Erkennen von *objektiver* Realität im Sinne von Evidenz begünstigt. Die Konstruktion einer »objektiven« Realität ist grundsätzlich möglich, soweit Menschen in vielen basalen Lebensbereichen vergleichbare Erfahrungen sammeln, vor allem in einer globalisierten Welt. Außerdem laufen die Mechanismen der Informationsverarbeitung bei allen Menschen nach ähnlichen Prinzipien ab. Auf dem langen Weg zur Evidenz spielen die bereits früher erklärten Probehandlungen und vor allem auch innere Probehandlungen eine entscheidende Rolle. Solchen Probehandlungen wollen wir uns jetzt erneut zuwenden.

Qualitätsmanagement im Gehirn?

Für jede zielgerichtete Bewegung ist ein Zielobjekt vorhanden. Wir gehen also davon aus, dass das Ziel als feste Größe, zum Beispiel in Form von Raumkoordinaten, mental repräsentiert ist. Außerdem setzen wir ein Bedürfnis voraus, das Ziel mit der entsprechenden Bewegung zu erreichen. Es braucht an dieser Stelle nicht zu interessieren, woher ein solches Bedürfnis stammt, das die Bewegung antreibt. Für derart aktivierende Quellen gibt es zahlreiche Möglichkeiten: angeborene und erlernte assoziative Verbindungen zu inneren oder äußeren Reizen, die Stärke einer Bewegungsgewohnheit oder sogar gehirnaktive Substanzen. Im Augenblick interessiert uns nur, dass die Bewegung je nach Ausgangslage durch die Basalkerne mit einer bestimmten Wahrscheinlichkeit in Gang gesetzt wird. Das gleiche gilt für jede Korrektur im Verlauf der Bewegung, sofern die Gefahr besteht, dass das Ziel aus dem Visier gerät.

So gesehen gibt es gar keine Wahrscheinlichkeits-Abschätzung für den Start oder den Ausgang einer Bewegung. Für die Trefferwahrscheinlichkeit einer Bewegung oder die Gewinnwahrscheinlichkeit einer Entscheidung wird auch keine Risiko-Abwägung vorgenommen. Vielmehr folgt die Handlungsausführung weitgehend situationsunabhängigen Faktoren der Konditioniertheit. Momentane Reize haben nur motivierenden Charakter.

Diese Erkenntnisse sind den im Alltag üblichen Beschreibungen von Handlungen genau entgegengesetzt. Wir sind es gewohnt, Reize als Auslöser und innere Faktoren als motivierend anzusehen. Aufgrund der bisherigen Überlegungen müssen wir umdenken: Ein Risiko entsteht durch das Handeln, nicht durch Reize oder Situationen. Eine Risikoabschätzung kann nur nach einem Impuls zum Tätigwerden entstehen, nicht durch unbeteiligtes Abwägen von Situationskomponenten.

Das Wissen um die Bedeutung und die realistischen Konsequenzen des Tuns oder des Erleidens hat große Bedeutung für die Frage, wie eine Kausalitätswahrnehmung entsteht. Im Grunde gibt es dazu eine recht bekannte Beschreibung, die auf das 6. Jahrhundert v. Chr. zurückgeht, nämlich eine Fabel des griechischen Dichters Äsop: Ein Fuchs liebt Trauben und findet welche, die er gerne essen würde. Es gelingt ihm aber nicht, an sie heranzukommen. Daraufhin vertritt er die Überzeugung, dass ihm diese Trauben sicherlich zu sauer wären. Was diese Fabel lehrt, ist die Tatsache, dass die Gewinn- und Verlustrechnung auf einer Zuschreibung beruht, die erst nach dem anfänglichen Handlungsimpuls erfolgt. Insofern müssen solche Gedanken als Ausdruck einer Planänderung aufgefasst werden und nicht etwa als Komponenten der ursprünglichen Planerstellung (▶ **Kap. 4** *Die Ich-Beteiligung im Denken*).

Der Plan ist also gewissermaßen die Konsequenz eines Handlungsimpulses und nicht dessen Ursache. Warum besitzt die menschliche Informationsverarbeitung, die ja auf biologischen Mechanismen beruht, ein so merkwürdiges Vorgehen bei der Herstellung eines Plans? Es mag einleuchten, dass Instinktverhalten eher impulsiv erfolgt: Erst der Hunger, dann die Suche nach dem Essen. Ist es bei erlernten Verhaltensweisen wirklich anders? Tatsächlich liegt es in der Natur menschlicher Gewohnheiten, dass Menschen in der Regel den möglichen Erfolg eines eigenen Plans stärker im Blick haben als dessen Scheitern. Es ist ja die Hoffnung auf Erfolg, die uns aufgrund der Lernmechanismen antreibt. Die Hoffnung stirbt zuletzt. Zwar gibt es auch ein Lernen am Misserfolg. Dieses beruht jedoch auf einer Furchtkonditionierung, die anderen Regeln gehorcht als diejenigen, die routinemäßig das zielorientierte Handeln steuern (▶ **Kap. 8** *Passung und Bewertung*). Denken wir hier erst einmal über die Konsequenzen nach, die die Hoffnung auf Erfolg nach sich ziehen kann. Man kennt das aus dem Alltag: Menschen beharren gerne auf ihrer Meinung. Gar nicht so selten verbinden sie das mit einer Geringschätzung anderer Denkweisen.

Auch Wissenschaftler haben ihren Dünkel. Zwar werden sie immer wieder von tiefen Zweifeln an der eigenen Sache geplagt, aber wenn sich bei ihnen erst einmal eine Überzeugung entwickelt hat, dann sitzt diese ganz schön tief. Wir sprechen von einem Confirmation bias und damit über die Neigung, nach Bestätigungen für etwas zu suchen, von dem man selbst überzeugt ist. Nach den Ergebnissen von psychologischen Untersuchungen zeichnen sich Wissenschaftler dadurch aus, dass sie meist in höherem Grade der eigenen Einschätzung vertrauen als den Ergebnissen von Kollegen, sofern diese von der eigenen Meinung abweichen. Aus eigener Erfahrung kann ich sagen, dass man in dieser Haltung auch selten enttäuscht wird. Das liegt daran, dass Menschen fast nie das Gleiche meinen, wenn sie etwas sagen, und ganz bestimmt nicht das Gleiche tun, wenn sie etwas untersuchen. Doch das ist nicht der Punkt, der uns hier interessiert. Wir werden später sehen, dass dem Confirmation bias nur durch Zweifel an eigenen Erfahrungen beizukommen ist. An dieser Stelle wollen wir erst einmal verstehen, wie es überhaupt zu einem Bedürfnis nach Selbstbestätigung kommt. Dazu sollten wir uns vor Augen halten, dass die Organisation eines Handlungsplans auf verschiedenen und unterschiedlich stark motivierten Handlungsantrieben beruht. Während das obere Stirnhirn unter Berücksichtigung von Randbedingungen nach einem Plan sucht, stellen die Basalkerne zahlreiche, mehr oder weniger starke Handlungsimpulse zur Verfügung. Wie sollen diese auf die Reihe gebracht werden?

Im Grunde fehlen noch zuverlässige Daten, und es fehlt auch die Sprache, um die Organisation der sogenannten exekutiven Prozesse angemessen zu beschreiben. Doch der Alltag liefert ständig Beispiele für die Struktur von Handlungsplanung. Die besten Beispiele liefert möglicherweise der Wissenschaftsprozess selbst. Im Optimalfall sollte er ohnehin Eigenschaften aufweisen, die der Arbeitsweise des Gehirns entgegenkommen. Hier also ein typisches Beispiel für das Vorgehen bei wissenschaftlichem Erkenntnisgewinn. Ich selbst habe mich eine Zeitlang mit mathematischen Modellen in der Psychologie beschäftigt. Solche Modelle gehen meist von empirisch gesammelten Daten aus, zum Beispiel von mittleren Reaktionszeiten in einer experimentellen Anordnung. Außerdem gibt es eine ungefähre Annahme darüber, wie die Informationsverarbeitung ablaufen könnte. Für diese Annahme werden Formeln verfasst. Die darin enthaltenen Variablen, die sogenannten Modellparameter, werden hierauf so gewählt, dass das Modell die gewünschten Daten produziert. Bei einer großen Zahl von Modellparametern ist jedoch eine Prüfung am Zufallsmodell nicht mehr möglich.

Eine formalisierte Modellbildung ist jedenfalls nützlich, weil man jeden Schritt gut nachvollziehen kann. Nichts ist schwammig oder mehrdeutig. Darüber hinaus kann man prüfen, ob ein solches Modell imstande ist, Vorhersagen zu machen. Es sollte imstande sein, Daten zu einem Experiment zu liefern, die dem Konstrukteur des Modells noch gar nicht bekannt gewesen sein konnten. Das gilt als gute Wissenschaft und hat dennoch ein grundsätzliches Manko: Weil zum Zeitpunkt der Modellkonstruktion die Erfahrungsgrundlage notwendigerweise beschränkt war, kann ein Modell gar nicht alle Eigenschaften des Sachverhalts aufweisen, den es veranschaulicht – aber das war auch gar nicht beabsichtigt. Schließlich soll ein Modell ja so einfach sein, dass es begreifbar und handhabbar bleibt. Die Produkte mathematischer Modelle in der Naturwissenschaft weisen daher zum Teil erhebliche Abweichungen zu realen Beobachtungen auf. Und nur in seltenen Fällen gibt es objektive Kriterien dafür, ob man die erzielten Abweichungen tolerieren soll oder nicht. So ähnlich mag es unserem Gehirn auch gehen, wenn es abschätzen soll, ob ein Plan aufgeht oder nicht.

Doch die Unsicherheit für die Erfolgswahrscheinlichkeit einer Voraussage ist, wie wir oben deutlich gemacht haben, nicht das eigentliche Problem. Das Gehirn nimmt nämlich im ersten Schritt der Informationsverarbeitung höchstwahrscheinlich gar keine Risikoabwägungen vor. Das ist eher Sache einer Bewertung nach einer Probehandlung: Pläne sind Konsequenzen des Erfolgs, der in inneren oder äußeren Probehandlungen erzielt wurde, also einer Aggregatbildung. Im Wissenschaftsprozess ist es ähnlich. Geringfügige Abweichungen in einer modellgestützten Vorhersage werden in der Regel erstaunlich leicht in Kauf genommen. Der erste Blick gilt meist der Modellstruktur: Wie plausibel sind die Annahmen über die im Modell abzubildende Informationsverarbeitung? Wenn man als Wissenschaftler selbst Hypothesen über die abzubildende Wirklichkeit hat, so ist man schnell geneigt, ein davon abweichendes Modell abzulehnen. Was könnte der Konstrukteur des diskutierten Modells antworten? »Es kann sein, dass du Recht hast. Dann probiere doch mal selbst aus, ob deine Annahmen die besseren Ergebnisse liefern!«

Letztlich entscheidet in der Wissenschaft die Praxis, ob etwaige Vorhersagefehler eines Modells zu groß sind. So hat das wohl auch der Philosoph Hans Vaihinger gesehen. Ansonsten steht in den meisten Fällen für die Konstruktion einer größeren Anzahl von alternativen Modellen weder Zeit noch Energie zur Verfügung. Ähnlich dürfte es auch bei der Planerstellung im Stirnhirn zugehen: Es entscheidet das in den betreffenden Netzwerken im Augenblick vorhandene Ausmaß an Aktivierung darüber, ob ein Glaubenssatz manifest wird und damit ein Plan zustande kommt.

Kommen wir zu unserem obigen Beispiel zurück, in dem Personen allmählich lernen sollen, gewinnversprechende Kartenstapel von verlustreichen zu unterscheiden. Es gibt Personen, die mit dem Herausfinden der Gewinnchancen erhebliche Schwierigkeiten haben. Dabei handelt es sich keineswegs um Menschen, denen nichts am Gewinn liegt oder die dem Spiel wenig Bedeutung beimessen. In eigenen Untersuchungen konnten wir feststellen, dass unter denen, die schlecht abschneiden, oft Personen sind, die sehr auf ihren Vorteil bedacht sind. Der Grund für die unzureichende Gewinnabschätzung liegt offenbar gerade in der Gewohnheit, sich durch die Aussicht auf einen hohen Gewinn blenden zu lassen. Der Impuls, solche Gewinne wiederholen zu wollen, wird sehr stark. Die Folge ist dann eine unzureichende Gewinn- und Verlustschätzung. Der gleiche Mechanismus kann sich ebenso im Sozialverhalten bemerkbar machen. So kommt es, dass sozial auffällige Personen in der Regel Schwierigkeiten mit dem Kartenstapel-Spiel besitzen. Wir haben das an Jugendlichen untersucht, die während des Spiels ein genaues Feedback über den Stand ihrer bisherigen Gewinnsumme erhielten (Witt u. a. 2007). Schlechte Spieler lassen sich von einzelnen Gewinnkarten sogar dann ablenken, wenn ihnen zuvor Tipps für in Summe vorteilhaftere Wahlen gegeben wurden. In unserer Untersuchung wiesen sie in der Hirnstromaktivität über dem Stirnhirn bei selbstverschuldeten Verlusten immer wieder Anzeichen deutlicher Überraschung auf, ohne dass aus dem Feedback gelernt wurde.

Wenn jedoch im Kartenstapel-Spiel ein Kausal-Zusammenhang erkannt worden ist, so beginnen die Spieler, überwiegend Karten von den »guten« Stapeln zu ziehen. Allerdings kann man beobachten, dass dieses Verhalten gelegentlich unterbrochen wird und zwischendurch immer mal wieder von einem der anderen Stapel gezogen wird. Grundsätzlich scheint jedoch eine Ursache die Eigenschaft zu besitzen, regelhaft bestimmte Wirkungen erwarten zu lassen.

Illusionärer Aberglaube

Obwohl es bei Konzentration der Aufmerksamkeit und durch Mechanismen des Einordnens von Gedanken in den Erfahrungshintergrund wirksame Mechanismen gibt, die vorschnellen Fehlreaktionen entgegenwirken, gibt es dennoch zahlreiche Beispiele dafür, dass auch scheinbar kritische Menschen zu erstaunlichen Formen von Aberglauben neigen. Wir hatten an anderen Stellen schon oft Gelegenheit, darüber zu berichten. Außerdem haben wir darauf hingewiesen, dass höhere neuronale Kontrollmechanismen im Wesentlichen darin bestehen, dass eine nützliche Gewohnheit eine unerwünschte Gewohnheit blockiert (Bösel 2014, S. 218). Offenbar gibt es Vorgänge, die das Zustandekommen von Urteilen selbst dann begünstigen, wenn diese infolge entgegenstehender Informationen als eher unrealistisch gelten müssten.

Üblicherweise geht man davon aus, dass Fehldeutungen durch Beobachtungs- oder Repräsentationsfehler die häufigsten Ursachen für verschiedene Formen von abergläubischen Verhaltensweisen sind. Der bereits erwähnte Verhaltensforscher Skinner hat für das Zustandekommen von Aberglauben vor fast 70 Jahren bestimmte Lernbedingungen verantwortlich gemacht (Skinner 1948). Diese sollten bei der entsprechenden Erfahrungsbildung wirksam gewesen sein und hätten dann für den folgenden, beharrlichen Aberglauben den entscheidenden Ausschlag gegeben. Die entsprechende Beobachtung hat Skinner in dem bereits berichteten Experiment mit Tauben gemacht (▶ **Kap. 2** *Orientierung*, Abschnitt *Operante Konditionierung*). Es handelte sich um Tauben, die einzeln in einem Käfig saßen und bei denen eine entsprechende Apparatur dafür sorgte, dass alle 15 Sekunden ein Futterkorn vor die Taube rollte. Jede Taube verhielt sich im Käfig anders. Die eine lief umher, die andere putzte sich, die dritte schlug mit dem Flügel. Während das erste Futterkorn fiel, hat jede der Tauben also gerade eine andere Bewegung ausgeführt. Was auch immer ein Taube tat, das Futter wirkte als Belohnung, und die entsprechende Bewegung wurde mit höherer Wahrscheinlichkeit erneut ausgeführt. Das wieder erhöhte die Wahrscheinlichkeit, dass genau diese Verhaltensweise ein zweites Mal verstärkt wurde. Hierbei wurden also Verhaltensweisen gewissermaßen zufällig verstärkt, und Skinner erfand dafür die Bezeichnung »nichtkontingente Verstärkung«.

In mehreren Untersuchungen konnte man abergläubisches Verhalten nach bestimmten Lernprozessen auch beim Menschen nachweisen (vgl. Bruner & Revuski 1961). Studenten hatten in einem Experiment vier Tasten zur Verfügung. Nach dem Drücken von einer oder mehreren dieser Tasten würde eine Lampe leuchten und sie würden einen Cent bekommen. Die Personen sollten die Regel für den Zusammenhang von Tastendrücken und dem Aufleuchten der Lampe innerhalb einer bestimmten Zeit herausfinden und konnten durch passende Wiederholungen entsprechend viele Münzen verdienen. Was die Studenten nicht wussten: Der Erfolg stellte sich stets mit einer Verzögerung von 10 Sekunden ein. Alle Studenten fanden eine erfolgreiche Tastenfolge, zum Beispiel 3,2,4,1, allerdings fast jeder eine andere. Tatsächlich hätte allein die Taste 3 ausgereicht. Doch keine der untersuchten Personen wich von dem einmal erfolgreichen Schema ab. Allerdings konnte man in späteren Untersuchungen beobachten, dass sich abergläubisches Verhalten leichter nach sogenannter negativer Verstärkung einstellte, also wenn man lernte, eine unerwünschte Situation zu vermeiden (Aeschleman u. a. 2003).

Lernprozesse, die infolge einer zufälligen Verstärkung, insbesondere beim Vermeiden unerwünschter Situationen stattfinden, tragen also in hohem Grade zum Entstehen von abergläubischem Verhalten bei. Spitzensportler neigen zum Aberglauben, wenn sie meinen, durch irgendein Verfahren ihre bis an die Grenzen trainierte Leistungsfähigkeit noch weiter steigern zu können. Sie möchten eine Art Zusatzantrieb eingebaut bekommen. In gewisser Hinsicht verspricht das zum Beispiel eine Hypnosetherapie. In Golferkreisen kursiert zum Beispiel die Erzählung über einen Golfspieler, der nach einer Hypnose-Behandlung sein Handicap verbessern konnte und das zum Anlass nahm, dem Therapeuten daraufhin einen

Rolls-Royce zu schenken. Viele Forscher meinen, dass zur Vermeidung von Misserfolg, Verlust oder Krankheit besonders häufig abergläubische Verhaltensweisen beobachtet werden können. Allerdings darf man nicht übersehen, dass Verhaltensweisen, die dem körperlichen und emotionalen Komfort dienen, ohnehin eine biologisch bedingte, hohe Auftretenswahrscheinlichkeit besitzen. Viele scheinbar abergläubische Verhaltensweisen haben dabei eher den Charakter eines Rituals, wie zum Beispiel mit »toi, toi, toi« auf Holz zu klopfen. Dieses Ritual signalisiert in erster Linie soziale Verbundenheit und Unterstützung. Zum Aberglauben werden solche Rituale erst, wenn die soziale Dimension verloren gegangen ist.

Eine etwas ältere Untersuchung liefert einen weiteren Zugang zum Phänomen des Aberglaubens. Der Norwegische Neurowissenschaftler Terje Sagvolden interessierte sich dafür, inwiefern bei Kindern Aufmerksamkeitsprozesse zur Entstehung von Aberglauben beitragen. Er stellte eine Spielsituation her, in der alle 30 Sekunden ein kleiner Gewinn zugeteilt wurde – völlig unabhängig vom momentanen Spielverlauf. Unter diesen Bedingungen untersuchte Sagvolden Kinder mit und ohne Aufmerksamkeitsdefizite. Ausnahmslos alle Kinder entwickelten eine Meinung dazu, warum sie die Gewinne erhalten hatten, und richteten ihr Verhalten danach aus. Doch es gab noch eine zweite Spielphase, in der die Kinder keinen spontanen Gewinn mehr erhielten, vor allem auch nicht entsprechend ihrer Erwartungen. Kinder ohne Aufmerksamkeitsdefizite gaben unter den neuen Bedingungen sehr bald ihre speziellen Gewinnbemühungen auf. Die Kinder mit Aufmerksamkeitsstörungen hingegen kehrten nach einer Orientierungsphase zu ihren zufällig belohnten Gewohnheiten zurück und verstärkten sogar noch ihre vergeblichen Bemühungen. Sie verhielten sich letztlich also so, als ob sie eine entsprechende Belohnung erhalten hätten. Betriebsamkeit und Eifer verhinderte eine kritische Beachtung der Umwelt und des tatsächlichen Feedbacks (Sagvolden u. a. 1998). Man kann festhalten: Aufmerksamkeit, die auf Misserfolge gerichtet ist, erhöht die Planungssicherheit.

Handlungspläne und das Gedankenexperiment

Soeben wurden Verhaltensweisen beschrieben, die aus der Sicht der Betroffenen eine vernünftig geplante Handlung darstellen, von anderen Menschen jedoch als abergläubisch bezeichnet werden. Somit stellt sich die Frage, unter welchen Bedingungen man von einer vernünftigen Planung sprechen sollte. Wann sprechen wir überhaupt von einem Handlungsplan? Viele Dinge des täglichen Lebens werden geplant. Man macht sich zum Beispiel Gedanken zu einigen Eckpunkten des Tagesablaufs, manchmal plant man die Erledigung konkreter Angelegenheiten in ganz bestimmter Weise zu einem festgelegten Zeitpunkt. Generell ist es nicht ganz einfach zu beschreiben, was ein Handlungsplan ist. Drei amerikanische Psychologen, darunter der Neuropsychologe Karl Pribram, haben 1960 in einem viel beachteten Buch versucht, Pläne und die Struktur des Verhaltens zu erklären (Miller u. a. 1960). Wir haben aus diesem Buch bereits die Handlung des Nageleinschlagens als Beispiel für Probehandlungen erwähnt (▶ **Kap. 2** *Orientierung*). Dieses Beispiel sollte deutlich machen, wie wichtig Probehandeln für die Orientierung ist. Nun geht es darum zu zeigen, dass das, was für mikroskopische Orientierungsprozesse gilt, in mancherlei Hinsicht auch für komplexere Handlungsabläufe bedeutsam ist.

Die Autoren des oben genannten Buchs meinen, dass Pläne, soweit sie bewusst sind, gewissermaßen als Instruktionen aufgefasst werden können, die angeben, was in welcher Reihenfolge getan werden soll. Pläne haben darüber hinaus stets eine hierarchische Struktur. Das bedeutet, dass man zum Beispiel zwischen einem groben Entwurf für die Handlungsrichtung und den einzelnen Operationen unterscheiden kann. Auf diese Weise lässt sich auch von einer allgemeinen Strategie und von verschiedenen Taktiken im Detail sprechen. Das Besondere an dieser Definition ist, dass sie nicht implizite, informationsverarbeitende Prozesse beschreibt, sondern explizite Vorsätze zum Gegenstand hat, über die wir mit vertrauten Begriffen sprechen können. Das erlaubt schließlich den Austausch von Plänen mit anderen Personen. Diese benötigen zum Verständnis des Vorgehens außer der Kenntnis üblicher Sprachgewohnheiten kein schwer zu vermittelndes Wissen. Insofern müsste jeder Plan, etwas zu tun, um eine bestimmte Wirkung zu erzeugen, im Grundsatz auch anderen Personen verständlich gemacht werden können. Angenommen, das wäre möglich, man würde mit Muße auch alle Randbedingungen berücksichtigen, und man könnte auf diese Weise andere Personen überzeugen: Liefert ein solches Planen nicht bereits die Gewähr für rationales Handeln?

Die Idee, dass man durch eine sorgfältige Darstellung eines Handlungsplans andere Menschen von einer bestimmten Vorgehensweise überzeugen kann, besitzt eine uralte Tradition. In der Geschichte der Wissenschaften wurden vor allem in der Physik schon früh sogenannte Gedankenexperimente durchgeführt. Darunter versteht man die gedankliche Konstruktion einer Situation, die in dieser Weise real nicht verfügbar ist, um sich dann Konsequenzen vorzustellen, die sich ergeben, wenn man darin agieren würde. Eines der ältesten, überlieferten Gedankenexperimente geht auf den italienischen Physiker Giovanni Battista Benedetti (1530–1590) zurück. Ihn störte, dass Aristoteles die Meinung vertreten hatte, dass schwere Körper schneller fallen als leichte. Würden denn zwei Körper wirklich viel schneller fallen als einer, wenn sie miteinander lose verbunden und somit zusammen schwerer wären als einer? Der deutsche Physiker Ernst Mach (1897) setzte sich mit dieser Art des Denkens und Argumentierens intensiver auseinander, und Albert Einstein verwendete Gedankenexperimente vor allem in seiner speziellen Relativitätstheorie. Bekannt sind Einsteins Überlegungen, dass eine rasch bewegte Uhr langsamer läuft, zumindest wenn man die Zeit von außen ablesen würde. In einem schnell fliegenden Raumschiff altert ein Mensch langsamer als sein auf der Erde zurückgebliebener Zwillingsbruder – allerdings nur so lange, bis sie sich wieder in gleicher Zeitmessung treffen. Bis heute sind Gedankenexperimente vor allem dann beliebt, wenn man in Gedanken prüfen will, ob sich eine Theorie auch unter extremen Bedingungen bewähren könnte oder vielleicht doch zu paradoxen Situationen führt.

Das Denken in Gedankenexperimenten kann man operational nennen, da es Vorstellungen darüber verwendet, wie einzelne Operationen aufeinander aufbauen und bestimmte Folgen haben können. Demgegenüber haben Argumentationen, die auf abstrakten Kategorien beruhen, eher den Charakter von Bildern, weil Kategorien letztlich auf vorgestellten Aggregaten beruhen. Ein Beispiel für unterschiedliche Herangehensweisen in der Veranschaulichung gedachter Sachverhalte liefert das Verständnis für unendliche Mengen. So bildet die Menge der reellen Zahlen (0, 0.1, 0.11, 0.111, ..., 1.0, 1.1, 1.11, 1.111, ...) durch die Art, wie sie definiert ist, gewissermaßen ein Kontinuum. Man hat den Eindruck, dass hier die Unendlichkeit aktual gegeben ist. Das kann man als transnaturales Denken ansehen. Ähnliches gilt für das Verständnis von Raum und Zeit: Jede gedachte Spanne ist unendlich teilbar. Im Gegensatz zu dieser »aktualen Unendlichkeit« kennt man eine »potentielle Unendlichkeit«, dann nämlich, wenn man zu etwas Gegebenem durch eine bestimmte Operation immer wieder noch etwas hinzufügen kann. Dies ist zum Beispiel für die Menge der natürlichen Zahl der Fall (1, 2, 3 ...).

Neuropsychologisch gesehen, beruhen die höheren Denkfähigkeiten auf den handlungsorientierten Stirnhirnfunktionen im Gegensatz zu einer Art »höheren Anschauung«. Im Zweifelsfall gibt man in der Wissenschaft tatsächlich den operationalen Herangehensweisen den Vorzug. Schon Aristoteles[5] hat darauf hingewiesen, dass neben unbegrenzten additiven Operationen auch solche des unbegrenzten Teilens vorstellbar sind. Das operationale Denken besitzt eine Reihe von Vorteilen, die vor allem in der Interaktion mit anderen Menschen deutlich werden (vgl. auch später die Kapitel 6 *Erfahrungen anzweifeln* und 7 *Kommunikation*).

An dieser Stelle soll nur ein kleines Beispiel den Vorteil des Denkens in Operationen veranschaulichen. Für das abstrakte Vorstellungvermögen ist es einsichtig, dass es unendlich viele Dinge gibt, die größer sind als zum Beispiel ein Fußball. Ebenso gibt es unendlich viele Dinge, die kleiner sind. Außerdem gibt es keinen Grund anzunehmen, dass die kleineren Dinge seltener oder häufiger in der Welt vorkommen als die größeren. In ähnlicher Weise wird man vermuten, dass Größenangaben in großen Zahlenwerken annähernd gleich verteilt sind. Personen, die eine Statistik oder eine Steuererklärung fälschen wollen, werden darauf achten, Ziffern zufällig zu verwenden und eine Häufung bestimmter Ziffern zu vermeiden. Denkt man nicht in den Bildern einer Wahrscheinlichkeitsverteilung, sondern in Operationen, so wird man jedoch berücksichtigen, dass man sich große Dinge, zum Beispiel das Meer, aus kleinen Tropfen zusammengesetzt denken kann und dass aus dem Zerteilen großer Dinge, zum Beispiel großer Steine, kleine hervorgehen. Daraus würde folgen, dass es mehr kleine Dinge in der Welt gibt, als große. Entsprechend müssten dann aber in großen Zahlenwerken, die eine Wirklichkeit abbilden sollen, kleine Ziffern (1 oder 2) häufiger vorkommen als große Ziffern (8 oder 9). Das ist nach empirischen Befunden tatsächlich der Fall, und es gibt auch ein überzeugendes mathematisches Modell dafür (vgl. Nigrini 2012).

Operational formulierte Gedankenexperimente scheinen einen höheren Bewährungsgrad zu besitzen als formal begründete Theorien. Doch auch sie sind, wie alle Gedankengebäude ohne Empirie, risikoreich. Auch operationales Denken und die Verwendung von Gedankenexperimenten lässt deutliche Schwachstellen erkennen. Viele Gedankenexperimente, die in der Physik berichtet werden, beruhen ja auf mathematischen Schlussfolgerungen. Diese werden als korrekt angenommen, solange man keine Denkfehler findet. Andere Gedankenexperimente, die sich auf reale und somit grundsätzlich überprüfbare Sachverhalte beziehen, konnten später tatsächlich einer experimentellen Überprüfung unterzogen werden. Trotz aller Umsicht im Denken der beteiligten Physiker mussten die Ergebnisse der

---

5 Aristoteles (1829) *Physik*, Kapitel III (übers. CH Weisse). Leipzig: Barth. www.zeno.org/Philosophie/M/Aristoteles/Physik.

meisten Gedankenexperimente nach der empirischen Realisierung revidiert werden. Das bedeutet, dass nie alle Umstände einer komplexen Realität vollständig gedanklich vorhergesehen werden können. Auch bei großer Zuversicht in das Ergebnis einer sorgfältigen Handlungsplanung muss letztlich überprüft werden, ob das, was in Aussicht genommen wurde, auch tatsächlich eingetreten ist.

Intuition

Auch eine sorgfältige Berücksichtigung bewährter Regeln garantiert nicht immer Erfolg. Nicht immer weiß man im Voraus, was richtig ist. Gerade dann, wenn komplexe Umstände keine klaren Richtlinien für das Verhalten vorgeben, könnte man geneigt sein, einen Würfel entscheiden zu lassen. Vernünftigerweise sollte man jedoch seine Entscheidungen so weit begrenzen, dass keine groben Fehler entstehen. Dies vorausgesetzt, wäre es nach dem bisher Gesagten nicht unvernünftig, aufgrund von Augenblickseingebungen zu entscheiden.

»Stärke deine Intuition!« So oder ähnlich werben Ratgeber, Gurus oder auch psychologisch interessierte Laien. Es ist dabei nicht immer ganz eindeutig, was hierbei unter Intuition verstanden wird und was die vorgeschlagenen Prozeduren tatsächlich stärken. Wenn Sie dafür sogar noch Geld ausgeben müssen, sollten Sie es im Zweifel anderswo anlegen. Die Parole »Vertraue Deiner Intuition!« ist hingegen unverfänglicher. Immerhin gibt es bei allen Entscheidungen große unbewusste Anteile, denen wir uns nicht entziehen können. Manche Psychologen verstehen unter Intuition genau diese unbewussten Anteile, bei denen man sich hinterher fragt, warum einem eigentlich gerade dieser oder jener Gedanke in den Sinn kam. Immer wieder hört man, wie Wissenschaftler berichten, ihnen wäre ein entscheidender Gedanke beim Händewaschen oder im Bett gekommen. Im 19. Jahrhundert erzählte der Chemiker August Kekulé, dass ihm die Idee zu einer wichtigen Strukturformel (für den sogenannten Benzolring) aufgrund eines Traumes gekommen wäre. Es bleibt einem also ohnehin nichts anderes übrig, als letztlich seiner Intuition zu vertrauen. Dennoch kann eine kurze Überlegung, ob ein spontaner Gedanke nützlich ist, keineswegs schaden.

Allerdings gibt es Menschen, die vor jeder Entscheidung wie gelähmt ins Grübeln kommen, auch wenn es nur in einem Lokal um die Wahl einer Speise geht. Sie zögern vor lauter Angst, etwas falsch zu machen. Befürchtet man nachteilige Folgen, zum Beispiel viel Geld für etwas Unnützes auszugeben, ist es ja manchmal auch tatsächlich besser, gar nicht zu handeln. Aber es gibt auch ein zwanghaftes Kontrollbedürfnis, das entschlossenes Handeln blockiert. Davon wird noch am Ende von Kapitel 8 *Passung und Bewertung* die Rede sein. Entscheidungsschwierigkeiten haben jedenfalls viel mit Kontrollproblemen zu tun und wenig mit Intuition.

Was versteht man nun also unter Intuition oder Bauchgefühl? Man kann sehr verschiedene Beispiele anführen, wo man von Intuition sprechen kann, aber im Grunde jedes Mal einen anderen Sachverhalt meint. Im Verlauf unserer Beschäftigung mit sozialer Intelligenz (Bösel 2012, S. 84ff) haben wir festgestellt, dass Bauchentscheidungen oft dann ins Spiel kommen, wenn zwei Menschen etwas miteinander verhandeln. Vor allem wenn bei derartigen Verhandlungen ein deutliches Unbehagen entsteht, empfinden manche Menschen eine geradezu körperliche Ablehnung und sprechen von Magenbeschwerden oder gar Übelkeit. Im Experiment lässt sich das beim sogenannten Ultimatum-Spiel untersuchen: Jemand bekommt einen Anteil an einem Handel, in den er selbst nicht eingebunden ist. Aber er kann den Handel platzen lassen, wenn er mit diesem Anteil nicht zufrieden ist. Hier geht es um eine Abwägung, die meist intuitiv erfolgt.

Viele Mitteleuropäer scheuen einen südländischen Handel, wo es auf beiden Seiten um das Ausreizen des Erträglichen geht. Der erstaunliche Befund ist, dass bei derartigen, im Grunde höchst schwierigen Entscheidungen ein phylogenetisch altes Hirnteil aktiv wird, die sogenannte Insel. Wir können unter Berücksichtigung der Faserverbindungen der Insel nur vage vermuten, welche Funktionen die Netzwerke der Insel erfüllen: Durch eine Zusammenführung verschiedener Daten werden konkrete Sinnesinformationen, zum Beispiel über Geruch oder Geschmack, mit Informationen aus der Umgebung und aus dem Körperinneren verrechnet. Daraus erfolgt eine Einschätzung des Gefallens oder der Abscheu.

Selbstverständlich ist die »gefühlsmäßige« Informationsverarbeitung der Insel auch mit dem Stirnhirn vernetzt, wo der Schwerpunkt der »rationalen« Abwägung erfolgt. Beide Instanzen nehmen jedoch ihre eigene Informationsverarbeitung vor und besitzen ihren eigenen Output. Daher kann es kommen, dass man sich nach reiflicher Überlegung zu einer Entscheidung durchringt, zum Beispiel jemandem etwas zu leihen oder zu schenken, dennoch aber in der Folge von einem unguten Gefühl geplagt wird.

Die Insel urteilt also nicht nur über die Bekömmlichkeit von Essen und Trinken, sondern auch über die Qualität sozialer Interaktionen. Die Insel tritt sogar dann in Aktion, wenn eine Entscheidung darüber getroffen werden soll, ob man einem Bericht glauben soll oder ihn als fiktiv ansehen muss. Jede sorgfältige Prüfung einer Aussage beansprucht zunächst den im vorigen Kapitel erwähnten ACC. Eine letztlich skeptische Beurteilung ist dann auch von einer Aktivität der Insel begleitet (Harris 2008). Unwahre Aussagen und als unecht eingeschätzte Szenarien erzeugen offenbar ähnlich flaue Gefühle wie unappetitliches Essen.

Doch nicht jede Entscheidung, die unter großer Unsicherheit getroffen wird, macht einen unzufrieden. Oft sind es gerade diejenigen Dinge, die man in einer Augenblickslaune kauft, die einem auf Dauer auch die größte Freude machen. Dazu gibt es mehrere spektakuläre Experimente, von denen eines bereits vor mehr als 20 Jahren durchgeführt wurde (vgl. Wilson u. a. 1993). Eine größere Anzahl von Frauen sollte fünf Poster dahingehend beurteilen, wie sehr sie ihnen gefallen. Ein Teil der Frauen musste dann noch für jedes Poster schriftlich kurz die Gründe für ihr Urteil angeben, während die anderen nur belanglose Lebensdaten angeben sollten. Anschließend durften sich alle Versuchsteilnehmerinnen eines der Poster aussuchen, das sie mit nach Hause nehmen konnten. 25 Tage später wurden die Frauen gefragt, ob sie das Poster noch besäßen und ob sie es sich aufgehängt hätten. Diejenigen Frauen, die zuvor ihr Gefallen spontan geäußert hatten, waren letztlich mit ihrer Wahl sehr zufrieden. Sie waren sogar zufriedener als diejenigen, die ihre Wahl hatten begründen müssen.

Es scheint also so zu sein, dass es einen angeborenen, unbewussten Mechanismus gibt, der auch ohne erkennbare Regel befriedigende Entscheidungen trifft. War es unter diesen Voraussetzungen überhaupt nützlich, dass die Evolution das »kluge« Stirnhirn hervorgebracht hat? Die Antwort darauf liefert ein genauer Blick auf die bisher erwähnten Beispiele.

Beginnen wir mit der Entdeckung des Chemikers Kekulé (1829–1896). Im Grunde arbeitete Kekulé mehr theoretisch als praktisch. Vier Jahre vor Kekulés Entdeckung war das erforderliche Handwerkszeug für die theoretische Konstruktion von Strukturformeln durch die Berücksichtigung der Valenzen jedes Moleküls veröffentlicht worden. Daraufhin erarbeitete Kekulé Strukturformeln für verschiedene organische Verbindungen. Ringstrukturen sind in ihrer Gestalt freilich etwas trickreich, sodass Kekulé etwa ein Jahr daran basteln musste. Die Intuition konnte in diesem Fall also auf reichhaltige Vorarbeiten zurückgreifen.

Das nächste Beispiel betraf den Vorgang des Aushandelns. Es wäre unbedarft, einen Handel ganz ohne Vorinformationen zu beginnen. Entweder besitzt man über Preise oder prozentuale Beteiligungen bereits gewisse Vorerfahrungen oder man holt dazu Informationen ein. Geübte Bazarbesucher beobachten die Händler, schaffen sich einen Überblick und hören insgeheim zu, wie die Preise gestaltet werden. Manchmal gibt einfach die Geldbörse das Limit vor. Die Intuition wäre gut beraten, auf solche Vorgaben zu hören.

Und wie verhält es sich mit dem Ausgang des Poster-Experiments? Ist das nicht ein Paradebeispiel für die Existenz nützlicher Intuitionen? Das ist sicherlich der Fall, allerdings nur dort, wo Wissen ohnehin nichts nützt. Die Autoren des Poster-Experiments prüften die künstlerische Vorbildung ihrer Versuchsteilnehmerinnen und analysierten den Umfang ihrer Erklärungen für die Bevorzugung. Es zeigte sich, dass die Personen mit Vorbildung und diejenigen, die auf Verlangen ihr Gefallen ausführlich begründen konnten, hinterher die Poster besonders lange schätzten.

Freilich bleibt ein unerklärter Rest an Zufriedenheit bei »intuitiven« Entscheidungen. Dafür gäbe es mehrere Erklärungen, die im Zusammenhang mit Zufriedenheit jedoch kaum überprüft werden: Manchmal wird die Frage nach Zufriedenheit einfach nach sozialer Erwünschtheit beantwortet, nämlich so, wie man meint, dass der Fragesteller sie beantwortet haben will. Viele Entscheidungen sind jedoch für die betreffende Person im Grunde so unwichtig und unbedeutend, dass eine solche Entscheidung letztlich durch jedes Ergebnis zufriedengestellt werden kann.

Wir müssen also bei der Feststellung bleiben, dass Intuition in der Hauptsache nichts anderes ist als der unbewusste Einfluss von früher erworbenem Wissen. Vielleicht beruhen ihre Ergebnisse sogar auf dem bereits erwähnten coarse coding. Aufgrund dessen muss die Frage, wodurch Intuition so viel Einfluss auf das Verhalten nimmt, umso dringlicher gestellt werden. Auf welche Weise wird Wissen, das irgendwann in der Schule oder auch nur in kurzen Momenten des vergangenen Lebens mehr oder weniger zufällig erworben wurde, im Augenblick einer Entscheidung wirksam? Wahrscheinlich gibt es auf diese Frage keine einfache Antwort, da es davon abhängt, um welche Art von Planung oder Entscheidung es sich handelt.

Bei zwei der vorgenannten Beispiele, dem zur chemischen Strukturformel und dem zur Posterbevorzugung, kann man davon ausgehen, dass Analogien zu bisher erfolgreich gelösten Aufgaben sichtbar wurden und auf entsprechende Zusammenhänge geachtet wurde. Es ist immer wieder überraschend, wie schnell zum Beispiel Physiker kompliziert erscheinende Aufgaben bewältigen, in denen Wege und Zeiten eine Rolle spielen. Offenbar sind sie geschult darin, für solche Problemstellungen sofort eine bestimmte Herangehensweise im Rahmen von Weg-Zeit-Aufgaben zu wählen. Allerdings werden in anderen Fähigkeitsbereichen auch andere

Strategien benötigt. Nicht immer hilft es, Zusammenhänge zu erkennen. Manchmal muss zum Beispiel eine soziale Situation richtig bewerten werden.

Neben dem durch Nachahmen oder durch Lernen am Erfolg erworbenen Regelwissen gibt es andere Formen des Erwerbs von regelhaftem Wissen, und zwar das Wissen durch Vertrautheit. Aufgrund von Vertrautheit kommt es zur Orientierung an sogenannten Prototypen. So kann man zum Beispiel mit dem Logo einer Kosmetikfirma aus einer Fernsehwerbung vertraut sein und in der Folge dazu neigen, deren Produkte zu bevorzugen, ohne mit ihnen eine reale Erfahrung gesammelt zu haben. So kann es auch vergleichsweise rasch zu einer Gewöhnung an den Umgang mit bestimmten virtuellen Situationen kommen, sofern sie prototypisch sind. Insofern ist es nicht verwunderlich, dass bei der Herstellung virtueller Realitäten – im Film, aber auch in der bildenden Kunst – häufig auf Prototypen zurückgegriffen wird, die neben der schöpferischen Ausgestaltung durch ihren ikonischen Charakter eine rasche Orientierung und damit ein breite Akzeptanz ermöglichen. Wir müssen erwähnen, dass der Wahrnehmungsapparat unseres Gehirns die Sinneseindrücke gewissermaßen ständig darauf hin prüft, ob sie Standardkonfigurationen enthalten. Im einfachsten Fall können derartige Standards bei visuellen Darbietungen aus konvergierenden Fluchtlinien bestehen, verbunden mit entsprechend variierenden Größen von dazwischen vorhandenen Objekten: Schon sind gute Voraussetzungen für einen Tiefeneindruck gegeben. Außerdem entsteht bei Menschen und übrigens auch bei vielen höheren Tieren zusätzlich durch entsprechende Lernerfahrungen Kategoriewissen, so etwa, was »gesunde Nahrung« oder »Spielzeug« ist. Durch prototypische Vertreter (Salat, Legosteine) wird das einschlägige Kategorie-Wissen rasch aktiviert.

Wir haben in Anlehnung an die funktionelle Gliederung des Stirnhirns mehrere Fähigkeitsbereiche unterschieden (Bösel 2014), die wir auch der Gliederung des vorliegenden Buches zugrunde legen. Für jeden der Fähigkeitsbereiche, die auf Stirnhirnmechanismen beruhen, gibt es Untersuchungen dazu, wie Wissen das Handeln beeinflusst – weitgehend unabhängig davon, ob das bewusst oder intuitiv geschieht. Im vorliegenden Kapitel ging es um die Befähigung, Regeln mit einer gewissen Stereotypie und weitgehend blind für Konsequenzen anzuwenden. Diese Fähigkeit beruht auf den Eigenschaften von Lernprozessen, und sie veranlassen Menschen letztlich, sich an bestimmte, einfache Regeln zu halten, auch dann, wenn diese nicht immer zum Erfolg führen. Da sich solche universell einsetzbaren Regeln, man nennt sie Heuristiken, jedoch trotzdem immer wieder bewähren, drängt sich ihre Befolgung bei vielen Entscheidungen und

Handlungen in den Vordergrund. Die Arbeitsgruppe um Gerd Gigerenzer hat die Erfolgswahrscheinlichkeiten von einigen intuitiven Entscheidungen in ausgewählten Fällen nachgerechnet und ihren Nutzen bestätigt (Gigerenzer 2007). Vertrautheit und Intuition sind gute Ratgeber, wenn andere Methoden nicht praktikabel oder zielführend sind.

Dass es nicht immer sinnvoll ist, intuitive Heuristiken zu verwenden, liegt auf der Hand. Glücklicherweise stellt uns das Stirnhirn noch weitere Fähigkeiten zur Verfügung, mit denen wir uns in der Folge auseinandersetzen werden. Welche Stadt ist größer: Los Angeles oder Karatschi? Los Angeles liegt im Westen der USA und ist die größte Stadt Kaliforniens. Vielleicht haben Sie diese Stadt schon einmal besucht und waren von ihrer Ausdehnung überrascht. Karatschi ist eine alte Stadt in Pakistan, wurde jedoch als Hauptstadt bereits 1959 von Islamabad abgelöst. Sollten Sie bei der obigen Frage auf Los Angeles getippt haben, lagen sie dennoch ziemlich falsch. Schon New York ist wesentlich größer als Los Angeles und Karatschi gehört zu den größten Städten der Welt. Eine Fähigkeit, die uns hilft, kluge Entscheidungen zu treffen, ist tatsächlich auch die Fähigkeit, dass wir eigene Erfahrungen anzweifeln können und sie zum Beispiel mit Kenntnissen abgleichen können, die wir von anderen Personen übernommen haben. Auch das ist Teil menschlicher Klugheit (Bösel 214, S. 168ff) und wir werden darauf in einem eigenen Kapitel zurückkommen (▶ **Kap. 6** *Erfahrungen anzweifeln*).

4

Die Ich-Beteiligung im Denken

Zu den Funktionen des Areals BA 10 und des MFC

Das Wissen über das Selbst ist für die höheren Netzwerke und insbesondere für die bewusste Verarbeitung eine wichtige Informationsquelle. Insofern ist es unter bestimmten Umständen naheliegend, dass das Ich als Ursache und somit als Akteur begriffen wird. Solange keine anderen Ursachen in den Vordergrund treten, werden auch Dinge, Kräfte oder andere Menschen als Akteure angesehen. Im sozialen Miteinander ist die Konstruktion einer Person bedeutsam, die unabhängig davon, dass einzelne Merkmale des Zustandes, des Aussehens oder der Verhaltensweisen wechseln, bestimmte Eigenschaften besitzt. Das Denken über Personen entspringt transnaturalem Denken.

Der Stirnhirnpol

Das Gebiet an der Wölbung des Stirnhirn-Vorderendes ist der Stirnhirn-pol (BA 10). Die Polregion stellt das vordere Ende eines Informationsver-arbeitungs-Weges dar, der von der Hinterseite des Gehirns mit einer Ab-zweigung zu den schläfenseitigen Rindenarealen über die Scheitelflächen nach vorne läuft (Hagmann u. a. 2008). Das Areal 10 ist mit etwa 14 cm^3 das größte Areal der Hirnrinde, das sich aufgrund seiner Zellanordnung als funktionelle Einheit darstellt. Es grenzt sowohl an das granuläre (BA 9) wie an das mediale Areal (BA 46) an. Auf der Innenfläche stößt das Areal 10 an die zinguläre Windung, mit der es im Zentrum des Stirnhirns den sogenannten MFC (medialer frontaler Cortex[6]) bildet. Teile der Polregion reagieren auf Reize, andere Teile reizunabhängig. Dazu kommt, dass die Polregion bei jedem Plan- und Absichtenwechsel bedeutsam ist. Solche Befunde haben dazu Anlass gegeben, dass man der Polregion die entschei-dende Rolle bei einer Orientierung entweder an eigenen Gedanken oder an der Umwelt zugeschrieben hat (Burgess u. a. 2005). Vereinfacht gespro-chen, erlaubt die Polregion das Erkennen von Wirklichkeit. Verletzungen in der Polregion führen dazu, dass die Patienten ihren Alltag nicht mehr organisieren können (Shallice & Burgess 1991).

An dieser Stelle müssen wir uns kurz den Funktionen des oben erwähn-ten MFC zuwenden. Der MFC liegt gewissermaßen zwischen Polregion und ACC. Im Zusammenhang mit dem ACC haben wir darauf hingewie-sen, dass dieses eine Art Unterstützungsfunktion bei Verarbeitungsproble-men im vorderen Stirnhirn übernimmt (▶ **Kap. 2** *Orientierung*). Das trifft in gewisser Hinsicht auch für den MFC zu. Ein einfaches Experiment kann diese Funktion deutlich machen. Studenten wurden eingeladen, ver-schiedene Bilder anhand der Lage von Punktmustern zu sortieren. Das er-forderte eine gewisse Konzentration, zumal die Bilder unterschiedlich ein-gefärbt waren. Im Hirnscanner wurde sichtbar, dass einige Probanden durchaus die unterschiedlichen Farben ebenfalls beachteten. Bei diesen Personen konnte sich später eine Strategieänderung entwickeln: Sie ent-deckten, dass die Punktmuster mit den Farben korrespondierten und dass das Sortieren schneller ging, wenn man die Bilder einfach nach den Far-ben Rot und Grün sortierte (Schuck u. a. 2015). Der MFC stellt den vorde-ren Stirnhirn-Netzwerken im Zweifel auch Wissen über die Ressourcen

---

6 Der MFC wird manchmal auch als medialer Präfrontalcortex mPFC bezeichnet.

des Selbst zur Verfügung. Das geschieht, wenn es zu deutlichen Diskrepanzen zwischen den Erwartungen und dem Feedback aus der Wirklichkeit kommt. Das kann den Netzwerken des Stirnhirnpols helfen, fiktionale Erwartungen an die Realität anzupassen.

Die Funktion des Stirnhirnpols bei der Unterscheidung zwischen Realität und Fantasie ist auch zu beobachten, wenn Personen entweder an vergangene oder zukünftige Ereignisse denken (Addis u. a. 2009). Vergangene Ereignisse haben stattgefunden, über zukünftige kann man spekulieren. Eine ähnliche Weichenstellung vollzieht das Gehirn, wenn eine Geschichte gelesen wird, von der man weiß, dass sie so nicht stattgefunden hat. In diesem Fall ist der seitliche Teil des Stirnhirnpols aktiv. Dieser Befund wurde in einer Untersuchung erhoben, in der Personen 80 Berichte aus ca. 50 Worten zu lesen bekamen, wobei ihnen zuvor mitgeteilt wurde, ob es sich um Tatsachenberichte oder Fiktionen handelte (Altmann u. a. 2014). Die Aktivität des Stirnhirnpols trägt offenbar zum Bewusstsein einer Fiktion bei, ohne dass die Rekonstruktion des Geschehens an sich gestört wird.

Ein Beispiel dafür, wie mögliche, aber fiktive Faktoren die Entscheidung in einer überschaubaren, konkreten Situation beeinflussen, ist das sogenannte Monty-Hall-Problem. Dieses Problem wurde in den 1970ern in einer Show vorgeführt und wird seither in abgewandelter Form als Denkaufgabe diskutiert. Durch den Moderator Monty Hall werden drei Kisten mit dem Hinweis präsentiert, eine der Kisten enthalte einen Gewinn. Eine ausgewählte Testperson hätte die Chance, durch Wahl der richtigen Kiste den Gewinn zu erhalten. Die Chance, bei dieser Problemstellung den Gewinn zu bekommen, liegt bei 33 %. Da es eine Variante der Aufgabe gibt, bei der zum Schluss in den beiden anderen Kisten eine spöttisch meckernde Ziege zu sehen war, erhielt diese Denkaufgabe auch den Namen »Ziegenproblem«. Die Testperson trifft nun ihre Wahl für eine der drei Kisten. Daraufhin öffnet Monty Hall eine der beiden nichtgewählten Kisten, um zu zeigen, dass diese leer ist. Die Testperson solle ihre Wahl überdenken. Infolge der neuen Situation könne sie durch eine erneute Wahl ihre Gewinnchance deutlich steigen. Es entsteht nun die Frage, ob die ursprüngliche Wahl nun geändert werden sollte. Diese Frage ist selbst mit wahrscheinlichkeitstheoretischen Überlegungen nicht ganz einfach zu beantworten. Viele Personen versuchen, die – nicht bekannten – Motive des Moderators zu berücksichtigen, die ihn veranlassten, die ursprüngliche Wahl erneut zur Disposition zu stellen. Unter Berücksichtigung dieser Ungewissheit ist eine Lösung im Grunde nur mit Hilfe von spieltheoretischen Modellen zu finden. Tatsächlich kommen die meisten Berechnungen zum

Schluss, dass es unter den genannten Bedingungen günstig wäre, die ursprüngliche Wahl zu ändern (vgl. Lucas u. a. 2009). Psychologische Befunde lassen ein weites Spektrum an Begründungen erkennen, sowohl für das Beibehalten der ursprünglichen Wahl als auch für einen Wechsel. Offenbar werden die Kapazitätsgrenzen des Gehirns durch die im konkreten Fall in Betracht kommenden Möglichkeiten überfordert (Sternberg & Ben Zeev 2001).

Wie bei allen Stirnhirnfunktionen haben vermutlich gerade auch soziale Funktionen bei der evolutionären Größenentwicklung der Polregion eine bedeutsame Rolle gespielt. Insofern dient die Polregion auch dem Erkennen sozialer Wirklichkeiten, wenn für diese in einer Art Simulation passende Modelle konstruiert werden sollen (Mar & Oatley 2008). Wenn bei einzelnen Personen der in der Mitte vorne liegende Stirnhirnbereich ein Defizit aufweist, so werden insbesondere auch soziale Situationen unzureichend realisiert, und ein Gefühl für Unwahrheit ist kaum entwickelt. Das Verhalten orientiert sich in solchen Fällen hauptsächlich an momentanen, eigenen Vorstellungen. Die Variationsbreite der Rindenvolumina in diesem Bereich ist enorm und kann um mehrere Kubikzentimeter variieren. Eine Untersuchung zeigte, dass Personen mit einem auffälligen, entsprechenden Substanzdefizit häufig eine sogenannte antisoziale Persönlichkeitsstörung aufwiesen (Raine u. a. 2000).

Konfabulationen

Wenn subjektive Berichte den Wahrnehmungen anderer Personen deutlich widersprechen, liegt oft eine Vermischung von Beobachtetem und Vorgestelltem vor. Mitunter sind Personen fest davon überzeugt, dass sie bestimmte Vorkommnisse beobachtet haben, die jedoch so von anderen nicht bestätigt werden können. In diesen Fällen spricht man von Konfabulation.[7] Offenbar gibt es in diesem Fall beim Gedächtnisabruf eine mangelnde Kontrolle darüber, ob die Gedanken tatsächlich Selbsterlebtes betreffen. Da es verschiedene Formen von Konfabulation gibt, muss man auch von verschiedenen Formen der Realitätskontrolle ausgehen, die unter Umständen versagen können.

---

7 Im Folgenden orientieren wir uns hauptsächlich an Schnider (2012).

Sehr häufig berichten gesunde Personen, bereits einmal ein sogenanntes Déjà-vu-Erlebnis gehabt zu haben (Brown 2003). Damit bezeichnet man den subjektiven, in Wirklichkeit jedoch unzutreffenden Eindruck, man hätte etwas bereits gesehen (déjà vu) oder erlebt (déjà vecu). Es gibt Personen mit persistentem Déjà-vu, die es vermeiden, Radio zu hören, fernzusehen oder Zeitung zu lesen, weil ihnen die jeweiligen Informationen bereits vertraut erscheinen (Thompson u. a. 2004). Üblicherweise kann das Gehirn unterscheiden, ob etwas Wahrgenommenes vertraut und daher bekannt ist (familiarity) oder ob es sich um eine Vorstellung handelt, die aufgrund einer besonderen Gedächtnisaktivität rekonstruiert wurde (recollection). An dieser Unterscheidung ist das Stirnhirn beteiligt. Neben krankhaften Veränderungen in den weiter hinten liegenden Gedächtnisnetzwerken wird die erforderliche Unterscheidung auch durch momentane Müdigkeit oder Stress erschwert (Moulin u. a. 2005).

Die häufigsten Formen von Konfabulation betreffen sogenannte Intrusionen. Man könnte dabei von einem unzutreffenden Vorschlag sprechen, den ein Mensch wegen eines spontanen Einfalls im Zusammenhang mit einem raschen und unkontrollierten Abruf aus dem Gedächtnis vornimmt. Auch bei gesunden Personen gibt es Intrusionen, zum Beispiel wenn bei einer Prüfung spontan Lösungen angeboten werden, die nicht stimmen und so auch nie gelernt worden sein können. Wesentlich ausgeschmückter sind sogenannte Augenblickskonfabulationen, die bei verschiedenen neurologischen Erkrankungen auftreten und für die es deshalb wahrscheinlich keine gemeinsame neurologische Grundlage gibt. Es handelt sich um meist irgendwie veranlasste, jedoch erfundene Berichte oder Kommentare über Selbsterlebtes. Bei Gesunden beobachtet man Augenblickskonfabulationen, wenn sie in einer Untersuchung oder als Zeugen vor Gericht gedrängt werden, ein vages Erlebnis möglichst detailreich zu berichten. Schon früh postulierten Neurologen in diesem Zusammenhang eine Art Realitätsfilterung im Gehirn. Doch die Mechanismen scheinen kompliziert zu sein.

Betrachten wir ein Beispiel. Die britischen Forscher Julia Shaw und Stephen Porter haben vor wenigen Jahren folgendes Experiment durchgeführt: Sie unterhielten sich ausführlich mit Studenten und lernten dabei einige Details aus deren Leben kennen. Indem sie diese Details in weiteren Gesprächen verwendeten, führten sie in drei Sitzungen je ein suggestives Verhör von 40 Minuten durch. Dabei verdächtigten sie die Personen, diese hätten früher einmal eine Straftat begangen, also etwas gestohlen oder einen bewaffneten Überfall durchgeführt. Die Studenten glaubten, es würden bei ihnen verschüttete Erinnerungen ausgegraben. Die Probanden sollten selbst über möglicherweise passende Details aus der Vergangenheit nachdenken. Schließlich waren 70 Prozent der Teilnehmer überzeugt, sie hätten die unterstellte Straftat tatsächlich begangen. Nun ist es eine psychologische Tatsache, dass jeder Gedächtnisabruf mit einem neuerlichen Einspeichern der aktuellen Episode verbunden ist. Da im Experiment teilweise echte Erinnerungen verwendet wurden, vermischten sich diese allmählich im Gedächtnis mit den unterstellten. Erstaunlich ist dabei, dass eine derartige Gedächtnisverfälschung, noch dazu teilweise ergänzt um Details, die die Probanden hinzufügten, nach nur drei Sitzungen möglich ist (Shaw & Porter 2015).

Bis zu einem gewissen Grad scheint die Konfabulation dem Vermeiden mentaler Anstrengung zu dienen. Wir haben diese Form von Anstrengung im Zusammenhang mit den Funktionen des ACC erwähnt. Vor allem unter Hypnose, vor der Kamera oder bei Alltagslügen scheint die Anstrengungsvermeidung im Vordergrund zu stehen. Meistens versteht man unter Lügen jedoch einen Vorgang, bei dem eine Person etwas als wahr berichtet, während sie aber weiß, dass es sich anders zugetragen hat. In solchen Fällen ist Lügen durchaus oft mit Anzeichen von Anstrengung verbunden. Das lässt zunächst vermuten, dass es einen gewissen Aufwand bedeutet, wenn zwei Versionen eines Sachverhalts gleichzeitig im Gedächtnis gehalten werden.

Allerdings kann es sein, dass die lügende Person nur in geringem Ausmaß fähig ist, außergewöhnliche Ereignisse passend einzuordnen. Oder sie verfügt über ein schlechtes Gedächtnis, zumindest für selbstbezogene Gedanken, sodass sie bestimmte Details nicht mehr gut rekonstruieren kann. Oder sie besitzt nur geringe Erfahrungen, über Tatsachen angemessen zu berichten, also ausreichend und verständlich. In all diesen Fällen ist es denkbar, dass ein kritischer Sachverhalt nicht aufwändig überprüft, sondern fantasievoll ausgeschmückt oder umgedeutet wird. Angenommen, jemand kommt zu einer Verabredung zu spät, wobei der Grund dafür nur durch eine ausholende Begründung erklärt werden müsste. Man braucht gar nicht viel Fantasie, um auf die Idee zu kommen, dass ein »unpünktlicher Bus« eine plausible, aber viel einfacher zu formulierende Erklärung abgibt. Derartige Alltagslügen benötigen nicht sehr viel Anstrengung. Im Gegenteil, solche Lügen dienen ohne Zweifel dazu, Anstrengungen zu vermeiden. Das ist möglich, weil das Gehirn offenbar so organisiert ist, dass es leicht fantasievolle Ausschmückungen vornimmt. Mit einer Störung des selbstbezogenen Denkens (»Ich-Störung«) wird das sogenannte Münchhausen-Syndrom (Factitious Disorder, pathologisches Lügen, Pseudologie) in Verbindung gebracht. Die betroffenen Personen suchen oft mit Hilfe

erfundener Symptome nach medizinischer Unterstützung, gelegentlich erfinden sie für sich auch wechselnde Berufe oder Lebensgeschichten,[8] mit
denen sie sich soziale Anerkennung erhoffen (Asher 1951). Eine neurologische Grundlage für diese Störung ist nicht bekannt.

Als Begleiterscheinung von akuten Verwirrtheitszuständen nach Hirnschädigungen, bei chronischen Demenzen und bei schweren Psychosen
treten sogenannte fantastische Konfabulationen auf. Sie betreffen fantasievolle, jedoch überzeugend vorgebrachte Episoden von Selbsterlebtem. Eine
besondere Form von Konfabulationen sind sogenannte Verhaltenskonfabulationen, etwa wenn ein Patient im Krankenhaus vorgeblich nach beruflichen Unterlagen sucht. Für derartige Phänomene liegen bereits genauere
Befunde zu den zugrundeliegenden Hirnmechanismen vor, und wir werden im letzten Kapitel auf Verhaltenskonfabulationen noch näher eingehen. Dabei wird auch noch einmal deutlich werden, wie leicht unter bestimmten Umständen ziellose Fantasie produziert werden kann.

Menschen sind imstande, auftretenden Ereignissen Ursachen zuzuschreiben. Sie tun das oft dann sehr fantasievoll, wenn sie befürchten, dass
sie sonst an Wertschätzung verlieren. So ist zum Beispiel der Computer
an Fehlermeldungen schuld, nicht etwa eine Fehlbedienung. Eine solche
Ursachenzuschreibung kann selbst von Gesunden als Ausrede recht überzeugend vorgebracht werden. Vor allem Fehlfunktionen des Gehirns führen jedoch oft zu sehr fantasievollen gedanklichen Konstruktionen. Einer
berühmten Form von Konfabulation begegnete im Jahre 1808 der Arzt
und Schädelforscher Franz Joseph Gall in Paris. »Als jüngsthin Dr. Gall
das hiesige Narrenhaus Bisetre besuchte, begleitete ihn ein Wahnsinniger,
bey dem er keine Kennzeichen des Wahnsinns, weder in seinen Reden
noch an seinem Schädel, entdecken konnte. Er sagte es ihm. Der Wahn-
sinnige antwortete: ›Wundern Sie sich nicht, dass Sie an dem Kopfe, der
jetzt auf meinen Schultern sitzt, keine Kennzeichen des Wahnsinns antref-
fen. Es ist ein fremder Kopf, den man mir aufgesetzt hat, nachdem der
meinige in der Revolutionszeit durch die Guillotine abgeschlagen worden
war.‹«[9]

---

8 Als ein Beispiel sei die nachweislich erfundene Lebensgeschichte des 66jährigen
  Wolfgang Schuler aus dem Jahr 2015 angeführt, der jahrelang wechselnde Namen
  und Titel trug. http://video.spiegel.de/flash/21/14/1564112_1024x576_H264_HQ.mp4
9 *Augsburgische Ordinari Postzeitung* vom 22. Juli 1808. Nr. 175, S. 1–2. Nbn:de:
  bvb:384-snstba000042-7.

Eigenschaften von Ursachen

Kann man eigentlich angeben, welche Eigenschaften ein Gedächtnisinhalt oder eine Vorstellung besitzen muss, um als Ursache für das Zustandekommen bestimmter Sachverhalte gelten zu können? Nach alltäglichem Verständnis geht eine Ursache den betreffenden Sachverhalten aufgrund des Sachverständnisses oder einfach zeitlich voraus. Menschen können das unter Umständen jedoch auch anders sehen. Allerdings gibt es zur Zuschreibung von Ursachen außerhalb der Sozial- und Leistungspsychologie kaum systematische Untersuchungen. Wir werden daher in den folgenden Abschnitten hauptsächlich an Beispielen diskutieren, dass es bei der Ursachenzuschreibung grundsätzlich eher psychologische als logische Gesetzmäßigkeiten geben dürfte.

Bleiben wir zunächst bei der Zeit, also beim »Wenn-Dann«. Betrachten wir dazu der Einfachheit halber die Beobachtung einer Bewegung, deren Bewegungsursache zu interpretieren ist. Dies vorausgesetzt, können wir davon ausgehen, dass die Ursache einer Bewegung die Eigenschaft besitzt, in der Vergangenheit zu liegen und nicht in der Zukunft. Allerdings gibt es keine einfache Erklärung dafür, ob und wie eine systemunabhängige Zeit in Nervennetzwerken repräsentiert ist. Stattdessen wissen wir, dass das Gehirn gut mit Ereignisfolgen und deren Veränderung umgehen kann (Bösel 2014, S. 93f). In Ereignisfolgen gibt es Vorgänger und Nachfolger. Ursachen sollten demnach die Eigenschaft von Vorgängern bzw. von Vorbedingungen haben.

Diskutieren wir die Eigenschaft einer Ursache als Vorbedingung an folgendem Beispiel: Ein Leopard will ein Beutetier fangen. In Trockengebieten »wissen« Raubtiere anscheinend, dass sie Beutetiere oft an Wasserstellen finden und dass diese dort durch das Trinken abgelenkt werden. Wasser als Ursache für leichte Beute? Ein Zoologe würde vielleicht von einem Indikator sprechen. Für die Erfahrungen, die ein Raubtier oder auch ein Jäger machen kann, steht tatsächlich am Anfang das Wasser. Leoparden trinken, sofern möglich, reichlich Wasser und halten sich demzufolge bereits gerne in der Nähe von Wasser auf. Hier können sie die Erfahrung machen, dass Wasser als Vorbedingung für Beute zu Erfolg geführt hat. Dieser Erfolg am Wasser ermöglicht einen entscheidenden Lernprozess. Damit haben wir eine erste Analyse einer Wirkursache vorgenommen.

Am Beispiel des sogenannten Signallernens kann man vielleicht noch besser sehen, wie eine Vorbedingung als Ursache wirkt. Angenommen, in einer alltäglichen Situation geschieht etwas Unerwartetes. Der plötzliche, gellende Ton von Sirenen hat nach dem letzten Weltkrieg bei vielen Menschen dazu beigetragen, dass sie auch nach Kriegsende bei einem Sirenenton unwillkürlich einen Fliegerangriff fürchteten. Oder nehmen wir ein Unglück bei einer Bahnfahrt als Beispiel. Je größer das Überraschungsmoment des Unglücks, umso größer wird die Furcht sein, sich der gleichen Situation erneut auszusetzen. Damit wird der Sirenenton oder eine Bahnfahrt zur Ursache für einen spontan auftretenden Angstzustand. Wir kennen diese Lerngesetze, seit Iwan Pawlow gezeigt hat, dass zum Beispiel ein alltäglicher Ton, der häufiger mit einer bestimmten Verhaltensweise gekoppelt auftritt, diese gewissermaßen anreizgesteuert veranlassen kann.

Kommen wir nun dazu, dass Ursachen die Eigenschaft haben, aufgrund eines Sachverständnisses zu bestimmten Wirkungen beizutragen. Es geht also jetzt um das »Weil-Deshalb«. Dieser Fall ist einfach zu beschreiben, sofern man auf der Basis von erlerntem Wissen voraussetzen kann, dass U eine Ursache für W ist. Tatsächlich lernen wir viele solcher Glaubenssätze im Laufe des Lebens. Mehr noch: Ursachen können sehr oft nicht direkt beobachtet werden (Wenn-Dann), sondern sind erschlossen. Ursachenwissen ist daher meistens kulturell erworben (Weil-Deshalb).

Weil Wissen irgendwann durch Lernen erworben wird, können wir davon ausgehen, dass auch bei sogenannten Sacherklärungen die Gesetze des Lernens eine Rolle spielen. Wie man an den oben genannten Beispielen sehen kann, wird beim Lernen ein überraschendes Detail, etwa ein Ton, oft mit den Auswirkungen einer bestimmten vorgestellten Situation verbunden. Man spricht von Konditionierung. Das so konditionierte Detail reicht aus, um Wirkungen einer Situation zu erzeugen, und die Erinnerung an diese Wirkung tritt möglicherweise sogar wieder ins Bewusstsein. Ist damit nicht die vorgestellte Situation die tatsächliche Ursache der objektiven Wirkungen? Wir sind generell gewohnt, globale Sachverhalte eher als Ursachen anzusehen als kleinere Details. Zwar kann der Flügelschlag eines Schmetterlings bei der Entstehung eines Sturms theoretisch mitwirken. In der Meteorologie spielen jedoch globale Windzonen eher eine Rolle für die momentane Luftströmung als der Flügelschlag eines Schmetterlings – auch wenn das in der Chaostheorie immer wieder anders als denkbar dargestellt wird. Wie der Mathematiker Edward Lorenz (geb. 1917) gezeigt hat, kann in komplexen Systemen der Effekt sehr kleiner Einflüsse sehr groß werden, ist aber letztlich wegen der Existenz »seltsamer« Entwicklungen nicht mehr vorhersagbar.

Darüber hinaus zeigt die Erfahrung, dass die Gründe für eine Einsicht letztlich auf Kausalitätsbeschreibungen beruhen, die den Charakter von Regeln haben. Dies dürfte auch schon die beste Beschreibung der Repräsentationen sein, die im Stirnhirn bei Handlungsplanungen aufgrund von Kausalzuschreibungen wirksam werden (vgl. Bösel 2014, S. 53). Übrigens hatte bereits der Philosoph David Hume (1740) die Ansicht vertreten, dass Ursachenzuschreibungen im Wesentlichen auf der Erfahrung von Regelmäßigkeiten beruhen. Nisbett und Wilson (1977) wiesen zusätzlich auf die Bedeutung des Wissens hin, das regelhaften Charakter besitzt.

Die letztgenannten Autoren führten dazu ein klassisches Experiment durch, das auf einer sehr einfachen Idee beruhte. Lärm stört, so die Voraussetzung. Also sollten Ereignisse, die durch Lärm gestört werden, eher unangenehm in Erinnerung bleiben. Sie führten ihren Versuchspersonen einen Film vor, der zeitweise durch den Lärm einer Säge gestört wurde. Die Zuschauer sollten zunächst angeben, wie gut ihnen der Film gefallen hat. Anschließend wurden sie gefragt, ob sie meinten, dass ihr Urteil durch den Lärm der Säge beeinflusst wurde. Die meisten befragten Personen meinten, ihr Urteil wäre möglicherweise durch den Lärm getrübt worden. Tatsächlich wurde der Film genauso gut eingeschätzt wie von einer Kontrollgruppe, die beim Filmbetrachten nicht gestört worden war. Die Kausalannahme hinsichtlich des eigenen Denkens beruhte sogar in diesem Fall auf Wissen und nicht auf einer Selbstbeobachtung.

Wenn wir die Hirnmechanismen beschreiben wollen, die solche Regeln verwenden oder gar erstellen, geraten wir theoretisch und experimentell sehr rasch auf dünnes Eis. Bei den Funktionen des oberen Stirnhirndrittels haben wir noch Funktionsbeschreibungen verwenden können, die sich auf eine enge Beziehung zwischen Wahrnehmungen und Tätigkeiten bezog. Das war vertretbar, da in diesem Stirnhirnteil Hochrechnungen stattfinden, die auch dann anschaulich bleiben, wenn von man von einfachen Bewegungen auf komplexere Vorgänge generalisieren muss. Tatsächlich fehlen der Neurokognition jedoch weitgehend noch Begriffe und Modelle, mit denen Handlungspläne und Absichten beschrieben werden können, die im Stirnhirn Gegenstand der dortigen Informationsverarbeitung sind. Nun sind wir gerade im Begriff, über sachlogische Gründe als Ergebnis von Denkprozessen zu sprechen, die ihrerseits als Ergebnisse einer Informationsverarbeitung in Nervennetzen zu verstehen sind. Viele Philosophen würden sagen, dass wir zu diesem Thema keine weiteren Erklärungsbilder finden werden, denn die Kausalität ist eine Beschreibung für das »Wie« des Denkens. Sie könne durch Denken nicht weiter hinterfragt werden. In unserem naturalistisch geprägten Weltbild können wir aber einen Schritt weiter gehen. Es wird zu prüfen sein, ob Kausalität vielleicht gar kein Denkprinzip ist, sondern einfach nur eine häufige Begleiterscheinung des Denkens.

Vertauschung von Ursache und Wirkung

Kausalität kommt, wie erwähnt, regelmäßig ins Spiel, wenn über selbstbeobachtete Bewegungen oder selbstermittelte Urteile gesprochen wird. Das bedeutet, dass die Ermittlung von Kausalursachen eine deutliche soziale Komponente besitzt. Ursachen können auch in sozialer Auseinandersetzung festgelegt werden. Meist reicht eine mental ausgeführte, soziale Probehandlung, um herauszufinden, welche Ursache verständlich gemacht werden kann. Genau das hat auch schon der Psychologe Leon Festinger (1919–1989) vermutet. Der Fuchs in der Fabel des Dichters Äsop möchte Weintrauben naschen, kann sie jedoch nicht erreichen. Versetzen wir uns in die Rolle des Fuchses: Wie verantworte ich mein Verhalten vor anderen und vor mir selbst? Bin ich wirklich so ungeschickt oder war es schlau von mir, mich nicht weiter um sie zu kümmern? Festinger meint, dass die Zuschreibung von Ungeschicklichkeit eine Dissonanz hervorrufen würde, weil sie vielleicht mit dem Selbstwertgefühl nicht vereinbar wäre. Der Fuchs in der Fabel entscheidet sich für ein Urteil, das die für ihn vorteilhafteste soziale Wirkung besitzt: Die Ursache für sein Verhalten war nicht die eigene Ungeschicklichkeit, sondern die Fiktion, dass die Trauben vermutlich sauer waren.

An diesem Beispiel kann man noch eine weitere Eigenschaft von Kausalbeziehungen erkennen: die häufig unbemerkte Vertauschung von Ursache und Wirkung. In der erwähnten Fabel vom Fuchs und den Trauben ist der Verdacht, die Trauben wären sauer, ebenso ein Sachverhalt wie die Tatsache, dass er die Trauben nicht gefressen hat. Obwohl die zweitgenannte Tatsache der erstgenannten zeitlich vorgeordnet war, spielt die Fabel mit der Vertauschung in der Zuschreibung von Ursache und Wirkung. Damit wird uns etwas vor Augen geführt, was alltäglich passiert. Wir werden sehen, dass die Ursachenzuschreibung häufig einem merkwürdigen Gesetz folgt: Wenn zwei Sachverhalte gemeinsam auftreten, neigen Menschen dazu, den globalen (und damit bedeutsameren) als Ursache und den singulären als Wirkung anzusehen.

Wenn man vor einem Wettkampf wünscht »Möge der Beste gewinnen!«, ist das ernst gemeint oder ein Scherz? Freilich kann es sein, dass man sich insgeheim bereits festgelegt hat, wer der Beste ist. Dann könnte man ja gleich sagen, dass der persönliche Favorit gewinnen soll. Der zitierte Wunsch könnte auch einen Sinn erhalten, weil eventuell zufällige äußere Umstände einwirken könnten. Wie will man jedoch, wenn es keinen Favoriten gibt, im Nachgang wissen, dass unter Umständen der Zufall den

Besseren benachteiligt hat? Nein, der genannte Wunsch ist immer ein Scherz. Warum glauben dann aber viele Menschen, dass sich in der Evolution der jeweils Stärkere durchsetzt? Ist nicht vielmehr derjenige der Stärkere, der sich durchgesetzt hat?

Manchmal spricht man davon, dass es Männer gibt, die leicht wütend werden, weil sie Choleriker sind. Ist es nicht vielmehr so, dass jemand ein Choleriker ist, weil er leicht wütend wird? Der bereits erwähnte britische Philosoph Bertrand Russell vertritt die Meinung, dass man erst eine Theorie braucht, um aufgrund induktiv gewonnener Erfahrungen überzeugende Extrapolationen zu machen. Oder ist es nicht vielmehr so, dass die Neigung zum Extrapolieren immer wieder Theorien hervorbringt, die solange bestehen bleiben, bis sie sich einmal nicht mehr bewähren? Mit der Verdrehung von Kausalitäten ist wahrscheinlich mehr gesündigt worden als mit völlig falschen Aussagen.

Übrigens, die Erzählung über den ersten Sündenfall in der Bibel liest sich fast wie die Geschichte vom Fuchs in Äsops Fabel. Was wollte uns der Erzähler der Genesis mitteilen? Wir gehen heute vernünftigerweise davon aus, dass die menschlichen Erkenntnismöglichkeiten eine ganze Reihe von Naturgesetzen aufdecken können. Aber die »Gottesformel«, die alles erklärt, ist doch nicht ganz so einfach zu finden. Dabei fragt uns nicht Gott, wo er uns finden könne. In der Genesis wird es aber so berichtet. Eher ist es wohl umgekehrt. Und müssen wir denn wirklich annehmen, dass Gott den Menschen verboten hat, vom Baum der Erkenntnis zu essen, der Teil der Welt ist? Eher unwahrscheinlich. Vielmehr essen Menschen ständig von den Früchten der Erkenntnis, wohl wissend, dass sie immer nur sehen werden, wie nackt sie sind.

Die feste Erwartung, dass ein bestimmter Sachverhalt existieren sollte, führt mitunter dazu, dass Umstände erfunden werden, die die Existenz des entsprechenden Sachverhalts plausibel machen sollen. Auf diese Weise kommt es sogar im Bereich der Wissenschaft zu Täuschungen und Fälschungen. Um andere von der Richtigkeit seiner Theorien zu überzeugen, hat Galileo Galilei von Experimenten berichtet, die er so nicht durchgeführt hat (Koryé 1968). Ähnliches wird vom Begründer der physikalischen Chemie, John Dalton, berichtet (Nash 1956). Auch Isaak Newton dürfte Daten erheblich »geschönt« haben (Westfall 1973). Neben solchen, im wissenschaftlichen Alltag vermutlich nicht seltenen Fällen von Verfälschungen der Befundlage gibt es in der Wissenschaft auch immer wieder Einzelfälle von drastischen Fälschungen. Der niederländische Sozialpsychologe Diederik Stapel (*1966) hat über viele Jahre Studien veröffentlicht, deren Ergebnisse auf gefälschten Daten beruhten. Später wurden 54 seiner

Artikel zurückgezogen. Der deutsche Physiker Jan Hendrik Schön (*1970) hatte in den renommierten Zeitschriften *Science* und *Nature* gefälschte Daten veröffentlicht, sodass von dort 15 Publikationen zurückgezogen werden mussten. Schön vertritt noch immer die Ansicht, dass seine Ergebnisse im Grundsatz zutreffend sind.[10]

An all den genannten Beispielen kann man sehen, unter welchen Bedingungen sich Ursache und Wirkung im Denken leicht vertauschen lassen: Dies geschieht, wenn die jeweils auftretende Wirkung als global gültiger Sachverhalt eingeschätzt wird und insofern subjektiv bedeutsamer ist die Ursache, der demgegenüber zu wenig Aufmerksamkeit geschenkt wird.

Zeit und Kausalität

Es gibt in der Informationsverarbeitung Fälle, in denen es wegen der Bedeutsamkeit eines Sachverhalts, dem ein Vorrang eingeräumt wird, fast immer zu einer Vertauschung von Ursache und Wirkung kommt. Man muss davon ausgehen, dass für das Gehirn die Sorge um den eigenen Körper und sein Befinden sowie die auf das Selbst bezogenen Informationen aus Umwelt und Gedächtnis hohe Priorität haben. Insofern besitzt jeder Informationsverarbeitungsprozess eine hohe Bedeutung, der sich auf diejenigen Stirnhirnareale ausbreitet, die die Selbstinformationen repräsentieren. Das Bewusstsein, etwas selbst gesehen zu haben, erzeugt im Gedächtnis ein besonderes Echo gegenüber dem bloßen Hörensagen-Wissen. Das Bewusstsein, etwas selbst getan zu haben, führt im Gedächtnis zu einer besseren Verankerung als Beobachtetes. Die Bedeutsamkeit von Informationen mit Selbstbezug wirkt sich auch auf die Wahrnehmung von Kausalitäten aus, ja sogar auf eine der wichtigsten Eigenschaften von Kausalität, nämlich dem Vorher-Nachher von Ursache und Wirkung. Eigentlich sollte von zwei zusammenhängend auftretenden Sachverhalten der frühere eher als Ursache angesehen werden als der spätere. Wenn der spätere jedoch subjektiv bedeutsamer ist, neigen viele Menschen dazu, die Kausalität umzudrehen.

In zahlreichen Experimenten findet man den folgenden Effekt: Immer wenn man meint, ein Ereignis selbst verursacht zu haben, so erscheint ei-

---

10 http://www.spiegel.de/spiegel/print/d-25396545.html

nem dieses Ereignis rascher aufzutreten als eines, das ein anderer verursacht hat. Betrachten wir dazu eine einfache Versuchsanordnung: Auf Tastendruck erscheint am Bildschirm in der Regel ein rotes Quadrat, nach mehrfacher Wiederholung gelegentlich daneben auch ein blauer Kreis. Falls das rote Quadrat vom blauen Kreis begleitet wird, treten die beiden Figuren gleichzeitig auf. Dennoch meinen Personen in diesem Fall üblicherweise, dass das das rote Quadrat zuerst erscheint und dann erst das blaue (Purves u. a. 2008, S. 556).

Wenn man den genannten Effekt und seine Ursachen kennt, so ist man nicht überrascht festzustellen, dass es Situationen gibt, in denen sich Personen gewissermaßen willenlos als Werkzeug höherer Kräfte fühlen. Dies kommt in Situationen mit scheinbar fehlendem Selbstbezug vor: zum Beispiel unter Hypnose oder beim sogenannten Rutengehen oder Pendeln. Wesentlich mehr Aufsehen hat unter Fachleuten der Befund erregt, dass man mitunter den Eindruck hat, etwas willentlich bewirkt zu haben, ohne zu diesem Zeitpunkt wirklich Verursacher zu sein. Der Zeitpunkt eines Willensaktes hinkt unter bestimmten Umständen dem gemessenen Beginn der zugehörigen Gehirnaktivität hinterher. Das bedeutet dann, dass der Entschluss zu einer Tätigkeit diese nicht veranlasst, sondern die Folge einer unbemerkt veranlassten Tätigkeitsvorbereitung ist. In der berühmten Versuchsanordnung des Neurologen Benjamin Libet von 1985 sollten Personen zu einem beliebigen Zeitpunkt den Entschluss fassen, ihren Zeigefinger zu bewegen. Der Zeitpunkt des Entschlusses wurde bis auf wenige tausendstel Sekunden genau festgehalten. Die gleichzeitig registrierten Hirnstromkurven zeigten, dass das Gehirn die entsprechende Bewegung bereits eine Drittelsekunde *zuvor* in Gang gesetzt hatte.

Das Bewusstsein, selbst Akteur einer Handlung zu sein, beruht also auf einer Vertauschung von Ursache und Wirkung. Oft muss dazu sogar der Zeitpunkt des Entschlusses im Erleben rückdatiert werden, damit der vermeintlich verursachende Willensakt im Erleben auch wirklich vor dem Handlungsbeginn zu liegen kommt. Dass damit die Begriffe von Wille und Handlungsfreiheit in der zwischenmenschlichen Rede ihre grundsätzliche Bedeutung nicht verlieren, wurde an anderen Stellen bereits ausführlich erklärt. Eine ähnliche Rückdatierung in der Informationsverarbeitung erfolgt übrigens auch bei der Wahrnehmung subjektiv bedeutsamer Ereignisse. Meint man, »jetzt« etwas Wichtiges entdeckt zu haben, so war jedoch meistens einer vermeintlich plötzlichen Entdeckung bereits ein umfangreicher Verarbeitungsprozess vorausgegangen. Im Hirnstrombild wird eine solche Ereignisentdeckung in einer Hirnstromwelle sichtbar, die man P300 nennt. Der Zeitpunkt der Entdeckung wird im Erleben auf den mutmaßlichen Zeitpunkt des tatsächlichen Auftretens rückdatiert. Die Bezeichnung P300 deutet darauf hin, dass auch hier in der Regel eine Verschiebung zwischen subjektiver und objektiver Zeit von etwa einer Drittelsekunde stattfindet.

Es macht keinen Sinn, dem Denken wegen bestimmter Aufmerksamkeitsprozesse oder wegen des Ich-Gefühls eine Art Teilautonomie zuzuschreiben. Zustände wie das Ich-Gefühl oder eine gerichtete Aufmerksamkeit wirken nicht auf die naturgesetzlich bestimmten Abläufe im Gehirn zurück, sondern sind Teil dieser Abläufe. Insofern handelt es sich auch bei Prozessen, die von Bewusstsein begleitet sind, um Teilfunktionen im Geschehen der Informationsverarbeitung, die ihren Beitrag zu Gelingen von Tätigkeiten in der Umwelt leisten. Eine besondere Stellung erhalten derartige Funktionen dadurch, dass sie in der zwischenmenschlichen Kommunikation rasch beteiligt werden können.

Die Kraft hinter den Kräften

Die Situation, dass die Wirklichkeit, die wir erkennen, als ursächlich für eben diese Erkenntnis gelten muss, ist mehr als kompliziert. Bereits nach Betrachtung der natürlichen Kreisläufe von Geburt und Tod und bereits ohne gesichertes Wissen über die Evolution liegt es nahe, Prozesse anzunehmen, die nicht nur das Werden von Leben, sondern auch das Werden des menschlichen Denkens bedingen. Die meisten Menschen, die das so sehen, fühlen sich in der Annahme bestätigt, dass es ein Geschehen jenseits des Erkennbaren geben muss, das als Geschehen hinter den Kräften existiert. Dass eine solche Annahme überhaupt getroffen werden kann, ist wohl eine Konsequenz der bisher beschriebenen, hypothesengenerierenden Stirnhirnfunktionen. Über die Art und Weise, wie man über ein solches Geschehen denken soll, gehen die Meinungen auseinander.

Der römische Philosoph Lukrez (1. Jahrhundert) nahm die Existenz von ewig existierenden, gleichen Teilchen an, die sich von selbst zu wechselnden Gebilden zusammenfinden. Eine ähnliche Meinung wird auch von vielen modernen Physikern geteilt. Allerdings ist damit noch keine Aussage über die Kraft hinter den Kräften getroffen und insbesondere nichts über das Verhältnis des so Gedachten zum eigenen Denken ausgesagt. Damit beschäftigt sich die sogenannte Natürliche Theologie. Nun lehnen es viele

Menschen ab, über eine Kraft oder hinter den Kräften weiter nachzudenken. Dazu gehören zum Beispiel Buddhisten und die meisten Agnostiker. Ein Problem beim Nachdenken über eine solche Kraft ist, dass man ihr mindestens die gleiche intellektuelle Potenz zubilligen muss wie jedem ihrer Produkte, insbesondere unserem Gehirn. Diese Potenz wurde meist als über der Natur stehend angesehen, teils als Geist, teils als Seele. Zusammen mit den oben erwähnten Evolutionsgedanken kann man durchaus eine Vorstellung davon entwickeln, dass innerhalb der Natur ein die Natur und auch sich selbst erkennendes Subjekt entsteht. Damit wird in dieser Weltsicht ein Übergang vom animistischen Denken zu einem transnaturalen Denken vollzogen. Historisch gesehen, dürfte sich ein solcher Wechsel im Judentum während des babylonischen Exils vollzogen haben. Es finden sich jedoch in zahlreichen Kulturen Schöpfungsmythen, die die geistbesitzende, menschliche Existenz aus einem universellen und ebenfalls als geistig zu denkenden Sein ableiten. Dies vorausgesetzt, bleibt immer noch die Frage offen, ob der individuelle Geist als ein Teil des universellen zu denken ist oder ob er diesem als eigenständig Denkender und Handelnder gegenübersteht.

Mit der Frage, ob man Teilen der Natur selbstständiges Denken zuschreiben soll oder sie nur als Teile eines allumfassenden Geistes auffassen soll, hat sich zum Beispiel der Berliner Universalgelehrte Gottfried Wilhelm Leibniz in seinen *Betrachtungen über die Lehre von einem einzigen allumfassenden Geiste* (1702) befasst. Er argumentiert für die Existenz von Einzelseelen, die er übrigens an Materie gebunden sieht. In den vielfältigen Überlieferungen der Menschheitsgeschichte ist jedoch immer wieder von Geistwesen die Rede, nicht selten in animistischem Sinn. Früher wechselte, wie erwähnt, mitunter die jeweilige Bedeutung von »Geist« und »Seele«, oft wurden die Bezeichnungen, je nach Sprache oder Übersetzung, annähernd synonym gebraucht. Heute denkt man bei einem »Geist« an etwas Abstraktes und Immaterielles, während eine »Seele«, wie bei Leibniz, meist körpernahe Eigenschaften besitzt oder einem Körper zugeschrieben wird. Am besten ersetzt man den Ausdruck »Seele« durch den Ausdruck »Person« (vgl. dazu Bösel 2006, S. 241ff), der heute nicht zuletzt durch die Psychologie (die »Seelenlehre«) geläufiger geblieben ist. Folgt man Leibniz, so unterliegen zwar alle Wesen den gleichen Kräften und Gesetzen. Dennoch wäre es sinnvoll, beseelte Wesen als selbstständig Tätige und somit als einzelne Personen zu unterscheiden. Eine derartige Sichtweise ergibt sich im Grunde aus dem transnaturalen Denken, wie wir es im Kapitel 3 *Die Berücksichtigung von Wahrscheinlichkeiten* beschrieben haben. Entsprechend kommt auch der allumfassenden Kraft der Charakter einer Person[11] zu. Das kann mit der Vorstellung eines primus motor verbunden sein oder den Charakter eines ultimativen Geistes besitzen, den man am Horizont des Wissens erahnt, oder auch als personifiziertes Vorbild für das, »was die Welt im Innersten zusammenhält.«[12]

Religiöses Verständnis lässt sich also auf eine durchaus argumentierende Denkweise zurückführen und verwendet eine Prozessbetrachtung, eine Ursachenrekonstruktion und eine Akteur- bzw. Person-Zuschreibung. Daher meint der Anthropologe Justin Barrett (2000), dass Begriff und Eigenschaften von Gottheiten nicht so sehr auf den Traditionen einzelner Kulturen beruhen, sondern aus den Mechanismen menschlicher Denkstrukturen (›natural cognition‹) erwachsen. Diese beruhen auf dem Kausaldenken und den Erkenntnissen über die Teilhabe des Menschen an der Natur. Der sehr abstrakte Gottesbegriff würde, nicht zuletzt durch die Dominanz der sozialen Dimensionen beim Denken, allerdings stets mehr oder weniger anthropomorphe Züge besitzen. Solche Eigenschaften wären jedoch letztlich für das Verständnis der zugrundeliegenden Fragen nicht förderlich.

Das Ich und die anderen

Die soziale Natur des Menschen wirft die Frage auf, inwieweit vorgestellte, fiktive oder in virtuellen Welten ausgeführte soziale Interaktionen Auswirkungen auf das Sozialverhalten besitzen. Zunächst lehrt der Alltag, dass Berichte über Ungerechtigkeiten, Gewalt oder antisoziales Verhalten durchaus ein gewisses Interesse erwecken. Warum liest man eigentlich Texte mit negativem emotionalem Gehalt so gerne? In der Arbeitsgruppe um den Berliner Psychologen Arthur Jacobs wurden Versuchsteilnehmer gebeten, entsprechende Texte zu lesen, während sie im Hirnscanner lagen.

---

11 Angesichts der metaphysischen (oder im Sinne unserer bisherigen Argumentation besser: transnaturalen), problemlösenden und vor allem sozialen Dimensionen unserer Erkenntnisfähigkeiten ist es verständlich, wenn in theologischen Zusammenhängen sogar verschiedene Personbegriffe parallel verwendet werden.

12 Die Antwort auf Fausts Frage in Goethes Drama ist durch Philipp Stölzl mit seinem Film *Goethe!* (2010) mittlerweile fast sprichwörtlich geworden: »Es ist die Liebe, die die Welt im Innersten zusammenhält.«

Bei unangenehmen, aber gern gelesenen Passagen war das MFC aktiv. Die Autoren interpretierten diesen Effekt als einen Versuch, aus dem Text für sich selbst etwas zu lernen (Altmann u. a. 2012).

Bei üblichen Computerspielen, bei denen nur eine Taste oder der Bildschirm berührt werden muss, bleibt das Gefühl für die Virtualität des Spiels in der Regel erhalten. Geübte Spieler geben daher an, dass sie sich nicht so sehr von der virtuellen Welt beeinflussen lassen, sondern eher versuchen, den dahintersteckenden Algorithmus zu verstehen. Aus diesem Grund meinen viele Informatiker,[13] dass auch bei solchen Spielen, bei denen man aus der Ich-Perspektive heraus tötet (sogenannte Ego-Shooter), im Gegensatz zu Rollenspielen keine Gefahr besteht, dass sich die Spieler mit den virtuellen Handlungen so identifizieren, als ob sie real wären. Allerdings reagiert unter solchen Bedingungen das MFC sehr stark. Nun liefert die Beteiligung der auf das Selbst bezogenen Stirnhirnareale meistens ein Indiz dafür, dass die betreffenden Informationen allein schon wegen der großen Ausbreitung im Stirnhirn als subjektiv bedeutsam gelten müssen. In solchen Fällen wird das Selbst in der Regel als Kausalursache gedacht und damit zum Akteur. Spiele, in denen man aus der Ich-Perspektive heraus virtuell töten muss, sind daher unter pädagogischen Gesichtspunkten abzulehnen (vgl. dazu die Diskussion bei Bösel 2012, S. 92). Die negativen Langzeitwirkungen von gewaltvollen Computerspielen sind gut untersucht (Anderson u. a. 2007).

Alle diese Ergebnisse weisen darauf hin, dass man Sozialverhalten am besten im realen sozialen Kontext üben sollte (vgl. Greitemeyer & Osswald 2010). Dennoch gibt es Auswirkungen von Rollenspielen auf emotionale Dimensionen, die in indirekter Weise sozialrelevant sind. So beginnen Kinder ab dem Alter von zwei Jahren, Handlungen von Personen zu imitieren, die sie in einem Film gesehen haben. Da in den USA über 90 % der Zweijährigen täglich fernsehen (Rideout u. a. 2010), müsste man eigentlich fragen, ob der Konsum der Fernsehsendungen bestimmte Verhaltensweisen spezifisch beeinflusst. Besonders nachdenklich macht, dass Achtjährige erst zu 60 % erkennen, dass die im Film dargestellten Ereignisse in der Welt außerhalb des Films nicht faktisch sind, sondern nur für den Film so inszeniert wurden (Nieding & Ohler 2012).

In einer Untersuchung wurden Personen gebeten, für wenige Minuten in die Welt eines interaktiven Computerspiels einzutauchen. Dabei wurde

---

13 Vgl. Interview mit der Medienwissenschaftlerin Linda Breitlauch, Der Spiegel Nr. 2 vom 05.01.2015, S. 71.

danach unterschieden, ob ein Spiel mit prosozialen, sozial neutralen oder antisozialen Aktionen gespielt wurde. Anschließend lasen alle Teilnehmer unter anderem einen Kurzbericht darüber, dass einer öffentlich bekannten Person gerade der Führerschein entzogen worden ist. Es sollte beurteilt werden, ob man mit der Person eher Mitleid hat oder eher Genugtuung empfindet. Die Beschäftigung mit dem antisozialen Spiel hatte in dieser Studie keinen Effekt. Dagegen empfanden die Teilnehmer, die sich gerade mit prosozialen Verhaltensweisen beschäftigt hatten, gegenüber allen anderen Teilnehmern deutlich weniger Schadenfreude (Greitemeyer u. a. 2010). Das kann man prosozial oder auch als Emotionshemmung deuten. Die Autoren sehen eher eine Zunahme von Empathie. Die oben erwähnten Autoren Nieding und Ohler berichten zu Fernsehsendungen mit prosozialem Inhalt, dass deren Einfluss vor allem auf Kinder mit mittlerem bis höherem sozioökonomischen Status wirkt. Sie begründen das damit, dass die in den entsprechenden Filmen vermittelten Inhalte eher zu den Lebenswelten wohlhabender Familien passen. In zahlreichen anderen Untersuchungen zu Rollenspielen in virtuellen Umgebungen wurden immer wieder eher emotional dämpfende oder sogar abstumpfende Effekte von aggressiven oder antisozialen Computerspielen beobachtet (s. den Abschnitt *Verwendung von Referenzgrößen* im Kapitel 5 *Vergleichen und Analogien bilden*).

5

Vergleichen und Analogien bilden

Zu den Funktionen des Areals BA 46

Das Sammeln von Erfahrung setzt voraus, dass Ähnliches als ähnlich erkannt wird und zu entsprechenden Gedanken und Handlungsimpulsen führt. Bekanntes dient als Referenz dafür, dass Unbekanntes aufgrund bestimmter Merkmalskombinationen eingeordnet werden kann. Die Fähigkeit, bedeutsame Merkmalskombinationen zu erkennen, dient auch der Konstruktion expliziter Modelle . Es lassen sich sogar explizite Modelle von nichtexistierenden Sachverhalten bilden, zum Beispiel mit Hilfe einer ausschließenden Oder-Relation oder mit Hilfe von Stellvertretern für Operationen, die gedacht, aber nicht ausgeführt werden können.

Die sogenannte Einsicht

Instruktionen sind gewissermaßen Aufforderungen zur Ich-Beteiligung. Erklärungen sind Formen der Aufmerksamkeitslenkung. Derartige Mechanismen spielen beim Problemlösen eine große Rolle. Für viele Autoren ist das Lösen von Problemen durch das Entdecken eines Lösungswegs der Schlüssel zum kreativen Denken (z. B. Schooler & Melcher 1995). Kreativität ist jedoch ein schillernder Begriff, den wir im Zusammenhang mit Problemlösen erst einmal zurückstellen wollen. Ein anderer Zugang versucht, Problemlösen über das Phänomen der Einsicht zu erklären. Einsicht beschreibt jedoch das Phänomen der Mittel-Entdeckung nur, ohne es zu erklären. Allerdings hat die Forschung zu den Einsicht-Phänomenen wesentlich dazu beigetragen, Erkenntnisse über den Prozess zu gewinnen, der zum Finden eines Lösungswegs führt. Wir interessieren uns für Einsicht, weil es im Folgenden darum gehen wird, Dinge auch ohne expliziten Ich-Bezug miteinander in Verbindung zu bringen.

Das klassische Beispiel für Handeln aufgrund von Einsicht lieferte im Jahre 1914 der Schimpanse Sultan auf der Insel Teneriffa. Sultan war damals erst kürzlich mit einigen Artgenossen auf eine neugegründete Forschungsstation gebracht worden. Leiter dieser Forschungsstation war der 27-jährige Berliner Psychologe Wolfgang Köhler, der mit den Affen einige Experimente durchführte. Was stellen Affen alles an, um an Futter zu kommen? Helfen sie sich wechselseitig und wie gehen sie mit Hilfsmittel um, die ihnen zur Verfügung stehen? Tatsächlich, so beobachtete Köhler, können sich Schimpansen mit einer Stange eine Banane angeln, die außerhalb des Käfigs liegt. Dann findet das berühmte Experiment statt, das Köhler (1917) in seinem Bericht so schildert:

»Geprüft wird Sultan (20.4.). Ihm stehen als Stäbe zwei hohle, aber feste Schilfrohre zur Verfügung, wie die Tiere sie schon oft zum Heranziehen von Früchten verwendet haben. Das eine hat so viel kleineren Querschnitt als das andere, dass es sich in dessen beide Öffnungen leicht einschieben lässt. Jenseits des Gitters liegt das Ziel so weit entfernt, dass das Tier mit den (etwa gleich langen) einzelnen Rohren nicht ankommen kann ... Der Versuch hat über eine Stunde gedauert und wird, als in dieser Form aussichtslos, vorläufig abgebrochen ... Für alle Fälle wird der Wärter als Wachtposten aufgestellt. Bericht des Wärters: ›Sultan hockt zuerst gleichgültig auf der Kiste ... dann erhebt er sich, nimmt die beiden Rohre auf, setzt sich wieder auf die Kiste und spielt mit den Rohren achtlos herum. Dabei kommt es zufällig dazu, dass er vor sich in jeder Hand ein Rohr hält, und zwar so, dass sie in einer Linie liegen; er steckt das dünnere ein wenig in die Öffnung des dickeren, springt auch schon auf ans Gitter, dem er bisher halb den Rücken zukehrte, und beginnt eine Banane mit dem Doppelstock heranzuziehen ...‹. Der Bericht des Wärters bezieht sich auf einen Zeitraum von knapp 5 Minuten.« (S. 99ff.)

Köhler kommt zu folgendem Schluss: »Die Schimpansen zeigen einsichtiges Verhalten von der Art des beim Menschen bekannten« (S. 209). Der wichtigste erste Schritt dabei scheint für Köhler eine Art Probehandeln zu sein. Das ist insofern bedeutsam, als damals die enge Verbindung von Wahrnehmung und Handeln noch nicht hinreichend untersucht war. Vielmehr betrifft der wichtigste Kritikpunkt am Einsicht-Konzept die gerade fehlende Erklärung dafür, wie eine Wahrnehmung das Handeln steuern soll. Köhler erwähnt jedoch die Bedeutung des Probehandelns in einer Fußnote: »Die Tiere bohren ja fortwährend mit Halmen und Stöckchen spielerisch in Löchern und Fugen, so dass man sich geradezu wundern müsste, wenn Sultan nicht auch beim Herummachen mit den beiden Rohren diese gewohnte Spielerei einmal ausgeführt hätte« (S. 104). Ein solches Probehandeln muss, wie erwähnt auch bei menschlichen Problemlösungen angenommen werden, wenn auch vielfach nur mental, also vorgestellt. Bei »Einsicht« geht es häufig um ein vorgestelltes Probehandeln, also um operationales Denken und um Handlungskonzepte und nicht um eine »höhere Sichtweise« im Sinne einer Verwendung abstrakter, symbolisch-begrifflicher Konzepte. Daher sprechen wir in diesem Kapitel stets von »sogenannter« Einsicht. Dennoch stellt sich die Frage, wie aus den wahrgenommenen Vorbedingungen überhaupt eine erste Idee für ein handlungsbezogenes Vorgehen entsteht.

Bei Tieren und vielfach auch beim Menschen kann ein sogenanntes Utilisationsverhalten beobachtet werden (vgl. Bösel 2014, S. 68): *Probiere erst einmal das, was du ohne großes Nachdenken tun kannst. Wenn Du einen Nagel einschlagen willst, so schlage erst einmal vorsichtig zu. Wenn Du Glück hast, sitzt dann der Nagel bereits fest im Holz. Andernfalls prüfst Du die Situation aufs Neue und hast vielleicht schon mehr Informationen darüber, wie kräftig Du beim nächsten Schlag zuschlagen kannst.* Ein solches Vorgehen setzt voraus, dass Gemeinsamkeiten zwischen Ziel und Mittel gefunden werden (Kaplan & Simon 1990). Eines der bekanntesten Probleme, an denen man mehrfach versucht hat, genau diesen Schritt in der höheren Informationsverarbeitung zu untersuchen, ist das Neun-Punkte-Problem (Chu & MacGregor 2011). Neun Punkte sind in drei Reihen mit je drei Punkten angeordnet. Die Aufgabe besteht darin, alle Punkte mit geraden Linien miteinander zu verbinden. Es dürfen dazu maximal drei gerade Linien verwendet werden. Außerdem muss es sich um einen Streckenzug handeln, das bedeutet, die Linien müssen aneinanderhängen. Anfangs- und Endpunkt des Streckenzugs brauchen jedoch nicht miteinander verbunden zu sein.

Versuchen Sie dieses Rätsel zu lösen, falls Sie es noch nicht kennen (oder die Lösung schon wieder vergessen haben)! Sie werden sehen, wie rasch sich eine Punktereihe mit der Vorstellung einer Linie verbindet. Der Haken an der Sache ist, dass die vorgestellten Linien fast zwanghaft an einem Punkt beginnen und an einem andern enden. Außerdem sucht man oft vergebens danach, wo man in den Linien einen Knick unterbringen könnte, der hilfreich wäre, um nach Art des »Nikolaus-Hauses« alle Punkte zu verbinden. Selbst wenn man eine der Linien über eine Punktereihe hinauszeichnet, bedarf es in der Regel mehrerer Versuche, um den passenden Streckenzug über Versuch und Irrtum zu finden.

Auch um mental in Szenarien agieren zu können, werden Erfahrungen aus dem Gedächtnis benötigt. Die entsprechenden Informationen werden von der sogenannten Hippocampus-Formation bereitgestellt, einer Struktur, die einen gezielten Zugriff auf das Langzeitgedächtnis ermöglicht. In der Regel erfolgt ein solcher Gedächtnisabruf in Hirnteilen, die weiter hinten und mehr schläfenseitig liegen. Wenn man an ein mögliches Zukunfts-Szenario denkt, gelingt das ebenfalls nur mit Hilfe von Erfahrungen, über die das Gedächtnis bereits verfügt. Daher ist der Hippocampus bei Gedanken an die Zukunft, aber auch bei der Vorstellung eines fiktiven Szenarios aktiv (Addis u. a. 2007, Hassabis & Maguire 2009).

Wie es – nun unter Beteiligung des Stirnhirns – gelingt, zwischen Ziel und Mitteln eine Passung zu finden, lässt sich an verschiedenen Aufgaben zeigen. Das einfachste Problem dieser Art besteht darin, eine Verbindung zwischen zwei Begriffen herzustellen. Die klassische Erklärung (Mednick 1962) für die Verbindung von Begriffen besagt, dass jeder Begriff in den Nervennetzwerken des Gehirns eine Repräsentation besitzt. Die Nervennetzwerke stellen die Speicherorte für Wissen zur Verfügung. Ist eine Repräsentationen aktiv, so vermag sich diese Aktivität auszubreiten. Das führt zu verschiedenen Assoziationen. Die von den ursprünglichen Gedächtnisorten ausgehenden, sich ausbreitenden Nervenzellaktivitäten treffen irgendwo im Gehirn zusammen. Der entsprechende Gedächtnisort ist als gemeinsames Assoziat der ursprünglichen Begriffe anzusehen.

Ein solcher Prozess setzt allerdings voraus, dass er in Ruhe zustande kommen kann und nicht durch andere Einflüsse gestört wird (Gupta u. a. 2012). Was haben ein »Barren« und ein »Fisch« gemeinsam? Mitunter werden bei derartigen Problemen Impulse durch eine mentale Anstrengung in Gang gesetzt, die eine Assoziation befördern sollen. So könnten zunächst Oberbegriffe gesucht werden: Ein Barren als Sportgerät und ein Fisch als Meerestier sind im Grunde jedoch sehr verschiedene Objekte. Die Erfahrung zeigt, dass eine solche intentionale Anstrengung dem intuitiven Finden von Gemeinsamkeiten eher abträglich ist (Topolinski & Strack 2008). Das mag auch damit zusammenhängen, dass sich Assoziationen aufgrund von oberflächlichen Eigenschaften häufig leichter finden lassen als aufgrund abgeleiteter, kategorialer Zusammenhänge.

Oberflächliche Eigenschaften, also Eigenschaften, die üblicherweise nicht für das Verständnis eines Sachverhalts wesentlich sind, können von sich aus sehr leicht einen neuen Zusammenhang zu anderen Dingen herstellen. Das führt zu überraschenden Effekten, wie zum Beispiel bei einem Bauchredner. Die Bewegungen einer Puppe und die Stimme eines Künstlers werden in einen verblüffenden Zusammenhang gebracht. Ausschlaggebend sind dabei vor allem die Beginn- und Endzeiten der gesprochenen Worte und der Mundbewegungen der Puppe. Wenn diese übereinstimmen, kommt es zu einer wechselseitigen Assoziation. Außerdem hilft es, wenn Ausdrucksbewegungen beim Puppenspieler fehlen, bei der Puppe jedoch auffallend sind. Andere Beispiele für die Wirkung von Oberflächenmerkmalen sind Fälle von Verhören, also wenn man Gehörtes falsch versteht. Das kommt besonders häufig bei Kindern vor, die dann mitunter falsch Verstandenes in ihr Wissen übernehmen, z. B. »O Tannenbaum, o Tannenbaum, wie grinsen deine Blätter« statt »wie grün sind deine Blätter«. Liedtexte sind oft auch für Erwachsene schwer zu verstehen und werden aufgrund oberflächlicher Merkmale gedeutet (Hacke & Sowa 2004). Für die Assoziation von Worten spielen nicht nur Klangähnlichkeiten eine Rolle. Bedeutungshaltige Assoziationen entstehen oft auch, weil Eigenschaften hinzugedacht werden, gewissermaßen als Assoziationen höherer Ordnung. So kann zum Beispiel ein Goldfisch eine ähnliche Farbe besitzen wie ein Goldbarren, so dass beides assoziiert ist.

Die Fähigkeit, sinnvolle Assoziate zu finden, lässt sich mit Hilfe von Verbundworten am besten prüfen. Um die Wahlmöglichkeiten etwas zu beschränken, werden in der Regel drei Worte vorgegeben: Fisch, Mine, Barren. Zu suchen ist ein weiteres Wort, das im Verbund mit allen drei angeführten Wörtern weitere sinnvolle Wörter ermöglicht. Im Beispiel wäre das »Goldfisch«, »Goldmine« und »Goldbarren«. Als schwerer gelten Aufgaben, in denen das gesuchte, verbindende Wort einmal vorgesetzt und einmal nachgesetzt werden muss. Für die drei Worte »Zeit«, »Meile«, »Sand« gilt als mögliche, gemeinsame Ergänzung das Wort »Stein«. Gerade bei den eher einfachen Aufgaben stellt sich beim Problemlöser die Problemlösung oft spontan ein. Bereits das erste in Betracht gezogene Wort stellt oft schon die Lösung dar (Cranford & Moss 2010). In der Regel folgt der spontanen Idee eine innere Prüfung, ob sich die Idee tatsächlich bei allen Vorgaben bewährt. Wenn der Problemlöser den Eindruck hat, dass sich die Problemlösung spontan eingestellt hat, so ist das der Anlass für ein »AHA«-Erlebnis (Landmann u. a. 2014).

Teils vor, teils unterhalb des granulären Areals liegt auf der mittleren Stirnhirnwindung das mediale Areal (BA 46). Das mediale Areal ist nicht direkt in die großen Faserzüge des Gehirns einbezogen, sondern kann gewissermaßen als eigenständiges Assoziationsareal zwischen dem granulären Areal und dem vorne liegenden Stirnhirnpol gelten. Diese Insellage befähigt das mediale Areal, verschiedene, im Arbeitsgedächtnis gleichzeitig aktive Sachverhalte in Beziehung zu setzen (Prabhakaran u. a. 1997). Darüber hinaus ist das mediale Areal direkt mit dem Hippocampus verbunden. Dieser direkte Zugang zum Langzeitgedächtnis ist nur wenigen Assoziationsarealen vorbehalten (Insausti u. a. 1987). Damit wird es jedoch möglich, Verbindungen zu weit entfernten Speicherorten aufzubauen und Beziehungen aufgrund gemeinsamer Eigenschaften herzustellen. Daher ist das mediale Areal imstande, auf höchster Verarbeitungsebene Gemeinsamkeiten von Dingen zu entdecken.

Die Fähigkeit, Gemeinsamkeiten zu entdecken, ist grundlegend für sogenannte Einsicht-Phänomene. Insbesondere wird sie zum Beispiel auch benötigt, um die Bedeutung von Heuristiken und Sprichwörtern zu erfassen. Zahlreiche Sprichwörter stellen soziale Heuristiken dar, wie »Lügen haben kurze Beine« oder »Stille Wasser sind tief«. Um solche Sprichwörter verstehen zu können, müssen die in den entsprechenden Bildern versteckten Regeln entdeckt und auf einen konkreten Sachverhalt angewendet werden. Die Fähigkeit dazu gilt als Intelligenzleistung und wird in manchen Intelligenztests geprüft (z. B. im *Mannheimer Intelligenztest*, Conrad u. a. 1986). Vor allem in der psychoanalytischen Schizophrenie-Forschung wird der Beobachtung besondere Bedeutung zugemessen, dass schizophrene Personen bildhafte Aussagen oft wörtlich-konkret auffassen. Auch in diesem Zusammenhang werden Sprichwort-Tests verwendet (*Schuhfried Sprichwort-Metaphern-Test*, Barth & Küfferle 2001). Einschränkungen im Verständnis von Metaphern dürften jedoch weniger typisch für Schizophrenie sein als fehlendes Ironie-Verständnis (Hensler 2009).

Die rechte Hemisphäre

Die obere Stirnhirnwindung ist auf der linken Seite etwas voluminöser als auf der rechten (Goldberg u. a. 2013). Die linke Hemisphäre besitzt insgesamt fast zwei Milliarden Nervenzellen mehr als die rechte. Außerdem kann die linke Hemisphäre wegen einer geringfügig anderen Anordnung der Nervenzellen die ankommenden Informationen in der Regel feiner auflösen als die rechte (Hutsler & Galuske 2003). Das erlaubt, zumindest in einigen Arealen, eine Spezialisierung auf die Analyse von nacheinander eintreffenden Signalmustern. Demgegenüber können Teile der rechten Hemisphäre parallel auftretende, räumliche Informationen durch eine Globalverarbeitung rasch analysieren. Entsprechend können nach der Bewusstwerdung sowohl sprachlich-propositionale Gedanken als auch anschauliche Vorstellungsbilder auftreten.

Was bedeutet das für die höhere Informationsverarbeitung? In erster Linie wird durch die Besonderheiten der linken Hemisphäre vor allem die sprachgebundene Informationsverarbeitung ermöglicht. Darüber hinaus kann man generell von einer Spezialisierung auf *symbolische Informationen* sprechen, also solche, die kategorial verarbeitet werden. Das Denken in Kategorien, das man im Alltag auch als »Schubladen-Denken« bezeichnet, ist also Sache der linken Hemisphäre. Menschen, die Defizite im symbolischen Denken besitzen, können zum Beispiel manche Redewendungen nicht ganz so schnell verarbeiten. Sie versuchen, das Gemeinte aus der Satzkonstruktion zu ermitteln. Genau das macht man zum Beispiel, wenn man eine Fremdsprache noch nicht gut beherrscht. Kennt man jedoch häufig verwendete Phrasen, so lässt sich schon beim oberflächlichen Hinhören der gemeinte Sachverhalt unmittelbar verstehen.

Für die rechte Hemisphäre ist bekannt, dass dort überwiegend Landkarteninformationen und auch Melodien verarbeitet werden (Kimura 1964 und 1973). Dabei handelt es sich um Inputs, bei denen sehr viele Details zur Bedeutung beitragen. Um sich hier zu orientieren, muss das Gehirn in geeigneter Weise eine Zusammenfassung vornehmen, was im Extremfall zu einer ikonischen oder holzschnittartigen Vereinfachung führt. Das ist ein Effekt des sogenannten coarse coding (Beeman u. a. 1994). Wir haben dieses Codierungsprinzip bereits mehrfach erwähnt (z. B. Abschnitt *Transnaturales Denken* im Kap. 3 *Die Berücksichtigung von Wahrscheinlichkeiten*). Dabei werden mehrere schwache Nervenzellerregungen summarisch zusammengefasst und ergeben in ihrer Gesamtheit einen prägnanten Sachverhalt. Zu diesem Bild passt der neurologische Befund, dass die rechte Hemisphäre faserreich ist und viele Verknüpfungen ermöglicht. Außerdem hat sie mehr Verbindungen zur linken Hemisphäre als umgekehrt (Gotts u. a. 2013). Daraus folgt für die rechte Hemisphäre eine Spezialisierung auf *merkmalsreiche Informationen,* die sie global zusammenfasst. Indem die rechte Hemisphäre darauf spezialisiert ist, viele Details einer Situation holzschnittartig zusammenzufassen, spielt sie auch bei der Suche nach Gemeinsamkeiten von zwei Dingen eine wichtige Rolle.

Treten bei der beschriebenen Weise rechtshemisphärischer Informationsverarbeitung Defizite auf, so werden zwar zahlreiche Details gemerkt. Das dahinter stehende Ganze wird jedoch nicht erkannt. Man verliert den Überblick und kann den Wald vor lauter Bäumen nicht sehen. Ein schönes Beispiel für den schrittweisen Erwerb von »Überblick« liefern viele Computerspiele, bei denen man erst einmal vorsichtig Strategien prüfen muss, bis man den nötigen Überblick über die Spieloptionen hat.

Das Max-Planck-Institut für Entwicklungspsychologie hat gemeinsam mit der Berliner Psychiatrie St. Hedwig eine Untersuchung durchgeführt, um die längerfristigen Auswirkungen des populären Videospiels *Super Mario* (Nintendo) auf das Gehirn zu prüfen. Die Autoren beschreiben die Tatsache, dass man sich nach einer Phase des Herantastens mit der Zeit souverän durch das Spiel bewegt. Es ist ein Wechsel von einer egozentrischen zu einer allozentrischen Strategie des Navigierens zu beobachten. Dabei wurden Personen untersucht, die das Spiel zwei Monate lang mindestens 30 Minuten täglich spielten. In den für den erforderlichen Strategiewechsel benötigten rechtshemisphärischen Stirnhirnregionen wurde bei längerfristigem Training eine Volumenzunahme festgestellt (Kühn u. a. 2014). Veränderungen im Volumen von Hirnstrukturen können wegen der Plastizität des Gehirns auch bei anderen Trainingsprogrammen beobachtet werden, bei denen spezielle Leistungen über längere Zeit geübt werden.

Welche Rolle spielt also die rechte Hemisphäre bei der höheren Informationsverarbeitung? Zu erwarten wäre, dass von den Netzwerken, die ein Weiterdenken ermöglichen sollen, unterstützende Informationen aus dem situativen Kontext, also von Details der Umgebung verwendet werden. Bei rechtshemisphärischen Verletzungen kommt es daher häufig zu verschiedenen Formen von Verwirrtheit und Desorientiertheit. Im Detail werden manchmal bestimmte Gestalteigenschaften nicht wahrgenommen, oder die Bedeutung eines Sachverhalts wird verkannt. Bei Gesunden erlaubt die Funktion der rechten Hemisphäre die Fähigkeit, dass scheinbar zufällige Bewegungen vorhergesagt werden können, wenn Hypothesen über eine dahinter liegende Kausalität existieren. Dazu passt, dass kompliziertere

Sachverhalte oft dann leichter verstanden werden, wenn man die beteiligten Faktoren wie Menschen miteinander agieren lässt. Die soziale Kognition ist ohnehin eine wichtige biologische Grundlage für höheres schlussfolgerndes Denken.

Tatsächlich wurde häufig eine Beteiligung der rechten Hemisphäre bei induktiven Folgerungen im sozialen Kontext gefunden. Dies war das Ergebnis einer Untersuchung, in der die Absichten von Menschen erschlossen werden sollten (Walter u. a. 2004). Es wurden verschiedene Bildfolgen gezeigt, die durch die Wahl eines Schlussbildes sinnvoll ergänzt werden sollten. In dieser Anordnung konnte das Verständnis für die den Ablauf von Geschehnissen in der unbelebten Welt (ein Sturm verursacht Glasbruch), bei Tätigkeiten mit Dingen (eine Glühbirne muss ausgewechselt werden) und bei Vorkommnissen zwischen Menschen miteinander verglichen werden. Bei der Beschäftigung mit den Geschichten, in denen eine soziale Absicht erkannt wurde, waren Teile des oberen Stirnhirns in der rechten Hemisphäre aktiv.

Das rechtsseitig gelegene Stirnhirn ist sogar dann aktiv, wenn man ohne direkten äußeren Reiz über mögliche Absichten anderer nachdenkt. Solche Gedanken sind oft ausschlaggebend für soziale Gefühle wie Schuld oder Scham. So kann es unangenehm sein, einen Einrichtungsgegenstand in einer fremden Wohnung beschädigt zu haben. Unwillkürlich fürchtet man unter diesen Umständen Vorwürfe oder zumindest soziale Verwerfungen. Die Zentren, die üblicherweise emotionale Reaktionen veranlassen, sind bei einem solchen Zustand nur geringfügig beteiligt. Dagegen findet man in Untersuchungen, in denen Personen angeben sollen, wie sie unter derartigen Bedingungen reagieren würden, regelmäßig eine Aktivierung in der oberen Hälfte des rechtshemisphärischen Stirnhirns (Takahashi u. a. 2004).

Darüber hinaus sind zahlreiche andere Stellen des Stirnhirns in das soziale Handeln eingebunden (vgl. Bösel 2012). Mehrere Befunde deuten darauf hin, dass Teile des Stirnhirns beansprucht werden, wenn Ziele anderer Personen verstanden werden sollen. Wenn es zum Beispiel darum geht, in einer Interaktion abzuschätzen, ob sich eine andere Person kooperativ verhalten wird, werden Verbindungen zu den unteren Teilen des Stirnhirns bedeutsam (vgl. Canessa u. a. 2013). Eine Zusammenarbeit zwischen oberem Stirnhirn und anderen Hirnteilen kann auch dann beobachtet werden, wenn unbelebte Dinge als hilfreich eingeschätzt werden. Größere Netzwerkverbände sind zum Beispiel auch immer dann aktiv, wenn von Dingen mutmaßlich Gefahr ausgeht.

Unabhängig von einem sozialen Kontext liefert die rechte Hemisphäre jedenfalls Informationen über Randbedingungen, die im Zweifel helfen sollen, passende Extrapolationen vorzunehmen oder zuverlässige Voraussagen zu machen. Das lässt vermuten, dass die rechte Hemisphäre deutlich aktiv sein müsste, wenn man über Ursachen und Kräfte nachdenkt, deren Existenz die unmittelbare Erfahrung übersteigt. Woran denken Sie, wenn Sie zum Beispiel die folgenden Zeilen lesen?

»Von allen Seiten spricht es zu mir und zu jeder Tageszeit: Alle Tiere des Waldes sind mein, alles Wild in den Bergen, auch wenn es sich um Tausende handelt. Ich kenne alle Vögel des Himmels und was sich regt auf dem Boden, ist mir bekannt. Mein ist der Erdkreis mit all seiner Fülle.«[14]

Ist da von der Tierwelt die Rede oder von der gesamten Natur? Wird hier in bildlicher Form vom Universum der Physik gesprochen oder doch von einem Gott, auf den alles zurückzuführen ist? Ein Team von zehn Wissenschaftlern hat untersucht, wie das Gehirn arbeitet, wenn Menschen über einen Bibelpsalm nachdenken. Dazu baten sie Personen, die sich selbst als religiös bezeichneten, einen Psalm zu memorieren, während diese im Hirnscanner lagen. Die Autoren beobachteten, dass unter den genannten Umständen ein Netzwerkverbund aktiv war, der sich vom oberen Teil des Stirnhirns zu den weiter hinten gelegenen Gedächtnisteilen im sogenannten Scheitellappen erstreckte (Azari u. a. 2001). Das ist zunächst erstaunlich, da es sich um Gehirnteile handelt, die üblicherweise für die Orientierung im Raum und darüber hinaus für mentale Manipulationen verwendet werden. Allerdings erfordern mentale Vorstellungen, die ein Handeln in einer komplexen und detailreichen Situation ermöglichen sollen, stets eine ganzheitliche Sicht auf die Dinge. Es geht darum, den inneren Blick auf das gemeinsam Bedeutsame und somit Wesentliche zu richten.

Wir wissen nicht genau, was im Kopf der Personen vorging, die an der oben genannten Untersuchung teilnahmen. Vielleicht kann man jedoch die dafür erforderliche Informationsverarbeitung etwa folgendermaßen beschreiben: Sie versuchten sicherlich, aus der bildhaften Sprache einen Sachverhalt zu konstruieren. Die Details dieser Bilder gehörten offenbar zu Gedächtnisinhalten, die in der rechten Hemisphäre gespeichert waren. Die Gemeinsamkeiten dieser Details mussten herausgefunden werden und in eine Passung zu einem Konzept gebracht werden. Wir gehen davon

---

14 Auszug aus dem 50. Psalm in freier Übertragung.

aus, dass das Konzeptgedächtnis überwiegend eine Sache der linken Hemisphäre ist. Jedenfalls mussten die Detailinformationen so lange aktiv gehalten werden, bis eine Passung zu anderen Gedächtnisteilen erfolgen konnte.

Es gibt andere, ähnliche Beispiele für eine Rechts-links-Interaktion in der Informationsverarbeitung der Hirnrinde (vgl. z. B. Jäncke 2012, S. 702): Wenn ein komplexes geometrisches Muster gemerkt und später wiedererkannt werden soll, ist die rechte Hemisphäre aktiv. Wenn in einer geometrischen Anordnung ein Buchstabe entdeckt wird, ist die linke Hemisphäre aktiv. Diese Logik der Hemisphären-Interaktion kennt man übrigens auch in umgekehrter Richtung. Details von selbsterlebten Episoden werden in einem längerdauernden Verarbeitungsprozess verdichtet und linkshemisphärisch gespeichert. Soll Selbsterlebtes aus dem Gedächtnis rekonstruiert werden, so geschieht das hauptsächlich mit einer Aktivität der rechten Hemisphäre.

Nun kommen wir wieder auf das Denken in Ursache-Wirkungs-Beziehungen, also in Kausalitäten, zurück. Eine solche Beziehung beruht auf einer Gesetzmäßigkeit, die durch eine Regel beschrieben wird. Zum Beispiel weiß man, dass es meistens zu einer Änderung des Wetters kommt, wenn der Luftdruck fällt. Regeln bestimmten auch das Miteinander von Menschen. Dabei werden Regeln umso leichter verstanden, je konkreter sie sind: Es gibt einen Monat Fahrverbot, wenn man innerorts mit mehr als 30 km/h zu schnell geblitzt wurde. Das Regelverständnis kann allerdings auf kategorial gespeichertem Wissen oder auf der Kenntnis zahlreicher Details beruhen. Meist führt der kategoriale Abruf von Regeln leicht zu Fehlern, wenn die Regel konkret angewandt werden soll: *War die Randbebauung einer Straße so beschaffen, dass die Straße als »innerorts« gilt? In welcher Form muss innerorts schlechte Sicht berücksichtigt werden?* Wenn bei Anwendung einer Regel zugleich viele Details erinnert werden, so können daraus jedoch ebenfalls Fehler entstehen. So wird berichtet, dass Geschwindigkeitsüberschreitungen in der Verkehrs-Rechtsprechung gelegentlich toleriert werden: in Großstädten auf Durchgangsstraßen, wenn eine Schwangere ins Krankenhaus muss oder auch bei manchen Überholvorgängen. Unterschiede zwischen kategorialem und detailbasiertem Abruf zeigen sich jedenfalls auch im Alltag.

Das Entdecken von Gemeinsamkeiten über viele Details hinweg ist ein Vorgang, der dem Referenzieren dient (Bösel 2014, S. 18). Dieser Vorgang soll jetzt näher betrachtet werden, weil er von grundlegender Bedeutung für Informationsverarbeitungsprozesse in Nervennetzen ist, auch innerhalb einer Hemisphäre.

Verwendung von Referenzgrößen

Die Verwendung von Referenzgrößen und das zuverlässige Herstellen von Relationen und Relativgrößen sind entscheidend für einen Vergleich über mehrere Situationen hinweg und für die Beurteilung einer Situation, die auch für andere nachvollziehbar ist. Referenzen gelten geradezu als Voraussetzung für nachvollziehbares Denken, vor allem wenn etwas Neuartiges erklärt oder gedeutet werden soll.

Deutungsmethoden (hermeneutische Methoden) spielen vor allem in den historischen Wissenschaften eine Rolle. Um nicht jeder scheinbar begründbaren, assoziativen Deutung Tür und Tor zu öffnen, wird stets die Festlegung auf einen bestimmten Deutungshintergrund gefordert. Idealerweise wird zunächst erklärt, warum ein bestimmter Hintergrund, meist entscheidende Lebensbedingungen in einer bestimmten Epoche, zur Interpretation der Funktion eines Artefakts oder des Inhalts eines kryptischen Textes herangezogen wird. Dann erst kann die analytische Deduktion erfolgen. Der Philosoph Wilhelm Dilthey (1833–1911) versuchte diesen Gedanken in sehr radikaler Weise auf die Psychologie zu übertragen. Er kritisierte die naturwissenschaftlich orientierte Psychologie und stellte ihr eine verstehende gegenüber. Die verstehende Interpretation solle als Referenz auf alle »Objektivationen des Lebens« zurückgreifen und auch die Dimension des Vorher-Nachher berücksichtigen (Dilthey 1894). Dieser Anspruch kann jedoch nur gelingen, wenn man immer wieder über die Grundlagen der menschlichen Erkenntnis nachdenkt. Heute spielt dabei selbstverständlich naturwissenschaftliches Wissen eine große Rolle. Da ist die große historische Dimension der Evolution, die wir bereits erwähnt haben. Und eine der für die menschliche Erkenntnis grundlegenden Fragen ist, was überhaupt Information und Informationsverarbeitung ist. Dieser Frage nähern wir uns heute aus neurowissenschaftlicher Perspektive.

Gustav Theodor Fechner (1801–1887) war Naturwissenschaftler. Er entwickelte eine Theorie der an Bezugssystemen orientierten Wahrnehmung, was einer Art Relativitätstheorie für die Psychologie entspricht. Heute können wir sagen, dass Daten, die im Nervensystem verarbeitet werden, nicht immer besonders informativ sein müssen. Sie erhalten ihren Informationsgehalt erst im Vergleich zu anderen Daten, die in zeitlicher oder räumlicher Nachbarschaft stehen oder die aufgrund spezieller Daten-Eigenschaften assoziativ verbunden sind. Es kann durchaus sein, dass ein solcher Vergleich nichts Neues liefert, weil keine wesentlichen Differenzen entdeckt werden. Das trifft zum Beispiel zu, wenn sich die Umgebung kaum verändert hat oder wenn neue Daten den Erwartungen voll entsprechen. In solchen Fällen wird die Aktivität in den informationsverarbeitenden Netzwerken sehr rasch verebben. Selbstverständlich werden solche Daten auch nicht ins Bewusstsein dringen. Wenn man längere Zeit im gleichen Raum sitzt, wird alsbald meist weder die Farbe der Wände noch der Druck der Kleidung auf die Haut bewusst wahrgenommen.

Freilich kann eine unzweckmäßige Referenz Veränderungen zu groß oder zu klein erscheinen lassen (Bar-Hillel 1980). Angenommen, eine Krankheit verläuft bei fünf von einer Million Erkrankten tödlich. Wenn ein bestimmtes Medikament die Zahl der Todesfälle auf vier von einer Million Behandelten senkt, so ist das erfreulich. Es ist jedoch fraglich, ob man mit der Begründung, dass die Sterberate um 20 % gesenkt wurde, von einem entscheidenden Erfolg in der Bekämpfung der Krankheit sprechen kann.

Die Entscheidung, ob eine Veränderung grundlegend oder nur vernachlässigbar ist, wird letztlich von jedem Netzwerkteil aufgrund von Referenzen getroffen, die bereits Bestandteil des Gedächtnisses sind oder die gleichzeitig aus der Umwelt ankommen. Miller (1991) hat in der Neuropsychologie für solche Referenzen den Begriff »Kontextrepräsentation« verwendet. Auf der sehr abstrakten Ebene von begrifflichen Konzepten ist eine Entscheidung über »gerade noch passend« oder »deutlich abweichend« in Bezug auf Abweichungen nicht mehr ganz so einfach. Gotts u. a. (2011) zeigten ihren Versuchspersonen eine Folge von Bildern. Sie sollten eine Taste drücken, wenn ein Artefakt, also ein von Menschen hergestellter Gegenstand zu sehen war. Die meisten Bilder waren identisch oder zumindest ähnlich und stellten zum Beispiel eine Kuh dar. Gelegentlich wurde zum Beispiel das Bild eines Hammers gezeigt. Dann sollte reagiert werden. Aber es tauchten auch Bilder von verschiedenen Tieren auf, einige davon ebenfalls Rinder, andere zeigten Fische oder Krebstiere. Offenbar wurde die Entscheidung über das Reagieren von einer Stirnhirnregion unterstützt, die sich am unteren und hinteren Ende der Area 9 befindet und eine für das Handeln entscheidende Veränderung gegenüber der bisherigen Erwartung signalisiert. Diese Region heißt IFJ (inferior frontal junction) und liegt ganz hinten in der Furche, die die mittlere und die untere Stirnhirnwindung trennt. Die IFJ liegt außerdem in enger Nachbarschaft zur Inselregion, die eine Bedeutung für sogenannte Bauchentscheidungen besitzt (▶ **Kap. 3** *Die Berücksichtigung von Wahrscheinlichkeiten*). Die Funktion der IFJ scheint also entscheidend bei der Beurteilung von Ereignissequenzen und vor allem bei der Entdeckung besonderer Ereignisse zu sein. Außerdem ist die IFJ mit einer weiter hinten liegenden Hirnrindenregion verbunden, die es erlaubt, Vorgänger von Nachfolgern zu unterscheiden (Cole & Schneider 2007).

Selbstverständlich kann eine Referenz nicht nur in einem vorangehenden Ereignis liegen, sondern auch in Erfahrungen, die das Gedächtnis geformt haben. Diese sind einerseits für Neugierde verantwortlich (vgl. Hunt 1963), andererseits für Desinteresse. Gewaltdarstellungen in Filmen haben, wie Untersuchungen zeigen, einen abstumpfenden Effekt (Thomas 1982). Das bedeutet, dass Personen, die im Fernsehen viel Gewalt gesehen haben, nur wenig emotional und auch mit wenig Anteilnahme reagieren, wenn sie mit Opfern realer Gewalt konfrontiert werden. Entsprechende Befunde gibt es auch über die abstumpfende Wirkung von aggressiven oder antisozialen Computerspielen (Batholow u. a. 2006; Carnagey u. a. 2007; Bushman & Anderson 2009).

Eine wichtige Rolle spielen die Erwartungen, vor deren Hintergrund die Wahrnehmungen letztlich als informativ beurteilt werden. Ein klassisches Beispiel für nicht-informative Wahrnehmungen sind Bewegungswahrnehmungen, die auf eigene, unwillkürliche Augen- oder Körperbewegungen zurückgeführt werden können. Wir haben im Kapitel 2 *Orientierung* erklärt, dass mit Hilfe des Reafferenzprinzips ermittelt wird, welche Anteile von Bewegungswahrnehmungen auf diese wenig bedeutsamen Bewegungsanteile zurückzuführen sind.

Eine Referenzbildung dürfte auch dafür verantwortlich sein, dass einzelne Netzwerkteile »wissen«, aus welchen Nachbararealen soeben Informationen eintreffen. Die inputnahen Netzwerkteile sind ja oft stärker aktiviert als der Rest des Netzwerks. Ein Mittelwert der Aktivität im Netzwerk, gewissermaßen der größte gemeinsame Teiler aller Nachbaraktivierungen, bildet das Basisrauschen ab und kann ignoriert werden. Erst was sich davon abhebt, ist informativ. Ein Beispiel: Der Chef eines Betriebs kann den Vorsatz fassen, einen seiner Mitarbeiter, der ihm schon früher unliebsam aufgefallen war, wegen eines neuerdings aufgetretenen Fehlverhaltens zur Rede zu stellen. Der Chef trifft nun diesen Mitarbeiter zufällig auf dem Flur und spricht ihn zum Beispiel mit den Worten an: »Sie brauchen nicht zu glauben, dass ich Ihr Verhalten einfach tolerieren kann ...«. Vermutlich ist der Chef überzeugt, diese doch etwas barschen Worte überlegt ausgesprochen zu haben. Vergleichen wir nun den beschriebenen Sachverhalt mit einem anderen Szenario. Der bewusste Mitarbeiter hat sich vielleicht nicht immer vorbildlich verhalten, hat sich jedoch letzter Zeit nichts zu Schulden kommen lassen. Dagegen wollen wir beim Chef aktuell einen aus völlig anderen Gründen hoch emotionalisierten Zustand annehmen. In diesem Fall könnten breitere Aktivierungen eine Handlung verursachen, ohne dass die wechselseitige Verrechnung von Aktivität einen speziellen Input ausweist (vgl. Ulich & Bösel 2005, S. 219). Der Chef trifft nun zufällig den Mitarbeiter und erinnert sich in seinem momentanen Affekt nur an dessen frühere Fehler. Unwillkürlich rutschen nun dem Chef genau die Worte heraus, die wir oben zitierten. In seiner Selbstwahrnehmung kann der Chef seine barsche Art nicht mit einem aktuellen Vorfall begründen. Er könnte hinterher vielmehr den Eindruck haben, als wäre »es« einfach über ihn gekommen und die Worte wären ihm nur so herausgerutscht.

Ein weiterer Fall von Ursachenzuschreibung aufgrund von Referenzieren ist bei hohen Erregungszuständen zu vermuten, wie sie bei Psychotikern vorkommen. Hierbei treten oft innere Vorstellungsbilder in Form von Selbstgesprächen auf. Diese können so stark werden, dass sich deren Aktivität bis zum primären auditiven Areal ausbreitet. Eine Aktivität im Hörareal gilt für die benachbarten Netzwerke des Gehirns – unabhängig von der Vorgeschichte der Ausbreitung – stets als Kennzeichen dafür, dass etwas gehört wurde. Die Folge ist, dass Psychotiker immer wieder unter der Halluzination leiden, Stimmen zu hören.

Das Zustandekommen von Halluzinationen hängt eng mit freisteigenden Vorstellungen zusammen. Entsprechend können bestimmte Gewohnheiten zur Fantasieproduktion die Entstehung von Halluzinationen begünstigen. Meist treten Halluzinationen im Alter von 15 bis 30 Jahren zum ersten Mal auf. Psychiater sehen Zusammenhänge zwischen dem Auftreten von Halluzinationen und sozialen Lebensereignissen, wie die Lösung von den Eltern oder die Trennung der ersten Beziehung. Solche Ereignisse bringen viele schwer zu verarbeitende Eindrücke und Gefühle mit sich. Vorgeschichten wie die Erfahrung mit Missbrauch oder körperlicher Gewalt, sowie Schwierigkeiten mit drogen- oder alkoholabhängigen Eltern begünstigen das spätere Auftreten von Halluzinationen. Wenn Kinder vor dem 15. Lebensjahr Cannabis konsumieren, erhöht sich das Risiko, später zu halluzinieren.

Relationen und Ähnlichkeiten

In unserer Arbeitsgruppe haben wir einmal ein kleines Experiment durchgeführt, das zeigen sollte, ob auch wenig erfahrene Laien ein Gespür für Malstile entwickeln können (Männel u. a. 2004). Dazu wählten wir Gemälde von Wassily Kandinsky, Joan Miró und Willi Baumeister aus. Alle in diesem Experiment verwendeten Bilder waren völlig abstrakt und wiesen darüber hinaus in Farbgebung und Komposition eine gewisse Ähnlichkeit auf. Wir erklärten den Probanden, dass der Großteil der Bilder, die sie der Reihe nach ansehen und beurteilen sollten, vom gleichen Maler (nämlich Kandinsky) stammte. Es gäbe aber einige Bilder von anderen Künstlern mit einem etwas abweichenden Malstil. Wenn sie die abweichenden Bilder entdeckten, sollte eine Taste gedrückt werden. Gleichzeitig wurden bei den Probanden mit jedem neu gezeigten Bild sogenannte ereigniskorrelierte Hirnpotentiale registriert. Ein solches Potential ist ausgeprägt, wenn ein Bild entdeckt wird, das der Instruktion entspricht, in unserem Experiment also einen abweichenden Malstil repräsentierte. Weitgehend unauffällige Hirnstrompotentiale traten erwartungsgemäß bei den »Kandinskys« auf. Bei den Bildern, die als Abweichler richtig erkannt wurden (»identifizierte Mirós«), konnten hingegen deutliche Potentiale registriert werden. Wir fanden jedoch fast gleichgroße Potentiale auch bei Bildern, auf die zwar nicht reagiert wurden, die jedoch ebenfalls den etwas abweichenden Malstil aufwiesen (»nichtidentifizierte Mirós«). Auch Laien haben also die Möglichkeit, Unterschiede in den Malweisen abstrakter Maler zu erkennen, ohne explizit über Kriterien zu verfügen.

Eine große Rolle spielen hingegen implizite Kriterien bei Zuschreibungen, die im Verlauf der Rezeption von bildender Kunst erfolgen. »Was von der sixtinischen Madonna nach Abzug aller Assiciation noch übrig bleibt, ist eine kunterbunte Farbentafel, der jedes Teppichmuster an Wohlgefälligkeit zuvor thut«, schreibt der Gustav Theodor Fechner in seiner »Vorschule der Aesthetik« (1876, S. 118). So oder ähnlich sahen es auch viele andere Ästhetik-Forscher: »Alles Leben, also aller Inhalt des Kunstwerks ist von mir eingefühlt« (Lipps 1906, S. 98). Dieses Einfühlen erfolge aufgrund von »Zuschreibungsgewohnheiten« (Ulich 2002). Wir haben an anderer Stelle (Bösel 2006, S. 62) exemplarisch gezeigt, dass man bei einem expressionistischen Kunstwerk (in diesem Fall von Edvard Munch) durchaus einzelne bildnerische Gestaltungselemente verschiedenen sinnlichen Merkmalen und unmittelbaren Assoziaten des dargestellten Sachverhalts (*Der Schrei*) zuordnen kann. Die Verrechnung von Assoziationen im Gehirn führt zur Stimulation von Gedanken und erzeugt den Effekt des Verstehens (Hofmann & Kuchinke 2015).

Einige »Werkzeuge«, mit denen das Gehirn derartige Konstruktionen vornimmt, treten gelegentlich offen zutage: Gedankenspiele, Vergleichsprozesse, Probehandlungen. Darüber, was dabei im Einzelnen im Gehirn geschieht, kann man zurzeit nur spekulieren. Fremdartige Informationen dürften erst einmal sehr grob eingeordnet werden. Das könnte durch die faserreiche rechte Hemisphäre geschehen, die auf die Verarbeitung globaler Informationen spezialisiert ist. Diese Vorverarbeitung erlaubt möglicherweise einzelnen, links lokalisierten Zentren für Detailverarbeitung und sprachlich-symbolische Codes eine weitere Einordnung (vgl. Stephan 1990, S. 181f; Bhattacharya & Petsche 2002). Da Patienten mit Verletzungen des Stirnhirns Schwierigkeiten haben, die emotional-expressiven Elemente eines Gemäldes zu erfassen, wird die Rolle auch dieses Hirnteils bei der Rezeption von bildender Kunst deutlich (Luria 1970, S. 378; Miall 1976, S. 58). Als dafür relevante Funktionen kommen infrage: ein Vergleich von Details oder die Formulierung von Hypothesen über die Bedeutung eines Bildes (Luria 1973; Bösel 2003).

Das Prinzip des Referenzierens setzt einen bestimmten, momentan vorhandenen *Zustand* in einem Netzwerk voraus. Die Ausbreitung im Verlauf der Informationsverarbeitung spielt dabei offenbar eine untergeordnete Rolle. Das könnte ein Hinweis dafür sein, unter welchen Bedingungen Prozesse der Entdeckung von Beziehungen bewusst werden. Bewusste Vorgänge setzen ja eine Netzwerkaktivität von einer bestimmten *Dauer* voraus, entsprechen also einem gleichsam stationären (»quasistationären«) Zustand. In unserer Arbeitsgruppe konnten wir mit Hilfe von Hirnstrommessungen derartige quasistationäre Zustände bei Denkaufgaben häufiger beobachten (vgl. Bösel 2007). Eine Versuchsanordnung, die eine solche Form von höherer Gestaltbildung besonders schön zeigt und die sich auch als Demonstrationsexperiment eignet, ist die folgende:

Personen lesen auf dem Bildschirm zwei nacheinander präsentierte, kurze Sätze und die beschriebenen Sachverhalte sollen anschaulich vorgestellt werden, z. B. »Jan ist größer als Tom« und »Paul ist kleiner als Tom«. Anschließend soll die folgende Frage beantwortet werden: »Ist Jan größer als Paul?«. Es gibt Personen, die diese Frage rasch und richtig beantworten können. Bei einer solchen Leistung hat man in der Psychologie schon sehr früh die Vermutung geäußert, dass sie eigentlich nur dadurch zustande kommen kann, dass schon vorher die Größenangaben in eine komplette Rangordnung gebracht worden waren (Krause 1984): Es gibt einen großen Jan, einen mittelgroßen Tom und einen kleinen Paul. Unter diesen Voraussetzungen ist es selbstverständlich, dass Jan größer ist als Paul. Nun kann man gelegentlich bestimmte langsame Frequenzkomponenten, also einen sehr speziellen Effekt, in den Hirnstromableitungen nach den beiden Vorgaben und vor der Frage beobachten. Dieser tritt nur vor den raschen und richtigen Antworten auf, hält aber beinahe eine halbe Sekunde an.

Man muss davon ausgehen, dass die Informationsverarbeitung in sehr komplexen Netzwerken letztlich vergleichsweise viel Zeit beansprucht. Dabei kommt es vor, dass Aktivierungen in bestimmten Netzwerkteilen mitunter für längere Zeit erhalten bleiben. Eine Aufladung von Netzwerkteilen führt erst allmählich zu einer Erregungs-Weiterleitung und einer gezielten Informationsabgabe. Ein Begleiteffekt mag sein, dass unter Umständen Aktivität auch auf Netzwerkteile ausstrahlt, die das Selbst repräsentieren und damit bewusste Gedanken erzeugt (vgl. Bösel 2014, S. 152). Für die Argumentation an dieser Stelle sei jedoch festgehalten, dass die ursprüngliche Ausbreitungsrichtung des Prozesses in derart quasistationären Prozessen keine erkennbare, weitere Bedeutung besitzt. Die entsprechenden Verarbeitungsprozesse verfügen wohl kaum über einen Vermerk zu den Datenquellen im Gedächtnis. Also sind auch keine Schlüsse über Kausalketten darüber möglich, welche Daten dazu beigetragen haben, dass bestimmte Informationen in den Vordergrund traten. Die Zuschreibung von Kausalität erfolgt im Denkprozess wohl nach den im vorigen Kapitel 4 *Die Ich-Beteiligung im Denken* beschriebenen Kriterien der Bedeutsamkeit.

Damit lassen sich Nutzen und Risiken bewusster Prozesse benennen: Der Nutzen liegt in der Breite der Netzwerkaktivierung, die erlaubt, dass auch gering assoziierte Inhalte in die Verarbeitung einbezogen werden. Solche Inhalte betreffen in erster Linie Inhalte des Eigenschafts- und Konzeptgedächtnisses, aber auch motorische Verbindungen zu Intentions- und Ausdrucksbewegungen. Das Risiko liegt in der Einbeziehung von Ideen, die nur geringen Wirklichkeitsbezug haben. Da wir von einer starken sozialen Prägung bei der Entwicklung höherer Fähigkeiten ausgehen, wäre es denkbar, dass die Entwicklung von Fantasie und Bewusstsein durch die Evolution begünstigt wurde, weil der soziale Austausch bei den möglichen Nachteilen ohnehin ein gewisses Korrektiv darstellt.

Die bisher in diesem Abschnitt angeführten Beispiele zur Veranschaulichung von Informationsverarbeitungsprozessen waren übrigens ohnehin überwiegend Bilder aus dem psychosozialen Bereich und können bis zu einem gewissen Grad den Übergang zu bewussten, also explizierbaren und somit mitteilbaren Gedanken plausibel machen. Selbstverständlich hat der Vorgang der Entdeckung von gemeinsamen Eigenschaften in zwei Sachverhalten auch eine wichtige Funktion bei höheren Prozessen der Informationsverarbeitung, die größtenteils unbewusst ablaufen. Die Entdeckung von Gemeinsamkeiten ist Grundlage aller Vergleichsprozesse. Mit einem hohen Grad von Evidenz kann festgestellt werden, ob zwei Dinge zum Beispiel annähernd gleich lang sind, sich in die gleiche Richtung bewegen oder die gleiche Farbe haben. Für Vergleichsprozesse dieser Art muss allerdings eine wichtige Vorbedingung erfüllt sein: Die Daten der zu vergleichenden Dinge sind gleichzeitig in der Vorstellung repräsentiert.

Für Messprozesse in der physikalischen Wirklichkeit postulierte der Physiker Georg Süßmann in seiner Habilitationsschrift von 1958 eine Art Wechselwirkung zwischen dem Maßstab und dem Gemessenen. Erst auf dieser Basis ist es nach Süßmann möglich, die Gleichheit einer Länge oder den genauen Zeitpunkt des Auftretens eines Sachverhalts festzustellen. Es ist unmöglich, den Ort und den Zeitpunkt des Auftretens von flüchtigen und nicht-stationären Dingen gleichzeitig zu bestimmen. Man kann mit einem Foto feststellen, dass ein Pferd bei einem Pferderennen an der Ziellinie einen Vorsprung vor einem anderen Pferd hatte. Die Wechselwirkung kann dabei mit einer Lichtschranke hergestellt werden. Wie schnell das Siegerpferd zu diesem Zeitpunkt war, zeigt das Foto nicht. Sein Tempo lässt sich jedoch zum Beispiel mit einem Fahrzeug messen, das nebenher fährt. Dabei muss darauf geachtet werden, dass sich das Messfahrzeug stets auf gleicher Höhe mit dem Pferd befindet.

Welche Wechselwirkungen, die eine Art Messung ermöglichen, sind in der Informationsverarbeitung des Gehirns beim Referenzieren denkbar? Wir haben bisher nur von der Unterdrückung gleicher Eigenschaften gesprochen, während es beim Vergleich zu einer Hervorhebung von gleichen Eigenschaften kommen sollte. Tatsächlich kann man davon ausgehen, dass beide genannten Formen der Wechselwirkung von Signalen in Nervennetzwerken realisiert sind. Letztlich ist es nur eine Frage der Einspeisung von Daten in ein Netzwerk, welche Dateneigenschaften dort entdeckt werden. Insofern existieren verschiedene Muster der Vernetzung. Je nach Aufbau des Netzwerks können Signalkomponenten untereinander verglichen werden, wobei Gleiches vernachlässigt wird. Oder es werden zwei Signalkomponenten miteinander verglichen, sodass Ähnlichkeiten aufgedeckt werden.

Das Aufdecken von Ähnlichkeiten zwischen zwei Signalen erfolgt, mathematisch gesehen, mittels einer sogenannten Kreuzkorrelationsrechnung. Die entsprechende Funktion beschreibt bekanntlich eine ausgeprägte Interaktion zwischen zwei Signalen oder – wenn es um den Abgleich eines Inputs mit einem Gedächtnisinhalt geht – zwischen Signal und Struktur. Im Grundsatz lässt sich die Korrelationsrechnung auch anwenden, wenn ein Signal den Maßstab und das andere das Messobjekt darstellt. Wie werden jedoch Vergleichsprozesse im Nervensystem vorgenommen? Offenbar hat das Nervensystem mit dem Vergleichen von Informationen, zum Beispiel solchen, die aus Sinnesorganen stammen, und solchen, die im Netzwerk bereits gespeichert sind, keine Probleme. Fragen der Art »Kenne ich diese Person?« werden alltäglich beantwortet. Hierbei wird zum Beispiel ein Bild mit Gedächtnisinhalten verglichen. Oder ein anderes Beispiel: Wo liegen die Unterschiede zwischen den verschiedenen Betriebssystemen von Handys? Diesmal muss der Vergleichsprozess zwischen zwei Repräsentationen im Gedächtnis stattfinden. Auch das ist für Nervennetze vorstellbar. Die funktionelle Beziehung, die eine Kreuzkorrelation zwischen zwei Signalen herstellt, kann mittels bestimmter Netzwerkanordnungen auch zwischen zwei Repräsentationen im Nervensystem erfolgen, um Ähnlichkeiten zwischen den beiden Repräsentationen zu entdecken (vgl. z. B. Bösel 1977). In der Theorie müssen zwar die zu vergleichenden Signale ziemlich idealisiert werden, um die Entdeckung der gemeinsamen Eigenschaften hundertprozentig zu gewährleisten. Glücklicherweise sind jedoch in der Praxis solche Idealbedingungen kaum erforderlich. Die Informationsverarbeitung in Nervennetzen begnügt sich auch mit Näherungen. Das entspricht einem biologischen Prinzip: Für die Sicherung von bedeutsamen Lebensfunktionen scheint ein mehrfach parallel oder wiederholt ablaufender Prozess vorteilhafter zu sein, als ein einziger Prozess mit höchster Präzision.

Als höchste und spannendste Leistung in komplexen Nervennetzwerken folgt aus dem bisher Gesagten die Kombination aus Entdeckung von teilweiser Übereinstimmung (pattern completion) und Differenzentdeckung (pattern separation, vgl. dazu z. B. Kumaran & McClelland 2012). Warum eine passende Kombination aus diesen beiden Netzwerkeigenschaften so wertvoll ist, zeigt sich schon an einfachen Imitationsleistungen. Angenommen, es soll eine Regelhaftigkeit entdeckt und gelernt werden: Ein Kind möchte seiner Puppe eine Puppenjacke so anziehen, wie es selbst angezogen wird. Damit eine Jacke angezogen werden kann, muss zunächst eine Ärmelöffnung gesucht werden. Dort steckt man die passende Hand tief hinein. Auch in der Puppenjacke muss die Ärmelöffnung erst einmal gefunden werden. Dann muss die richtige Bewegung erfolgen. Die Ähnlichkeit der Puppenhand mit der eigenen Hand mag schnell gefunden sein. Doch es existiert ein Unterschied: Die Puppenhand kann sich nicht selbst bewegen. Sie muss ergriffen und tief in den Ärmel eingeführt werden. Nachdem also die Merkmale der Vorbedingungen analysiert wurden, ist es nach dem Vergleich und der Entdeckung der Ähnlichkeiten erforderlich, nach Maßgabe der vorhandenen Differenzen eine Art spezielles Umsetzungsverfahren zu entwickeln. Der amerikanische Psychologe Robert Sternberg (1977) hat dafür den Begriff der Transformationsregel eingeführt. Das Ins-Verhältnis-Setzen kann entweder Ähnlichkeiten oder Differenzen erkennen lassen – je nachdem, ob die jeweils gleichen oder verschiedenen Eigenschaften der Vergleichsobjekte beachtet werden. Es ist hilfreich, wenn beide Arten der Betrachtung Gegenstand einer differenzierten Informationsverarbeitung sind.

Betrachten wir ein zweites Beispiel: Der als Vorbild angeführte barmherzige Samariter verband die Wunden eines Mannes, der bei einem Raubüberfall halb totgeschlagen worden war. In dieser Parabel muss aufgrund von Ähnlichkeiten entdeckt werden, dass es auch andere Notsituationen geben kann, wo Hilfe gebraucht wird. Das allein erfordert noch keine anspruchsvolle Transformation. Samariter und Juden hatten jedoch ein schwieriges Verhältnis zueinander. Will man die richtige Analogie ziehen, muss die besondere Situation zwischen dem Notleidendem und dem Helfer berücksichtigt werden. In diesem Punkt ist der Transformationsprozess anspruchsvoll. Die Parabel meint wohl, dass in einer Notsituation auch ohne umständliche Vorbehalte hilfreich gehandelt werden soll.

Selbstverständlich können Unterschiede, die zwischen zwei Sachverhalten erkannt werden, dazu führen, dass ein Vergleich »hinkt« oder überhaupt nicht sinnvoll ist. Mitunter ist gerade ein Unterschied in der Weise bedeutsam, dass er einen Handlungsbedarf aufzeigt. Dieser Handlungsbedarf kann auch in dem Hinweis liegen, dass man »Äpfel nicht mit Birnen vergleichen« sollte. Das Erkennen von Regelmäßigkeiten und deren Anwendung, sowie generell das Denken in Analogien beansprucht, wie erwähnt, das mediale Stirnhirnareal BA 46 (Prabhakaran u. a. 1997).

Modelle und Abstraktionen bildeten bei Vaihinger die hauptsächlichsten Beispiele für bewusst falsche Annahmen. Es trifft jedoch nicht den Kern der Sache, sie einfach als »falsch« zu bezeichnen. Sie sind eher als Abstraktionen zu verstehen, die wie alle Abstraktionen kein genaues Abbild einer Realität, sondern in vielerlei Hinsicht unzureichend sind. Dennoch hat die Evolution das zugelassen.

Spielen

Selbstverständlich spielen auch Erwachsene. In den meisten Fällen handelt es sich dabei um ritualisierte Wettbewerbe. Vielfach spielt man jedoch auch einfach mit Gedanken: Man macht ein Späßchen oder denkt darüber nach, »was wäre, wenn …«. Alle diese Verhaltensweisen liefern Beispiele für ein Denken »als ob«. Einige davon werden wir als indirektes Handeln im Kapitel 7 *Kommunikation* besprechen. Am besten kann man die Funktionen des Als-ob-Denkens jedoch beim Spiel von Kindern studieren. Dabei sollen Formen von Spielen im Vordergrund stehen, die man als Als-ob-Spiele, Symbolspiele oder Illusionsspiele bezeichnet. In den Als-ob-Spielen wird die Beobachtung von Ähnlichkeiten und Differenzen zwischen Wahrgenommenem und Gedachtem geübt.

Mit spätestens 1,5 Jahren kann ein Kind zwischen einem Bild und dem auf dem Bild dargestellten Objekt unterscheiden (DeLoache 2002). Etwa in diesem Alter beginnen Kinder, ein Bauklötzchen wie ein Telefon ans Ohr zu halten, aus Plastikförmchen wie aus einem Trinkbecher zu trinken oder mit einer Schachtel wie mit einem Auto zu spielen (vgl. z. B. Elsner & Pauen, 2012). Ab 2,5 Jahren können Kinder einen Gegenstand finden, wenn ihnen auf einem Video gezeigt wird, wie und wo der Gegenstand versteckt wurde. Später kommen Rollenspiele dazu. Kinder erfinden mitunter sogar imaginäre Freunde. Dem Als-ob-Spiel hat man vor allem in den Dreißiger Jahren des vorigen Jahrhunderts viel Beachtung geschenkt. Der Berliner Psychologe Kurt Lewin filmte 1931 drei Kinder, die in einem Hinterhof auf einem Pferdekarren sitzen und sich so verhalten, als ob sie in einem Boot säßen. Der Gründer des Wiener Psychologischen Instituts, Karl Bühler, beschreibt solche Spiele als Illusionsspiele, bei denen es sich um »Scheindeutungen« handelt, die auf Nachahmungen beruhen (Bühler 1935, S. 89). Das Kind tut so, als ob ein Stückchen Holz sein liebstes Pflegekind wäre. Bühler und später der Entwicklungspsychologe Jean Piaget (1896–1980) bringen die von ihnen beobachteten Scheindeutungen mit einfachen Erklärungsversuchen in Verbindung, die Kinder vornehmen, ohne sie wirklich ernst zu meinen.

Piaget spricht auch von »magischem Denken«. In der ersten Hälfte des 20. Jahrhunderts interessierte man sich nämlich stark für die mythischen Erzählungen fremder Völker, von denen Völkerkundler wie Leo Frobenius (1873–1938) berichteten. Frobenius hatte die Mythenbildung in Analogie zum kindlichen Spiel gesehen. Er erzählte zum Beispiel von einem kleinen Mädchen, das mit einer Streichholzschachtel und drei Streichhölzern die Geschichte vom Knusperhäuschen, Hänsel und Gretel und der böse Hexe spielte. Nach einer Weile stillen Spiels rief das Mädchen plötzlich: »Nimm mir die Hexe fort, ich kann ihr scheußliches Gesicht nicht mehr ansehen!« Jakob von Uexküll (1864–1944), der davon berichtet, meinte, dass »die böse Hexe leibhaftig in der Umwelt des kleinen Mädchens aufgetreten« ist (Uexküll & Kriszat 1934). Bühler weist hingegen darauf hin, dass sich Kinder beim Als-ob-Spielen stets der Illusion bewusst sind.

Insofern unterscheiden wir heute zwischen den überwiegend auf Nachahmung beruhenden Als-ob-Spielen und den Erklärungsversuchen von

Kindern für noch unverständliche Vorgänge. Letztere beinhalten häufig anthropomorphe Züge: *Ob die Sonne denken kann?* Insofern sprechen wir hier von animistischem Denken und vermeiden die irreführende Bezeichnung »magisch«. Aus der Sicht eines Kindes ist es naheliegend, sich etwas so als beseelt vorzustellen, wie es sich selbst und seine soziale Umwelt wahrnimmt. Es ist für das Kind offenbar einfacher, eine solche, sozial motivierte Sichtweise aufzubauen als andere abstrakte Annahmen zu treffen. So gesehen entspringt das animistische Denken dem im Kapitel 2 *Orientierung* ausführlich beschriebenen Bedürfnis nach einer Erklärung von beobachteten Veränderungen auf der Basis eines in einer sozialen Umgebung entwickelten Denkapparats. Animistisches Denken kann somit als Vorstufe zu transnaturalem Denken angesehen werden. Die Als-ob-Spiele sind hingegen eine Konsequenz der menschlichen Fähigkeit zur Imitation (▶ **Kap. 7** *Kommunikation*).

Fiktionen als Stellvertreter

Fiktionen können ganz bewusst vorübergehend verwendet werden, nicht nur um Wirklichkeit vorzutäuschen, sondern weil man sich davon einen Nutzen für die Wirklichkeitserkenntnis verspricht. Typische Beispiele dafür sind Menschen, die zum Ordnen ihrer Gedanken keinen passenden Gesprächspartner finden und sich ein Gegenüber ausdenken. Manche Kinder sprechen, wie erwähnt, mit imaginierten Spielkameraden. Es gibt zahlreiche Berichte von Menschen in der Einsamkeit der Berge, einer Insel oder in einem Kerker, die sich aus Kleidungsstücken eine Puppe basteln, um mit ihr zu sprechen. Es handelt sich dabei um einen bewusst in Kauf genommenen Stellvertreter, der dazu verwendet wird, um besser darüber nachdenken zu können, was andere Personen zu den eigenen Gedanken sagen würden. Beim Problemlösen ist der Aufbau eines Suchbildes, also von einer Vorstellung von dem, was hilfreich sein könnte, außerordentlich nützlich. In analoger Weise fungieren zahlreiche wissenschaftliche Modelle. Indem man Vorstellungen über die Wirklichkeit zum Beispiel in einem Rechenmodell explizit gemacht hat, kann man dessen Brauchbarkeit besser prüfen.

Eine etwas andere Funktion besitzt jedoch der Joker in einem Kartenspiel. Er ist imstande, etwas hilfsweise zu ersetzen, was eigentlich fehlt. Insofern stellt der Joker eigentlich ein Werkzeug dar, das eine erhoffte, aber nicht zur Verfügung stehende direkte Methode ersetzt. Ein Werkzeug ist ein Teil der Wirklichkeit, das zunächst, wie etwa ein kleines Stück Holz am Waldrand, keine Bedeutung im Sinne von Verwendbarkeit besitzen muss. Es gibt jedoch Umstände, unter denen das Stück Holz brauchbar wird, wenn zum Beispiel gerade ein Hebel benötigt wird oder ein Gerät, mit dem man Insekten aus Erdlöchern locken kann. Damit schließt sich der folgende Kreis: In diesem Kapitel wurde eingangs beschrieben, dass das Bedürfnis zu handeln dazu führt, dass Suchbilder aufgebaut und Assoziate, also entsprechend passende Dinge, im Gedächtnis oder in der Umwelt gesucht werden. Dieser meist unbewusste Vorgang kann, wie eben deutlich gemacht, durchaus auch bewusst vorgenommen werden, und er erweist sich als ungeheuer nützlich. Wenn man so will, kann man das als weiteren Beleg dafür nehmen, dass sich Strategien des bewussten Denkens dann besonders bewähren, als rational und als effizient gelten können, wenn sie möglichst unmittelbar den basalen Prinzipien der Informationsverarbeitung folgen.

Eines von vielen Beispielen dafür, wie sich ein scheinbar »irrationales« Hilfsmittel in Mathematik und Physik bewährt, ist die Verwendung irrationaler Zahlen. Darunter versteht man Zahlen, deren genauen Wert man gar nicht angeben kann, weil sie unendlich viele Dezimalstellen besitzen. Dazu gehören die Kreiszahl π, die Euler'sche Konstante e, sowie viele Wurzelzahlen. Eine besondere Rolle spielen in der Mathematik die sogenannten imaginären Zahlen, die sich aus der im Grunde völlig unmöglichen Wurzel aus -1 ableiten lassen. Mit Hilfe von $i = \sqrt{-1}$ lassen sich wertvolle Werkzeuge der Mathematik konstruieren. Unter anderem kann man mit diesem imaginären »Joker« die beiden irrationalen Grundkonstanten π und e verknüpfen. So gilt $e^{i\pi} = -1$, obwohl man bis heute nicht angeben kann, warum.

6

Erfahrungen anzweifeln

Die Tauglichkeit und die Grenzen von Analogien und Modellen können nur durch deren beispielhafte Verwendung bzw. durch Probehandlungen abgesichert werden. Um das zweckmäßig und im sozialen Austausch tun zu können, haben sich zahlreiche Konventionen eingebürgert, vor allem in der Wissenschaft. Der wichtigste Punkt dabei ist die redliche Berücksichtigung möglicher Kritikpunkte. Somit entscheidet sich erst im geregelten Austausch zwischen Menschen, ob ein Gedanke oder ein Handlungsimpuls in der gemeinsamen Welt wirksam sein kann und damit realistisch ist.

Der Kartentrick

Früher, als ich mich gelegentlich noch mit Zauberkunststücken beschäftigte, war der Trick mit der umgedrehten Spielkarte einer meiner liebsten Kartentricks. Er geht so: Sie mischen ein normales Kartenblatt und lassen eine Karte ziehen. Diese Karte soll geheim angesehen und gemerkt werden. Dann wird die Karte wieder zurück in den Kartenstapel gesteckt, an einer beliebigen Stelle in der oberen Hälfte des Stapels. Nun kommt das Besondere. Sie lassen etwa die Hälfte der Karten abheben. Im abgehobenen Stapel müsste sich irgendwo die vorher gezogene und wieder zurückgesteckte Karte befinden. Der abgehobene Stapel soll nun von Ihrem Gegenüber umgedreht werden, sodass die unterste Karte erkennbar wird. Der so umgedrehte Stapelteil wird nun von unten den restlichen Karten zugefügt, sodass der obere Teil der Spielkarten mit der Rückseite nach oben und der andere Teil verkehrt liegen.

Was jetzt kommt, entzieht sich jeder Vorstellungskraft. Sie legen den halbverdrehten Kartenstapel vor sich auf den Tisch. Nun verteilen sie alle Karten vorsichtig auf dem Tisch. Erstaunlicherweise ist von allen Spielkarten nur die Rückseite zu sehen, obwohl doch die Hälfte der Karten verdreht war. Nur eine einzige Karte zeigt ihr Gesicht, und zwar die zuvor gezogene. Der Beifall wird Ihnen sicher sein.

Bevor ich Ihnen verrate, wie der Trick geht, möchte ich Ihre Aufmerksamkeit auf zwei Punkte lenken: Den meisten Zuschauern ist klar, dass sie bei dieser Vorführung Dinge erlebt haben, die üblichen Erfahrungen zuwiderläuft. Und irgendwo würde man schon gerne wissen wollen, wie es gegangen ist. Zwei Fragen drängen sich auf: Warum sucht man für Ungewohntes nach Erklärungen? Und unter welchen Umständen gewinnt man den Eindruck einer Fiktion, also eines Vorgangs, der in der wahrgenommenen Form nicht real sein kann? Wir werden versuchen, in den folgenden Kapiteln Antworten auf diese beiden Fragen zu finden.

Doch jetzt die Erklärung, wie Sie beim Trick mit der umgedrehten Spielkarte vorgehen sollten. Der Anfang erfolgt wie beschrieben: Ein normales Kartenspiel mischen und eine beliebige Karte ziehen lassen. Nun müssen Sie bei dem Ihrer Hand befindlichen Kartenstapel die obersten zwei Spielkarten heimlich nach unten klappen. Anschließend drehen Sie den ganzen Stapel verdeckt um 180 Grad. Nun ist von den beiden obersten Karten die Rückseite sichtbar, während der gesamte restliche Stapel verkehrt in Ihrer Hand liegt. In dieser Stellung wird die gezogene Karte zurückgesteckt. In der Folge müssen Sie den in Ihrer Hand befindlichen Kartenstapel mehrmals insgeheim wenden. Denn nur wenn fast alle Spielkarten richtig liegen, ist ein normales Abheben möglich. Insbesondere müssen Sie durch eine heimliche Drehung dafür sorgen, dass nach dem Zusammenfügen der Stapelhälften fast alle Spielkarten wieder die gleiche Orientierung aufweisen. Halten Sie schließlich den Stapel so, dass die beiden manipulierten Karten unten zu liegen kommen. So können diese beiden Karten herausgezogen, gezeigt und mit der Rückseite nach oben auf den Stapel gelegt werden. Nach dieser Vorführung dürfen Sie das Blatt auf dem Tisch ausbreiten und der gewünschte Effekt wird sich einstellen, vielleicht sogar zu Ihrem eigenen Erstaunen.

War die obige Erklärung zu kompliziert? Wenn man eine überraschende Beobachtung macht, kommt es nicht immer zwangsläufig zur aufwendigen Suche nach einer tragfähigen Erklärung. Meist will man nicht jedes Detail wirklich wissen, nicht immer ist kompliziertes Ursachenwissen erforderlich. Wir wissen zwar, dass ein Zauberkünstler täuscht. Er tut so, als ob er magische Fähigkeiten hätte. Viele Menschen genießen diese Täuschung jedoch ohne eine Erklärung. Das geschieht vor allem, wenn die Erklärung im Verhältnis zur Brauchbarkeit des Wissens zu umständlich oder zu praxisfern ist. Auch ein Arzt kann manchmal scheinbar Wunder wirken, obwohl wir wissen, dass es in Wirklichkeit keine Wunder sind. Doch wir brauchen eine Erklärung nicht unbedingt, solange das scheinbare Wunder nützlich ist. Somit stehen wir vor dem Phänomen, dass wir uns, wenn es nützlich ist, mit einem »Als-Ob« zufrieden geben und manchmal erst umständlich nach einer Erklärung suchen.

Ein oft diskutierter Grund dafür, dass die Suche nach Gründen und Erklärungen in den Hintergrund rückt, ist die Tatsache, dass der menschliche Arbeitsspeicher merkbare Kapazitätsgrenzen besitzt. In manchen Situationen sind nicht alle möglicherweise wirksamen Faktoren in einer Weise überblickbar, so dass deren Interaktion abgeschätzt werden kann. Wir haben das bereits im Abschnitt über den Stirnhirnpol anhand des Monty-Hall-Problems diskutiert.

Zweifel am Kausaldenken

Die Gefahr, Ursache und Wirkung bei Erklärungen im Nachgang zu vertauschen, ist groß. Warum brauchen wir überhaupt eine Ursachenzuschreibung? Reicht es nicht aus, vorhersagen zu können, dass sich unter bestimmten Umständen bestimmte Sachverhalte mit einer bestimmten Wahrscheinlichkeit einstellen werden? Nehmen wir ein Beispiel zum Wahrscheinlichkeitslernen, wie es im Kapitel 2 *Orientierung* über Gewohnheiten erklärt wurde. Das klassische Experiment dazu beruht auf folgendem Spiel: Wenn eine bestimmte Spielkarte, etwa die Kreuz-Zehn, aufgedeckt wird, so ist mit einer Wahrscheinlichkeit von 80 % davon auszugehen, dass es am nächsten Tag regnen wird. Welche Karte den Regen vorhersagt, kann man aufgrund eines Feedbacks lernen, das der Versuchsleiter zuverlässig gibt. Hierauf vertraut man der hinter einer Kreuz-Zehn zu vermutenden Aussage. Auch ohne weiteren Ausführungen werden Sie sicherlich die Ansicht vertreten, dass es unsinnig wäre, noch weitere verborgene Kräfte zu vermuten, die eine spukhafte Wechselwirkung zwischen der Spielkarte und dem Feedback des Versuchsleiters herstellen.

In der Wissenschaft gibt es zahlreiche Denkgebäude, in denen die Suche nach Ursache-Wirkungs-Zusammenhängen im Einzelnen durch eine Globaltheorie ersetzt wird, etwa durch eine Feldtheorie oder eine Wahrscheinlichkeitsfunktion.

In der Physik gibt es ähnliche Phänomene, die sich mit einer berechenbaren Wahrscheinlichkeit einstellen, ohne dass es aus irgendeinem Grund erfolgversprechend wäre, nach verborgenen Kräften zu suchen, die als Ursache für das beobachtete Phänomen herhalten müssten. Angenommen, es gäbe eine einheitliche Feldtheorie, aus der sich die verschiedenen Grundkräfte, wie Schwerkraft oder Elektrizität, mit einem einzigen Formelwerk erklären lassen. Hätten wir dann nicht den Fall, dass eine solche Theorie alle lokal beobachtbaren physikalischen Phänomene erklären kann (Theory of Everything), ohne dass man nach weiteren Ursachen suchen muss? Allerdings lässt sich nicht für alle Mengen von Sachverhalten eine passende Globaltheorie formulieren.[15]

Die moderne Quantentheorie geht davon aus, dass der Zufall ein Prinzip der Wirklichkeit ist und gewissermaßen als Globalursache gelten muss. Vereinfacht gesprochen, wäre in diesem Fall die Frage unsinnig, was den Urknall verursacht hätte, weil dieser eben zufällig aufgetreten ist. Ausgerechnet der große Denker Albert Einstein, der 1905 selbst den Gedanken der Quantifizierung der Energie plausibel gemacht hatte, sträubte sich dagegen, die Grenze der Denkmöglichkeiten gewissermaßen in die Natur zu verlegen und sie als ein Prinzip der Natur aufzufassen. Nur weil unser Verstand eine logische Weil-Deshalb-Beziehung infrage stellen muss, hieße das noch nicht, dass es in der Wirklichkeit kein Wenn-Dann gibt. Am 4. Dezember 1926 offenbarte Einstein seine Zweifel in einem Brief nach

---

15 Eine Globaltheorie wäre nicht nur »schöner« (vgl. z. B. Wilczek 2015), sondern vor allem auch sparsam. Durch Sparsamkeit bei den Annahmen wird, wie gleich noch auszuführen sein wird, das Risiko geringer, dass die jeweilige Konstruktion zu wirklichkeitsfern ist. Manchmal gelingt es, zwischen einzelnen Modellen einen Übergang, also einen geordneten Modellwechsel zu ermöglichen. Eine solche Methode gewährleistet, wie am Ende dieses Abschnitts erklärt wird, dass eine Theorie auch nach Überschreiten von Randbedingungen anwendbar bleibt.

Göttingen seinem drei Jahre jüngeren Kollegen Max Born, mit dem er während der Zeit des Ersten Weltkriegs in Berlin enger zusammengearbeitet hatte:

»... eine innere Stimme sagt mir, dass das noch nicht der wahre Jakob ist. Die Theorie liefert viel, aber dem Geheimnis des Alten bringt sie uns kaum näher. Jedenfalls bin ich überzeugt, dass der nicht würfelt« (zit. nach Held 1999, S. 73).

Seither gibt es in der Physik eine Auseinandersetzung darüber, welche Bedeutung der Zufall in der Naturwissenschaft besitzt. Tatsächlich geht es in der Welt, in der sich Menschen üblicherweise selbst als Akteure fühlen, stets darum, Ursache-Wirkungs-Mechanismen aufzuklären. Lange Zeit vertraten Physiker die Meinung, dass andere Gesetze gelten würden, wenn man sich in einer mikroskopisch kleinen Welt bewegt, zum Beispiel in der Welt der Teilchen und Quanten. Dort würde ja jede von Menschen durchgeführte Messung wie der berühmte Elefant in der Porzellankiste Vieles kaputt machen. Man kann dort aber Phänomene erkennen, die sich mit einer berechenbaren Wahrscheinlichkeit einstellen. Und es ist nach John Bell (1928–1990) nicht erfolgversprechend, nach verborgenen Kräften zu suchen, die als Ursache für das jeweils beobachtete Phänomen herhalten müssten. Also wäre man dort praktisch immer auf Wahrscheinlichkeitsaussagen angewiesen. Allerdings kann man auch in der makroskopischen Welt Modelle mit Zufallsvorhersagen, insbesondere solche der Quantenmechanik, mit Gewinn verwenden (Hackermüller u. a. 2004). Was Einstein störte, war der Verzicht auf Mindeststandards im Verständnis von Realität beim Entwickeln von Modellen in der mikroskopischen Welt. Das bedeutete jedoch keineswegs den Verzicht auf Zufallsmodelle.

In der makroskopischen Welt gibt es seit langem ein gut bewährtes Vorgehen für das Aufklären von Ursache-Wirkungs-Mechanismen, das indirekt auf Zufallsmodelle zurückgreift: Nehmen wir an, es besteht der Verdacht, in einem Wissenschaftsbereich einen wichtigen Kausalfaktor identifiziert zu haben, zum Beispiel die Wirksamkeit einer Behandlung. Um die Wirksamkeit der Behandlung gegen andere, nicht weiter untersuchten Einflüsse abzusichern, prüft man das Behandlungsergebnis gegen ein Zufallsmodell. Wenn sich der Behandlungseffekt gegenüber ebenfalls beobachteten, gelegentlich auftretenden Effekten bei Nichtbehandlung deutlich abhebt, so gilt die Behandlung als wirksam.

Am Beispiel von Behandlungserfolgen wird deutlich, dass die Zufälligkeit eine Eigenschaft ist, die in der wirklichen Welt stets den Einzelereignissen zukommen kann. Insofern gibt es ein Problem mit stochastischen, also auf Wahrscheinlichkeiten beruhenden Globaltheorien: Sie können nicht »der wahre Jakob« sein. Das merkt man ganz rasch, wenn man in der Praxis mit Wahrscheinlichkeitsfunktionen arbeitet. So weiß man im Allgemeinen, dass es beim Würfeln unwahrscheinlich ist, in 10 Würfen zehnmal die Sechs zu werfen. Doch unmöglich ist es nicht. Noch ein anderes Beispiel: Für Fachleute in Optik, Akustik, Nachrichtentechnik oder Wirtschaftswissenschaften ist es immer eine besondere Herausforderung, sogenannte harmonische Analysen vorzunehmen. Diese machen über Bestandteile eines Sachverhalts Wahrscheinlichkeitsaussagen. Grundlage für solche Analysen ist ein mächtiges mathematisches Instrument, das in vielerlei Hinsicht praktisch verwertbare Ergebnisse liefert. Man verwendet dazu eine Formel, deren Wertebereich alle Zahlen (von minus Unendlich bis plus Unendlich) umfasst. In der Regel ist es gut, wenn man für eine Analyse sehr viele Daten zur Verfügung hat. Im Grunde ist jedoch eine Menge an Daten, deren Anzahl endlich ist, für eine harmonische Analyse zu gering. Unendlich viele Daten rechnerisch zu berücksichtigen, ist jedoch unmöglich. Keinem Wissenschaftler, der eine stochastische Theorie verwenden will, bleibt es daher erspart zu tricksen – und zwar durch einen Wechsel des Rechenmodells.

Kann es also etwas jenseits von stochastischen Theorien geben, was als Ursache infrage kommt, auch wenn es nicht erfolgversprechend erscheint, nach verborgenen Kräften zu suchen? Kommen wir an dieser Stelle wieder auf das Prinzip des Wahrscheinlichkeitslernens zurück. Jemand hat aufgrund von sorgfältig registriertem Feedback gelernt, dass eine Kreuz-Zehn mit 80-prozentiger Wahrscheinlichkeit[16] imstande ist, Regen vorherzusagen. Ursache und Wirkung, sowie das Wahrscheinlichkeitsmodell, das beides verbindet, scheinen klar zu sein. Und dennoch kann man weiter nach Erklärungen für diesen Zusammenhang suchen. Gibt es einen systematischen Grund, warum in 20 % der Fälle des Auftretens einer Kreuz-Zehn die Sonne scheinen soll? Erfahrene Psychologie-Studenten, die dieses Spiel mitmachen, entwickeln mitunter folgende Theorie: Es handelt sich um ein

---

16 Die subjektiven Wahrscheinlichkeitsannahmen von Menschen beruhen auf einer endlichen Zahl von Beobachtungen und damit auf Häufigkeiten. Da die zugrundeliegenden Beobachtungen in der Regel nicht einzeln erinnert werden können, ist es besser, von einer induktiv entstandenen, subjektiven Wahrscheinlichkeit auszugehen. Allerdings wird diese subjektive Wahrscheinlichkeit zur Schätzung des Grades an Bedeutung oder Bestimmung, also für ein mehr oder weniger explizites Wahrscheinlichkeitsmodell verwendet. Daher können wir auch hier durchaus von einer »Wahrscheinlichkeit« sprechen, wie wenn diese objektiv gegeben wäre (vgl. auch Carnap & Stegmüller 1959).

Versuchsschema, wie es in vielen psychologischen Experimenten üblich ist, das mit 20 % Abweichlern arbeitet. Ein solches Versuchsschema wird übrigens deshalb oft gerne gewählt, weil bei dieser Häufigkeit die Abweichler bei den Versuchspersonen erfahrungsgemäß besonders deutliche Aufmerksamkeitseffekte erzielen.

Man kann also zuversichtlich sein, dass es in der Wissenschaft immer noch eine weitere Theorie gibt, die imstande ist, die Regelhaftigkeit einer Regel und das Auftreten von Abweichungen zu erklären und damit zu »heilen«. An dieser Stelle ist anzumerken, dass sich zum Beispiel der bereits erwähnte Physiker und Psychologe Gustav Theodor Fechner der Komplexität für die Ursachen zufälliger ästhetischer Wirkungen bewusst war. Für ihn war der nächst logische Schritt zu schreiben, dass »der Begriff des ächten Schönen einer wesentlichen Mitbestimmung durch den Begriff des Guten unterliegt« und »in höchster Instanz aus Gott abzuleiten« sei (Fechner 1876, S. 16f). Eine Metatheorie muss jedoch nicht unbedingt im strengen Sinn »übergeordnet« sein, sondern kann aus Plausibilitätsgründen zu einer Nachbartheorie überleiten. Wenn eine Theorie an ihre Grenzen stößt, springt die Nachbartheorie ein. So ist es in vielen Wissenschaftsbereichen üblich, einen geordneten Modellwechsel vorzunehmen, wenn die Grenzen eines Modells erreicht sind (vgl. Bösel 2014, S. 119f).

Bedingende Faktoren statt Ursachen

In der Wissenschaft waren es vor allem Physiker wie Ernst Mach (1838–1916), Physiologen wie Max Verworn (1863–1921) und Wirtschaftswissenschaftler, die im 19. Jahrhundert begannen, sich vom einfachen Ursache-Wirkungs-Denken zu verabschieden. Es gäbe immer mehrere Faktoren, meist als Bedingungen bezeichnet, die in ihrer Summe oder in ihrem speziellen Zusammenspiel zum beobachteten Phänomen führten. Es war jedoch vor allem der Siegeszug der Statistik und der Zufallsmodelle in der Wissenschaft, der dazu geführt hat, dass Wissenschaftler begannen, mit Kausalzuschreibungen vorsichtig zu werden. Statistiken decken erstaunlich viele zufällige Zusammenhänge auf, ohne dass man daraus kausale Zusammenhänge konstruieren kann (vgl. Bauer u. a. 2014, weitere Beispiele bei http://tylervigen.com). Die jahreszeitlich bedingten Häufungen von Störchen und von Geburten in einer bestimmten Gegend lassen nicht darauf schließen, dass in dieser Gegend die Kinder von Störchen gebracht werden. Es gibt sogar Wissenschaftler, die lieber nur von Zusammenhängen sprechen und Kausalurteile möglichst vermeiden.

Es gibt jedoch keinen Grund, auf Ursachenzuschreibungen gänzlich zu verzichten. Die Evolution hat uns für diese Fähigkeit nämlich recht gut ausgestattet. Als Regelfall für das Auftreten von Phänomenen ist heute eine multifaktorielle Bedingtheit weithin akzeptiert. Allerdings werden nur solche Faktoren als bedingend angesehen, die in einen erklärenden Vorgang oder Ablauf eingebunden sind. Wir erinnern uns an dieser Stelle, dass das Gehirn Bewegungen und Abläufe gut verarbeiten kann. Die gängige Vorstellung dabei ist, dass nicht nur ein Faktor allein verantwortlich sein kann. Nicht eine Bedingung verursacht »monokausal« ein Phänomen, sondern viele. Jeder von mehreren Faktoren wäre allein nicht hinreichend, wohl aber notwendig. Doch es kann sein, dass ein bedingender Faktor im Vordergrund steht. Dieser gilt dann als Hauptursache. Vielleicht kann man auch nur einen einzigen Faktor mit Sicherheit benennen. Allerdings räumt man auch in einem solchen Fall ein, dass noch unbekannte, verborgene Tatsachen existieren. Auch müssen bestimmte Faktorenkombinationen nicht immer eine alleinige Ursache für das Zustandekommen eines Phänomens darstellen. Schließlich könnte es ja noch ganz andere Ursachen geben, die das gleiche Phänomen verursachen. Bestimmte Bedingungen sind also vielleicht gar nicht notwendig, aber – sofern sie auftreten – hinreichend. Darauf hat zum Beispiel der australische Philosoph John Mackie (1917–1981) immer wieder hingewiesen.

In den meisten empirischen Untersuchungen kann mit Hilfe exakter statistischer Tests der Effekt einer Kombination von zwei, vielleicht auch drei Faktoren geprüft werden. Die Interaktion von mehr als etwa drei Faktoren ist in der Regel auf der Grundlage einer üblichen Datenbasis kaum zu prüfen. Außerdem kann man sich solche komplexen Faktoreninteraktionen kaum gleichzeitig veranschaulichen und im Gedächtnis behalten. Sie sind daher in ihrer Gesamtwirkung mental nur schwer nachzuvollziehen. Das heißt aber nicht, dass Wissenschaftler nur mit ganz wenigen Faktoren arbeiten müssen. Automatische Sortierverfahren für größere Datenmengen, wie die sogenannten faktorenanalytischen Verfahren, können durchaus Hinweise auf die »latente«, also weitgehend verborgene Existenz von mehreren bedingenden Faktoren geben. Allerdings ist es oft so, dass die Annahmen über die Existenz von vielen Faktoren nicht unbedingt dazu beitragen, dass mehr Auffälligkeiten im Datensatz erklärt werden können, als wenn man sich auf den Einfluss weniger Faktoren beschränkt. Auch kann es sein, dass geringste Beobachtungsfehler, die ja immer wieder vorkommen, ein für viele Faktoren angenommenes Bedingungsgefüge ins Schwanken bringen. Daher ist man gut beraten, sich für die Erklärung eines Phänomens auf die geringstmögliche Zahl von sicheren, bedingenden Faktoren zu beschränken.

Es gibt Fälle, in denen die eben besprochenen Grundsätze scheinbar an Grenzen stoßen. An einem Sieg in einem Fußballspiel sind elf Spieler beteiligt. In erster Linie könnte man für einen solchen Sieg vor allem die Leistung eines Mittelfeldspielers, der Sturmspitze und des Torwarts hervorheben. Dennoch bleibt ein Sieg stets eine Mannschaftsleistung. Der Trainer wird den Einsatz aller Mittelfeldspieler, der gesamten Spitze und selbstverständlich auch der Abwehr würdigen. Damit verstößt der Trainer jedoch nicht unbedingt gegen die Regel der sparsamsten Erklärung. Eine solche Würdigung erfolgt nämlich meist nicht vor dem Hintergrund des momentanen Spielerfolges, der sich ja auch aufgrund eines Zufallstreffers eingestellt haben kann, sondern vor dem Hintergrund bisheriger Spielleistungen und vor dem Hintergrund der momentan ausgegebenen Regularien.

Wissenschaftler gehen aufgrund vieler leidvoller Erfahrungen in der Regel eine Selbstverpflichtung zur Beschränkung auf das einfachste Kausalmodell ein. Im Alltag fehlt jedoch dafür oft die Einsicht. Erstaunlich viele Menschen konstruieren sogenannte Verschwörungstheorien für Vorfälle des öffentlichen Interesses, obwohl diese eine große Anzahl unbewiesener Annahmen voraussetzen. Dieses Phänomen ist nicht einfach zu erklären. Aus evolutionstheoretischer Perspektive muss man für die Unterstellung von bedingenden Faktoren jedenfalls soziale Funktionen berücksichtigen: Menschen aus der Umgebung sind für das Auftreten bestimmter Ereignisse verantwortlich. Allerdings hat sich das Sozialleben unter eiszeitlichen Bedingungen auf überschaubare Gruppen erstreckt. Würde der gleiche Mechanismus heute angewandt, hätte man nur die Wahl, einen Sündenbock aus der unmittelbaren sozialen Umgebung zu finden oder eben eine Gruppe anonymer Personen. Für Unglücksfälle des öffentlichen Interesses werden von Verschwörungstheoretikern tatsächlich oft Wirtschaftsunternehmen oder zum Beispiel der amerikanische Geheimdienst verantwortlich gemacht. In einer breit angelegten Untersuchung konnte gezeigt werden, dass Personen, die gut analytisch denken können, weniger zu Verschwörungstheorien neigen. In einem Experiment reichte es schon aus, dass zuvor analytisches Denken geübt wurde, damit in der späteren Befragung eine Verschwörungstheorie eher abgelehnt wurde (Swami u. a. 2014).

In einer Befragung von 1510 Personen in Deutschland gaben 40 % der Befragten an, mindestens einmal einen außergewöhnlichen Wahrtraum gehabt zu haben, und 16 % berichteten von Erscheinungen Verstorbener. Darüber hinaus hielt jede zweite Person hellseherische Fähigkeiten für möglich (für Telepathie 49 % und für Präkognition 55 %). Erfahrungen mit außergewöhnlichen Phänomenen wie außersinnliche Wahrnehmung, Astrologie oder Kontakt mit Toten werden jedoch in anderen westlichen Ländern noch häufiger berichtet, vor allem in den USA und in Italien. Dort geben je 60 % der Befragten an, bereits mindestens ein paranormales Erlebnis gehabt zu haben (Schmied-Knittel 2008). Bei der Polizeiarbeit im Zusammenhang mit vermissten oder entführten Personen wird vor allem in den Niederlanden gelegentlich die Hilfe von Hellsehern akzeptiert (in 15 % der untersuchten Fälle), jedoch ohne erkennbaren Nutzen (Schellinger 2015).

Analytisches Denken lässt sich als die aufmerksame Beachtung und flüssige Anwendung von bewährten Regeln beschreiben. Insofern muss es kein Nachteil sein, einfache Ursachen auch bei komplexen Phänomenen zu suchen. Allerdings ist es von Vorteil, bewährte Regeln zu kennen, die die Nützlichkeit einer Ursachenzuschreibung sicherstellen. In der Wissenschaft versucht man, solche zu finden.

Logisch denken heißt sparsam denken

Die Bedeutung sparsamer Annahmen gegenüber phantasievoller Ausdeutung wurde schon in der Antike erkannt. Man müsse auf nicht-sichtbare Annahmen verzichten.[17] Nur dann könne man aufgrund bestimmter, vorausgesetzter Sachverhalte brauchbare Schlüsse auf Nichtbeobachtetes ziehen. Schlussfolgerungen enthalten, wenn sie sprachlich formuliert werden, neben Sachverhaltsbeschreibungen die Worte »und«, »oder«, »wenn ... dann« und »nicht«. Die damit verknüpften Sachverhalte beschreiben sowohl die Voraussetzungen (Prämissen) wie die nicht unmittelbar gegebenen Schlussfolgerungen (Konklusionen).

Angenommen, ein Sachverhalt lässt sich so beschreiben: »aus A folgt B«, zum Beispiel »wenn P gelernt hat, dann gute Note«. Unter dieser Vor-

---

17 Meist zitiert man für diese Maxime den Wissenschaftstheoretiker Wilhelm von Ockham (1288–1347). Dieser forderte jedoch nur, überflüssiges Begriffsinventar zu vermeiden (Beckmann 1990).

aussetzung kann man verschiedene Arten von Schlussfolgerungen ziehen. Wichtige Beispiele dazu sind:

- die Abduktion mit der Folgerung »B liegt vor, also liegt auch A vor«, im Beispiel »weil P eine gute Note erhalten hat, so folgt daraus, dass P gelernt hat«;
- der Modus tollens mit der Folgerung »B liegt nicht vor, also liegt auch A nicht vor«, im Beispiel »weil P keine gute Note erhalten hat, so folgt daraus, dass P nicht gelernt hat«;
- der Modus ponens mit der Folgerung »A liegt vor, also liegt auch B vor«, im Beispiel »weil P gelernt hat, so folgt daraus, dass P eine gute Note zu erwarten hat«.

Ob alle diese Schlussfolgerungen brauchbar, also »zulässig« sind, hängt davon ab, ob sie auf sparsamen Interpretationen der Prämissen beruhen. Unter dieser Voraussetzung ist die Abduktion unzulässig, weil sie beim Schließen voraussetzt, dass es keine anderen Voraussetzungen für gute Noten gibt. Dies wird in der Prämisse nicht vorausgesetzt. Die Prämisse lässt durchaus auch zu, dass P zum Beispiel durch Zufall eine gute Note bekommt. Unter Umständen kommen einem auch die Ergebnisse bei den Modi tollens und ponens etwas engstirnig vor. P hat keine gute Note erhalten: Bedeutet das wirklich, dass er nicht gelernt hat oder war er nur einem Prüfer unsympathisch? P hat gelernt: Bedeutet das wirklich, dass er eine gute Note zu erwarten hat oder könnte es auch überraschende Prüfungsfragen geben? Sicherlich sind alle diese Fälle denkbar. Für eine wirklich brauchbare Vorhersage sollte man sich jedoch möglichst genau an die Prämisse halten. Und in dieser war nichts anderes enthalten als die Verknüpfung von Lernen und guter Note. Also wird man sich am besten eng an den Modus ponens und an seine Negation halten.

An dieser Stelle wird deutlich, dass sich schlussfolgerndes Denken vom Denken in Hypothesen und Spekulationen abgrenzt: Es handelt sich bei den letzteren um Annahmen ohne sichtbare Grundlage, die dem Prinzip der Sparsamkeit im Denken widersprechen.

Luftschlösser als solche zu erkennen, ist jedoch nicht immer einfach. Man kann herausfinden, dass einem andere etwas vorgemacht haben oder man sich selbst, wenn man entdeckt, dass unbegründete Zusatzannahmen gemacht wurden. Nehmen wir das folgende Beispiel: Ist es in der Raumfahrt möglich, eine Reise durch das Weltall durch Nutzung von bestimmten »Löchern« in der Raumzeit zu verkürzen? Es gibt eine Begründung, die eine solche Möglichkeit durch Weiterentwicklung der Physik in Zukunft wahrscheinlich macht. Wir sind es nämlich gewohnt, zu der physikalischen Dimension der Zeit drei Raumdimensionen zu berücksichtigen. Mit diesen Mitteln wurde bisher unser Leben im Weltall beschrieben. Es ist jedoch mathematisch möglich, diese Dimensionen in eine weitere einzubetten. Das ist zwar etwas unanschaulich, aber man kann sich die Konsequenzen dieses Gedankens an Beispielen klar machen. Angenommen, unser Raum hätte nur zwei Dimensionen. Denkt man in diesem Beispiel nun eine dritte Dimension dazu, dann bestünde die Möglichkeit, dass wir auf der Oberfläche einer Kugel leben. Mit Hilfe mathematischer Modelle wäre es unter diesen Voraussetzungen möglich, zwischen zwei Punkten nicht nur auf der Oberfläche der Kugel zu reisen, sondern direkt – gewissermaßen durch das Nichts – eine Abkürzung quer durch das Innere der Kugel zu nehmen. Nun leben wir zwar mit drei Raumdimensionen, jedoch gibt es unter Berücksichtigung einer zusätzlichen Dimension vergleichbare Möglichkeiten einer Abkürzung von Wegen im Raum. Ein Vordenker könnte die Meinung vertreten, dass die Erkundung solcher Möglichkeiten nur mehr eine Frage der Weiterentwicklung physikalischer Modelle und technischer Voraussetzungen ist.

Dennoch ist auch bei dem eben vorgestellten Modell einer Zeitreise das Merkmal einer Fiktion leicht zu erkennen, zumindest für den Fachmann: Es existiert eine aus der Luft gegriffene Zusatzannahme. Wenn das Wörtchen »wenn« nicht wäre ... Wir haben bislang keinen vernünftigen Grund, eine weitere Dimension zur Beschreibung unserer faktischen Handlungen in der wirklichen Welt einzuführen. Seit es wissenschaftliche Modelle gibt, ist man gut beraten, sie so einfach wie möglich zu halten und unbegründete Zusatzannahmen zu vermeiden. Sparsame Erklärungen sind wichtig, weil sonst Erklärungen rasch zu Widersprüchen führen oder erfundene Komponenten benötigen. Zu rasch könnte sich unter Umständen ein spekulativ aufgeblähtes Modell als lächerliche Luftblase erweisen.

Vor diesem Hintergrund wird die Aussage »hypotheses non fingo« des englischen Physikers Issak Newton (1643–1727) verständlich, die er in einem Anhang zu seiner Schrift *Philosophiæ Naturalis Principia Mathematica* von 1686 formulierte: »Ich erfinde keine Hypothesen (im Sinne von Unterstellungen)«. Üblicherweise bezeichnet man eine Annahme, die einer Überprüfung zugeführt werden soll und kann, als These (Behauptung). Der Sprachgebrauch bei Überprüfungen am Zufallsmodell weicht davon ab. Hier werden die der Wahrscheinlichkeitsprüfung unterworfenen Alternativ-Annahmen als Hypothesen bezeichnet. Stets gilt, dass jedes Ergebnis am Erfolg in der Praxis zu überprüfen ist.

Konformität

Heute gibt es nicht mehr sehr viele Wissenschaftszweige, die ohne die Unterstützung von Computern auskommen. Man braucht sie für die Auswertung großer Datensätze, für statistische Berechnungen, für zahlreiche Modellrechnungen oder für eine Prozess-Steuerung. Parallel dazu macht sich eine Form von Wissenschaftsgläubigkeit breit, die leicht zu einer Überschätzung des Werts und der Qualität von maschinellen Ergebnissen führt. Dazu kommt eine Art Betriebsblindheit, die aus einer Vertrautheit im Umgang mit Maschinen entstehen kann. Dieser letztgenannte Faktor war Gegenstand einer Untersuchung, in der die Ergebnisse einer Computerbewertung überprüft werden sollten (Weger u. a. 2015). Dazu wurden Studenten gebeten, in einer Versuchsanordnung zunächst für 30 virtuelle Kandidaten zu entscheiden, ob diese für einen bestimmten Arbeitsplatz geeignet wären. Die Studenten erhielten zu allen Kandidaten ausreichende Informationen, wobei die entscheidenden Kriterien mit Punkten zu gewichten waren. Nun hatte angeblich zuvor eine Computerauswertung stattgefunden, deren Ergebnisse bereits vorlagen, jedoch noch einmal überprüft werden sollten. Die Computerauswertung war tatsächlich in 13 der 30 Fälle falsch. Dies ist jedoch keineswegs immer von den Studenten entdeckt worden, obwohl zur Kontrolle nur eine einfache Addition erforderlich war. Das eigentlich interessante Ergebnis war jedoch, dass die Fehlerrate der Probanden erhöht war, wenn sie gerade zuvor ein Computerspiel gespielt hatten, bei dem sie tief in eine virtuelle Realität eingetaucht waren. In einer Kontrolluntersuchung wurden die Probanden befragt, wie sehr sie sich beim Spielen mit dem Avatar des Spieles identifiziert hätten. Je stärker sich die Spieler im Spiel identifiziert hatten, auch wenn es nur sieben Minuten gedauert hatte, desto stärker vertrauten sie hinterher der Computerberechnung und verhielten sich bei der eigentlichen Aufgabe wenig kritisch. Die Identifikation mit dem Avatar wurde im Computerspiel vor allem durch eine realitätsnahe Umgebung und die Ich-Perspektive beim Handeln erreicht. Das Gefühl, dass die Aktionen eigene Handlungsimpulse widerspiegeln, war nicht ausschlaggebend.

Zwei Dinge hängen also offenbar eng zusammen: die Fähigkeit etwas nachzuvollziehen und das Vertrauen in ein Ergebnis, dessen Herkunft man meint zu verstehen. Widersprüche und Lügen werden dann schwer entdeckt, wenn einer Quelle zu sehr vertraut wird. Dies kann insbesondere der Fall sein, wenn man gegenüber der Quelle aufgrund bisheriger Erfolge »betriebsblind« geworden ist. Das hängt eng mit der oft zu beobachtenden

Neigung zusammen, dass man für eine einmal gefasste Meinung eher Bestätigungen als mögliche Unstimmigkeiten sucht. Wir haben diese Neigung im Kapitel 3 *Die Berücksichtigung von Wahrscheinlichkeiten* als Confirmation bias bezeichnet. Er verleitet Menschen dazu, vorschnell anzunehmen, dass ein Als-Ob der richtige Weg ist. Man braucht Regeln, die die Gefahr dazu verringern.

Einige bewährte Regeln im Umgang mit dem Als-Ob

Unter welchen Bedingungen kann man von bewährten Regeln sprechen? Man müsste vielleicht die Fähigkeiten einzelner Menschen mit dem Wissen Vieler bündeln und auf diese Wiese einer Kontrolle zuführen. So zumindest hat es Al-Biruni (973–1048) gesehen, ein vorderasiatischer Universalgelehrter und Freund des berühmten Arztes Ibn Sina. Al-Biruni vermutete, dass »der Vorzug des Menschen vor allen anderen Lebewesen« die Begabung zur Wissenschaftlichkeit ist. Er meinte damit eine Art Kontrolle von gesammeltem Wissen. »Wenn es die Wissenschaft nicht gäbe, wäre man nicht davor sicher, dass das Angeeignete etwas Schlechtes und das Vermiedene etwas Gutes ist« (Geodäsie, übersetzt 1991). Davon war man auch in anderen Ländern überzeugt. In den nächsten Jahrhunderten wurden in verschiedenen Städten Europas Dutzende Universitäten gegründet.

In den Universitäten und in der wissenschaftlichen Praxis wurde allmählich entwickelt, was überhaupt Wissenschaftlichkeit ist. Wann kann man glauben, dass etwas die Realität abbildet? Im Mittelalter hat das der Benediktinermönch Anselm von Canterbury (1033–1109) so formuliert: Das Mindeste wäre zu glauben, dass etwas existiert außer unserem Zweifel. Ich glaube, damit ich bestimmte Dinge verstehe. Wenn unter diesen Voraussetzungen im Denken endlich etwas klar und deutlich wird, dann kann man wohl auch davon ausgehen, dass es ein Stück Wirklichkeit abbildet. So oder ähnlich haben es später auch andere Wissenschaftler formuliert, allen voran im 17. Jahrhundert der große französische Wissenschaftler René Descartes.

Die Erforschung der Meinungsbildung in Gruppen hat schon früh gezeigt, dass der Austausch in Gruppen über Zielsetzungen und zweckmäßiges Vorgehen große Vorteile gegenüber Einzelentscheidungen hat, aber auch einige schwerwiegende Nachteile (Literatur z. B. bei Bösel 2001).

Fehler in der Konstruktion von Realität lassen sich also zwar durch Austausch mit anderen Personen verringern. Allerdings sollten dabei solche Regeln berücksichtigt werden, die etwaige Nachteile von Gruppenentscheidungen minimieren. Zu den Nachteilen gehört das Entstehen von Gruppendruck, also einer *Dominanz* der Mehrheitsmeinung gegenüber vielleicht wohlüberlegten Minderheitsargumenten, oder *Ungenauigkeit* im Detail, weil man sich mehr auf Interaktionen konzentriert, oder auch schlicht das Einschleichen von *Inkompetenz* aus Mangel an Übersicht.

Die Nachteile von Gruppenentscheidungen können jedoch vermieden werden, wenn man die folgenden Regeln beachtet. So sollte man auf die *Nachvollziehbarkeit* jeder Aussage (Falsifizierbarkeit), auf die *Wiederholbarkeit* des Erfolgs (Replizierbarkeit) und auf die *Nützlichkeit* einer Aussage (Relevanz) achten. Damit werden Aussagen vermieden, die nur für bestimmte Personen verständlich sind, die nur zufällig passen, oder die im Grunde mehrdeutig oder widersprüchlich sind.

Das alles funktioniert jedoch nur, wenn sich Menschen überhaupt verstehen. Dazu müssen sie sich auf Begriffe oder Grundannahmen verständigen. So flüchteten sich Denker schon bald in Denkgebäude, in denen die Gültigkeit von Grundannahmen oder Prinzipien einfach als gegeben angenommen werden, um zuverlässige Schlussfolgerungen zu ziehen. Entsprechende Grundbegriffe wären zum Beispiel Raum, Zeit oder Kausalität.

Hatte man nun also mit objektiven, wiederholbaren und erfolgsorientierten Methoden den wissenschaftlichen Fortschritt optimal gestaltet? Oder war man wegen der Orientierung an Prinzipien und an den dabei zwangsläufig vorauszusetzenden Axiomen, zum Beispiel über physikalische und mathematische Grundregeln, letztlich in eine Sackgasse der Wissenschaft geraten? Gewissermaßen anknüpfend an die Anthropologie in Augustinischer Tradition formuliert Edgar Wind (2001): Der Mensch »weiß sich selbst und die Werkzeuge seiner Erkenntnis als Teile der Welt, die er zu erkennen bestrebt ist ... Die ihm zugänglichen Stücke muss er empirisch erforschen, das ihm verborgene Ganze (jedoch) metaphysisch ahnen.« Wind folgert, dass empirische Forschung nur aufgrund von metaphysischen »Eignungsurteilen« möglich sei. Damit weist er darauf hin, dass es bereits bestimmter Annahmen oder Glaubenssätze bedarf, um ein Instrument als geeignet anzusehen, das »metaphysisch Erahnte« zu erproben. So also ist das Mittel beschaffen, »kraft dessen ein endlicher Geist durch metaphysische Fragen empirische Antworten erzielt« (S. 109). Wie im Kapitel 3 *Die Berücksichtigung von Wahrscheinlichkeiten* ausgeführt, sprechen wir in diesem Zusammenhang lieber von transnaturalen Urteilen als von metaphysischen.

133

An dieser Stelle erinnern wir uns wieder an Hans Vaihinger und an seine *Philosophie des Als Ob:* Vaihinger legt dar, dass wir oft mit unzulänglichen, ja sogar »bewusstfalschen« Vorstellungen zweckmäßig handeln (S. XII). »Die Einbildungskraft ist somit ein konstitutives Element des Denkens, und wir sehen, dass sie in der Wissenschaft, d. h. dem organisierten Denken, eine ganz andere Rolle spielt, als man gemeinhin glaubt« (S. 327). Damit weist Vaihinger darauf hin, dass jede Untersuchung nicht nur durch Vermutungen oder Hypothesen geleitet wird, sondern auch von bestimmten, aus gutem Grunde nicht weiter hinterfragten Untersuchungsannahmen oder Herangehensweisen.

Als-Ob in der modernen Wissenschaft

Wenn man sich die Schritte genauer ansieht, die üblicherweise im Forschungsprozess unternommen werden, wird tatsächlich deutlich, dass bei jeder Untersuchung – und nicht nur bei Denkoperationen – gewissermaßen spekulative Momente an zahlreichen Stellen einfließen, auch in den sogenannten exakten Wissenschaften. Wir wollen uns das ganz konkret anhand einzelner Schritte bei einer empirischen Untersuchung vergegenwärtigen (vgl. z. B. Ulich & Bösel, 2005, S. 194ff). Immerhin ist Denken eine Vorbereitung für das Handeln. Da es unser Ziel ist, über die neuropsychologischen Grundlagen von Fantasie, transnaturalem Denken und Realitätsbewusstsein nachzudenken, werden wir im Folgenden die Parallelen zwischen wissenschaftlichem Handeln und der individuellen Handlungssteuerung hervorheben.

1. Zunächst ist von einer *Veranlassung*, tätig zu werden, auszugehen, zum Beispiel eine wissenschaftliche Untersuchung durchzuführen. Für eine solche Veranlassung kann es viele Gründe geben. Oft existieren Dinge, nennen wir sie Reiz-Reste, die bei vorangegangenen Untersuchungen offengeblieben sind. In jedem Fall muss es eine Erwartung geben, dass das Tätigwerden in irgendeiner Weise einen Nutzen bringt, und zwar mehr Nutzen als momentan eine andere Tätigkeit. Wir setzen hier also eine Kosten-Nutzen-Abwägung voraus, die im Grunde vor jeder motorischen Aktion postuliert werden kann. Selbst die Augenbewegungen folgen Impulsen, die durch die momentan auffälligsten Reize oder die stärksten Gewohnheiten gelenkt werden. Selbstverständlich werden Ge-

wohnheiten durch eine oft unbewusste Erfolgserwartung getrieben. Ob man solches Verhalten als unlogisch oder bewusst falsch im Sinne Vaihingers bezeichnen sollte, sei dahingestellt, jedenfalls ist es arbiträr. Dies gilt für »süchtiges« Verhalten und vielleicht auch für einen Wissenschaftler, der Forschung betreibt, ohne zu wissen, ob diese jemals zu einem nennenswerten Erfolg führt. Eine Bewertung, ob ein Vorhaben »falsch« oder »richtig« ist, wird gelegentlich schon von vornherein durch Beobachter und insbesondere durch Experten getroffen. Jeder Tätigkeitsbeginn ist insofern mit einer großen Unsicherheit verbunden. Er erfolgt im »Glauben« an einen Nutzen und im »Vertrauen« darauf, unter Umständen eine Korrektur am bisherigen Wissen vornehmen zu können. Der Nutzen einer Untersuchung kann in einer Vermehrung von Erkenntnissen oder in einer Überprüfung von Annahmen bestehen.

2. Bei komplexeren Handlungen kommt es in der Folge zu einer Festlegung für die *Herangehensweise* im Rahmen einer Handlungsplanung. Die Herangehensweise entsteht ebenso wie die Veranlassung aus Gewohnheiten oder bestimmten und vor allem in der Wissenschaft mehr oder minder gut begründeten Traditionen. Bereits jede simple Greifmotorik folgt einem solchen Schema: Reicht es aus, den Arm auszustrecken, um einen Gegenstand zu erreichen? Ist es besser, den Rumpf zu beugen oder gar einen Schritt vorwärts zu gehen? Je genauer das Ziel festgelegt ist oder je expliziter eine Untersuchungsfrage ist, desto weniger Spielraum existiert für die nächsten Schritte. Die Festlegung auf einen Ansatz (ein Modell) ist in vielerlei Hinsicht arbiträr. Jeder Plan lässt grundsätzlich die Möglichkeit offen, wie eine Frage zu beantworten ist und kann wegen einer unzureichenden Zielplanung auch auf Nebenwege führen.

Die konkrete Herangehensweise ist für das, was gefunden oder erreicht werden kann, sehr entscheidend. Daher stellt sich die Frage, ob die Herangehensweise für das Ziel oder die Fragestellung angemessen und unter den zur Verfügung stehenden Möglichkeiten optimal ist. Herangehensweisen verändern bei ihrer Anwendung fast immer geringfügig den Untersuchungsgegenstand. Nicht immer ist das, was gefunden wird, auch das, was gesucht wurde.

3. Wenn eine Veranlassung oder eine Fragestellung vorliegt und eine Herangehensweise gewählt wurde, so existieren Annahmen über mögliche Ergebnisse oder Ziele. Diese Vermutungen werden als *Hypothesen* bezeichnet. Vielen wissenschaftlichen Laien erscheinen die Hypothesen als der spekulativste Teil einer Untersuchung. Nach dem bisher Gesagten sollten die Hypothesen jedoch sehr genau auf das Untersu-

chungsanliegen und die gewählte Herangehensweise zurückführbar sein und dürften vor diesem Hintergrund nicht mehr spekulativ sein – ungeachtet der Tatsache, dass sie in der Folge noch überprüft werden sollen. Betrachten wir wieder eine einfache Zielbewegung: Wenn ein Ziel festgelegt ist und man aus Erfahrung meint zu wissen, welche Körperbewegungen für die Zielerreichung erforderlich sind, ist bei gesunden Menschen die Erwartung für das Ergebnis der Bewegung nicht mehr spekulativ.

Den Hypothesen wird im Wissenschaftsprozess üblicherweise eine große Bedeutung zugemessen. Immerhin soll im Laufe einer Untersuchung gezeigt werden, inwieweit sie sich empirisch bewährt haben. Tatsächlich werden in der Praxis die Hypothesen mitunter erst nach Kenntnis der Ergebnisse in den Untersuchungsberichten entsprechend formuliert. Das gilt vielfach als unwissenschaftlich, obwohl durchaus verständlich ist, dass sich Laufe einer wissenschaftlichen Untersuchung bestimmte Erwartungen verändern können. Voraussagen lassen sich post hoc oft präziser machen. Außerdem interessieren in wissenschaftlichen Untersuchungen nicht nur die Bedingungen, unter denen sich eine Annahme bestätigt, sondern vor allem auch diejenigen, unter denen ein entsprechendes Ergebnis nicht zu erwarten ist (Kontroll- bzw. Vergleichsbedingung).

4. Um ein Ziel zu erreichen, wird im realen Leben meistens nicht nur Muskelkraft benötigt, sondern in der Regel Hilfsmittel, Werkzeuge oder irgendeine andere, bewährte Methode. In den empirischen Wissenschaften ist das häufig eine bestimmte Messmethode und/oder ein statistisches Verfahren. Aber auch eine einfache Literaturrecherche zu einem bestimmten Thema hat eine Methode, die explizit gemacht werden kann: etwa nach welchen Gesichtspunkten die zugrunde gelegte Literatur ausgewählt wurde und nach welchen Gesichtspunkten die Auswahl der relevanten Aussagen erfolgte. Schlussfolgerungen können aufgrund von Konsens- und Analogieurteilen oder aufgrund einer Analyse von Widersprüchen erfolgen. Je nach Methode kann man zu unterschiedlichen Ergebnissen kommen. Insofern gilt für die Wahl der Methode im Grunde das Gleiche wie für die Wahl der Herangehensweise: Sie mag mitunter beliebig erscheinen, obwohl es dafür mehr oder minder gut begründete Traditionen gibt.

Die Wahl der Untersuchungsmethode ist, wie auch die generelle Herangehensweise, für das, was man findet oder erreichen kann, sehr entscheidend. Daher ist stets zu fragen, ob die Methode bzw. das Werkzeug für das Ziel oder die Fragestellung angemessen und unter den zur

Verfügung stehenden Möglichkeiten optimal ist. Indem wir zwischen Herangehensweise (Modell) und Methode (Werkzeug) unterscheiden, ist zu berücksichtigen, dass oft generelle Hypothesen (»Vermutungen«) und methodenbezogene Hypothesen (»parameter- oder indexbezogene Vorhersagen«) existieren. Methoden, auch einfache Messmethoden, verändern bei ihrer Anwendung fast immer geringfügig den Untersuchungsgegenstand. Das falsche Werkzeug kann einen zu bearbeitenden Gegenstand unbrauchbar machen. Wenn Kleinkinder zu impulsiv nach einem Gegenstand greifen, kann es sein, dass der Gegenstand verschoben oder gar beschädigt wird. Daher ist immer zu fragen, ob eine Methode im Hinblick auf die Fragestellung überhaupt tragbar ist und ob sie den Gegenstand der Aktion nicht sogar zerstört.

5. Je nach Art der Aktion oder Untersuchung gibt es kontinuierliche oder gelegentliche Bewertungen, die ein Ende der Aktion oder der Untersuchung nahelegen. Wir wollen an dieser Stelle nicht auf Gründe für die Beendigung eingehen, sondern betrachten die Art der Bewertung des Ergebnisses. Diese erfolgt in der Regel vor dem Hintergrund der Absicht, also der Vermutungen und Hypothesen. Dabei stehen die *Interpretationen* des Erreichten im Vordergrund. Es kann nun die Entdeckung gemacht werden, dass ein unerwartetes Ergebnis vorliegt – ein Zeichen, dass bei der Planung des Herangehens oder bei der Wahl der Methode Fehler gemacht wurden oder eine Unwägbarkeit ins Spiel kam. Nicht selten geben sich jedoch Akteure und Untersucher der Illusion hin, dass das Ergebnis, wie auch immer es aussieht, tatsächlich so erwartet war. Obwohl die Hypothesenbildung beim zielgerichteten Handeln die am wenigsten spekulative Operation ist, gibt der Vergleich zwischen Ergebnis und Hypothesen in der Regel den meisten Spielraum für Spekulation, und zwar umso mehr, je unschärfer die Hypothesen waren.

6. Wissenschaftliche Ergebnisse werden üblicherweise einer *Diskussion* im Kollegenkreis unterzogen. Das bedeutet, dass die Ergebnisse und ihre Bewertung durch den Untersucher einer weiteren Bewertung durch Außenstehende zugeführt werden. Wenn es sich bei einer Aktion um eine rein körperliche Bewegung gehandelt haben sollte, dann könnte diese – unabhängig vom subjektiven Erfolgserlebnis – selbstverständlich ebenfalls Gegenstand einer sozialen Bewertung sein, zum Beispiel bei sportlichen Leistungen. Bewertungen durch Außenstehende müssen nicht unbedingt besonders objektiv sein, auch wenn es sich um Mehrheitsmeinungen handelt. Vielmehr hängt die Qualität einer Bewertung stets von den Bezugspunkten ab, vor deren Hintergrund die Bewertung er-

folgt. Wenn diese Bezugspunkte sehr eingeschränkt sind, wie das in esoterischen Gruppen der Fall sein könnte, dürfte das oben geforderte Kriterium der Nützlichkeit bei der Beurteilung des Vorgangs kaum erfüllt sein.

Damit sind wir eigentlich schon beim entscheidenden Urteil über fiktionale, illusionäre oder spekulative Elemente bei der Planung und Bewertung einer Untersuchung (und im Grunde sogar jedes handlungsbezogenen Gedankens) angekommen. Es ist nicht unbedingt hilfreich, bei jedem Als-ob-Handeln von einer bewusst falschen Fiktion auszugehen, da es nicht immer und in jedem Fall ein Bewusstsein der Fiktionalität geben muss. Außerdem müssen Fiktionen im Sinne Vaihingers nicht immer »falsch« sein, sondern können sich im Sinne transnaturaler Urteile als vorläufig beste Vorstellungen von der Wirklichkeit herausstellen. Ebenso unzweckmäßig ist es offenbar, vorschnell von einer spekulativen Wirklichkeit hinter der Wirklichkeit im Sinne einer Metaphysik zu sprechen, die letztlich zu Untersuchungen oder generell zu menschlichen Handlungen führen. Wenn bei einer Bewertung vollständig und redlich nach Alternativen gesucht und diese auf ihre Eignung geprüft und verworfen wurden, ist das so Gefundene stets ein Stück Realität. Die dabei wirksamen Fähigkeiten nennen wir manchmal Fantasie oder Kreativität, obwohl sie ja mit entsprechenden Prüf- oder Kontrollmechanismen verbunden waren.

So gesehen, ist es verständlich, dass man auch für sogenannte Replikationsstudien keineswegs immer das gleiche Ergebnis erwarten darf. Meist lassen sich die gleichen Bedingungen gar nicht vollständig herstellen. Im Grunde ist jede Untersuchung wie ein Einzelfall aufzufassen. Die Robustheit von wissenschaftlichen Ergebnissen und der Erkenntnisgewinn von wissenschaftlichen Untersuchungen wird weniger durch den Schematismus der Durchführung, als vielmehr durch deren Variation, durch Methodenvielfalt und die detaillierte Dokumentation der Umstände gewährleistet.

Das Zusammenführen von Wissen und das Ziehen von Schlussfolgerungen in einer Diskussion ermöglichen es, mit Hilfe von transnaturalem Denken Entsprechungen zwischen verschiedenen Erfahrungen und damit eine *Konvergenz von Befunden* zu erkennen. Erst dann finden Wissenschaftler Evidenz für eine Realität. Eine schließlich gefundene Realität bleibt auch dann existent, wenn andere Menschen aufgrund anderer Voraussetzungen eine andere Perspektive aufbauen. Die Wissenschaft schreitet nicht unbedingt immer voran: Meist fördert sie je nach Interessenslage nur verschiedene Facetten der Wirklichkeit zutage.

7. Der letzte Prüfstein für eine wissenschaftliche Untersuchung ist, wie bei jeder Handlung, letztlich die praktische *Verwertbarkeit*. Nach unserer bisherigen Argumentation handelt es sich um ein nur scheinbar entscheidendes Kriterium. Ob das Ergebnis einer wissenschaftlichen Untersuchung wirklich brauchbar ist, kann sich mitunter erst in ferner Zukunft erweisen, vielleicht sogar erst zu einem Zeitpunkt, zu dem die Untersuchung selbst praktisch vergessen ist. Individuell gesetzte Handlungen, die für die handelnde Person als beendet gelten, werden erst dann wieder infrage gestellt, wenn ein Feedback wahrgenommen wird. Dieses kann aus der Umwelt kommen, insbesondere auch durch Kommunikation. Es gibt jedoch auch ein Feedback infolge weiterführender Gedanken im Zusammenhang mit inneren Bewertungen der eben vollzogenen Informationsverarbeitung. Auf diese Themen werden wir in den folgenden Kapiteln eingehen. Ansonsten hat die Umsicht bei der Planung und Durchführung bereits in hohem Maße eine Gewähr für »richtiges Handeln« sichergestellt.

Trotz dieser kritischen Betrachtung werden wir im Zusammenhang mit Fantasie, Kreativität und Hoffnung bei der Bezeichnung »Als Ob« bleiben, wenn auch nicht im Sinn von Vaihinger für bewusst falsche Annahmen. Die Bezeichnung »Als Ob« soll auf die Unvollständigkeit jeder Realitätserkenntnis hinweisen. Zusammenfassend lässt sich sagen, dass Vorgehensweisen, wie sie zum Beispiel in den Wissenschaften üblich sind, in vielerlei Hinsicht für Vorhersagen zweckmäßig sind, obwohl sie erklärtermaßen auf Reduktionen beruhen. Menschliche Fähigkeiten können sich aufgrund von Als-ob-Annahmen im Hinblick auf intelligentes und soziales Verhalten durchaus gut entfalten. Fantasie, Kreativität und Zuversicht beruhen außerdem auf neuropsychologisch untersuchbaren, vorgegebenen Mechanismen der Informationsverarbeitung. In Bezug auf die Konstruktion von Realität haben diese Mechanismen jedoch einen oft zu wenig gewürdigten Platz. Immerhin wurde deutlich, dass Vorgehensweisen, welche die Realitätsnähe von subjektiven Vorstellungen und Gedanken gewährleisten, in gewisser Hinsicht Analogien aufweisen zu solchen, welche ein Verkennen von Realität infolge von Gruppenprozessen verhindern.

7

Kommunikation

Zu den Funktionen der unteren Stirnhirnwindung

Durch die Fähigkeit zum Spiegeln kann im Gehirn ein Zustand hergestellt werden, der dem bei einem anderen Menschen beobachteten analog ist. Imitation verändert den inneren Zustand des Nachahmenden und kann auch zu offenem Verhalten führen. Die Tauglichkeit einer entsprechenden, inneren Erfahrung kann durch Interaktion überprüft und ergänzt werden. Insofern ist die Herstellung öffentlich zugänglicher Modelle das zentrale Moment der Verbreitung von Wissen.

Sprachliche Beschreibungen und explizite Modelle

Der Zugang für andere zum eigenen Denken erfolgt dadurch, dass man eigenes Denken explizit macht, und zwar durch *Handeln mit Hilfe kommunikativer Signale.* Meist werden dazu die Gedanken in Sätze mit Subjekt-

und Tätigkeitsbegriffen übersetzt. Durch weitere soziale Vereinbarungen kann auch die Ausarbeitung von formalen Modellen, Computerprozeduren und Formeln einen Austausch ermöglichen. Kommunikation erfordert in jedem Fall eine starke Reduktion, sowie eine Umformung des gedachten Sachverhalts in eine spezielle Formulierung. Insofern hat alles, was zwischen Menschen mit sprachlichen Mitteln ausgetauscht wird, den Charakter von abstrakten Modellen des Gedachten oder der Wirklichkeit.

Es mag trivial erscheinen, dass jedes angemessen geprüfte Modell eine Bereicherung für den zwischenmenschlichen Austausch ist. Doch ist zu berücksichtigen, dass bei jedem Modell Modellgrenzen existieren. Insofern ist zum Beispiel die Diskussion zu der Frage, ob man Wissen an Kinder besser mit Texten oder Videos vermitteln sollte, weitgehend offen. Wahrscheinlich ist es eine Frage der pädagogischen Praxis, welche Inhalte man für welches Alter und für welche Zielgruppe mit welchen Medien am besten vermitteln kann (vgl. auch Nieding & Ohler 2008). Auch wenn man meint, dass ein überzeugendes Modell vorliegt, gilt es achtsam in Hinblick auf unentdeckte Restriktionen zu sein. Psychologen kennen das, wenn sie subjektive Beobachtungen oder Selbstbeschreibungen beurteilen sollen. Wir haben im Kapitel 5 *Vergleichen und Analogien bilden* bereits darauf hingewiesen, dass die Evolution eine Befähigung des Gehirns zu Fantasie und Kreativität wahrscheinlich deshalb zulassen konnte, weil sie sich im Zusammenhang mit dem sozialen Austausch und der Möglichkeit des sozialen Feedbacks entwickelt hat. Man weiß aus dem Alltag, dass auch dann, wenn man meint etwas verstanden zu haben, weitere Beobachtungen und ein weiterer Austausch mit anderen Interessierten enorm wichtig sind.

Eine immer wieder gestellte Frage betrifft den Nutzen und die Grenzen von Modellen zur Informationsverarbeitung im Gehirn selbst. Ganz pragmatisch lässt sich fragen: Ist die Entwicklung von künstlicher Intelligenz eher als Bedrohung oder als Segen anzusehen? Nun hängt die Bewertung eines »Nutzens« verständlicherweise vom Anspruch ab, mit dem ein Modell verwendet wird. Das gilt auch für Modelle künstlicher Intelligenz. Vor dem Hintergrund des Anspruchs müssen die Restriktionen geprüft werden, die jeder Modellbildung zugrunde liegen: 1. Jedes Modell hat Grenzen seiner Gültigkeit, die zu beachten sind. 2. Jedes Modell ist ein Explikat, das eine Veröffentlichung zum Zweck der kollektiven Verwendung darstellt. 3. Jedes Modell hat Grenzen seiner Brauchbarkeit, die früher oder später dazu führen werden, dass es verändert oder verworfen wird. Dies vorausgesetzt, ist die menschliche Fähigkeit zur Modellbildung ein wunderbares und höchst fruchtbares Werkzeug der menschlichen Geistestätigkeit. Modelle zur künstlichen Intelligenz haben dabei den wohl höchsten Rang. Situationen, in denen Personen in einer künstlichen Realität interagieren, genießen jedoch nicht immer die Wertschätzung, die üblicherweise Modelle der künstlichen Intelligenz erfahren.

So wichtig Modelle für den zwischenmenschlichen Austausch sind: Es gibt Randbedingungen, die den Wert jedes Modells und auch jeder sprachlichen Beschreibung einschränken.

Interagieren und Duettieren

Grundsätzlich ist das »Für-wahr«-Nehmen einer künstlichen Realität nach dem bisher Gesagten, biologisch gesehen, nichts Außergewöhnliches. Auch Artefakte sind Teil der Wirklichkeit, und auch kommunikative Signale sind in gewisser Hinsicht Artefakte. Kommunikationspartner setzen sich mit den Modellen anderer Personen unter der Voraussetzung auseinander, dass solche Modelle wichtige Hinweise auf andere, bedeutsame Wirklichkeitsaspekte beinhalten. Biologen kennen Effekte von Artefakten aus Tierexperimenten: Man kann Instinktverhalten bei Tieren durch sogenannte Auslöser veranlassen. Dabei können die Auslöser durchaus künstliche Objekte sein, obwohl der jeweilige Instinkt selbstverständlich stets eine biologische Bedeutung besitzt. Stadttauben versuchen zum Beispiel gelegentlich mit Müllobjekten (Flaschen, Tüchern) zu kopulieren. Aus biologischer Sicht scheint bei der Funktion virtueller Realitäten die Existenz sogenannter übernormaler Auslöser besonders bedeutsam zu sein. Das bekannteste Beispiel für einen übernormalen Auslöser existiert bei der Aufzucht eines Kuckucksjungen in einem fremden Nest. Das Kuckucksjunge wird im Vogelnest gegenüber den eigenen Jungvögeln bevorzugt gefüttert, weil es seinen Schnabel besonders weit aufreißt. Die systematische Untersuchung übernormaler Auslöser bei Tieren geht auf den Verhaltensforscher Otto Koehler (1889–1974) zurück. Koehler untersuchte bei Vögeln, wie sie ihre Eier bewegten, wenn diese aus dem Nest gerollt waren. Wenn ein Halsbandregenpfeifer neben seinen eigenen, braunen Eiern ein helles Ei entdeckte, so begann er, das helle statt der eigenen zurückzurollen. Wenn ein Ei neben dem Nest größer war als die eigenen, wurde es ebenfalls bevorzugt. Die Bevorzugung erfolgte auch dann, wenn der Regenpfeifer auf einem großen Ei gar nicht mehr sitzen konnte, um es zu bebrüten (Koehler & Zagarus 1937).

Schauspieler müssen Gefühle besonders deutlich zeigen können, um diese den Zuschauern vermitteln zu können. Der russische Regisseur Konstantin Stanislawski (1863–1938) hatte sich in seiner Tätigkeit und in mehreren Schriften mit der Frage befasst, auf welche Weise es Schauspielern gelingt, bestimmte Empfindungen überzeugend darzustellen. Er vertrat die Ansicht, dass das rationale Verständnis einer Rolle vor allem durch Als-ob-Handeln zum passenden Gefühlsausdruck (»psychophysische Handlung«) führen würde (vgl. Stegemann 2007, S. 362ff). Aus der psychologischen Forschung ist bekannt, dass wiederholte Rollenspiele sogar überdauernde psychophysiologische Veränderungen im Akteur selbst hervorrufen können. So konnte zum Beispiel in einer älteren Untersuchung zur Stressbewältigung der Effekt von Rollenspielen experimentell glaubhaft gemacht werden. Personen mit essentieller Hypertonie wiesen nach nur vier Sitzungen mit geeignet instruiertem Rollenspiel eine verminderte Reaktivität des diastolischen Blutdrucks auf (Khoury 1990).

Daran schließt sich nun die Frage an, unter welchen Umständen ein Beobachter mit dem gezeigten Verhalten »etwas anfangen kann«, es also versteht. Hinweise dazu liefert die Wahrnehmung jeder künstlichen Realität.

Für die Analyse bestimmter Eigenschaften der visuellen Umgebung werden vom Sehsystem zahlreiche oder sehr genaue Informationen benötigt. Solche komplexen visuellen Reize können dann nicht ganz so einfach künstlich hergestellt werden, um täuschend echt zu wirken. Bei 3D-Filmen existieren wegen technischer Grenzen bei Aufnahme oder Herstellung mitunter Probleme beim Tiefeneindruck. Größenverhältnisse scheinen nicht mehr stimmig zu sein. Die virtuelle Realisierung von Bewegungen im Raum stellt eine andere große Herausforderung dar. Die Netzwerke des Gehirns sind auf Bewegungswahrnehmung besonders spezialisiert. Für eine realistisch wirkende Darstellung muss stets mit einer hohen zeitlichen Auflösung gearbeitet werden. Die Umsetzung der durch das Agieren entstehenden Veränderungen ist außerordentlich rechenintensiv, besonders im Verbund mit der Herstellung komplexer Hintergrund-Szenarien.

Szenarien bauen sich in der Wahrnehmung aber nicht nur aus Sinneseindrücken auf. Der zweite große Faktor bei der Wahrnehmung ist das Gedächtnis. Das Gedächtnis betont einzelne Aspekte der sinnlichen Wahrnehmung und vernachlässigt andere. Dadurch kommt es einerseits zu einer rigorosen Selektion und einseitigen Aufwertung von Sinneseindrücken. Andererseits ergänzt das Gedächtnis Aspekte, die von den Sinnen gar nicht erfasst wurden. Solche Mechanismen können bei geeigneter Nutzung die Wirkung der virtuellen Realität gut unterstützen. Als Beispiel denke man an einen Zeichentrickfilm, bei dem kleine Bewegungen der Figuren bereits sozial gedeutet werden und dadurch unnatürliche Bewegungen oder die flächige Darstellung zweitrangig werden. Allein schon, wenn sich zwei geometrische Figuren auf einem Bildschirm unregelmäßig bewegen, kann dies als Spiel zweier Wesen gedeutet werden.

Im vorigen Jahrhundert entwickelte sich die Sozialpsychologie im Anschluss an den zweiten Weltkrieg allmählich als ein eigenes Forschungsfeld. Man entdeckte, dass Menschen über ein gutes Gedächtnis für soziale Sachverhalte verfügen. In diesem Zusammenhang stellten Wissenschaftler am Beginn der Sechzigerjahre auch fest, dass der materielle Wert eines Gegenstandes ebenso eine Eigenschaft dieses Gegenstandes bildet wie dessen physikalische Eigenschaften, also wie zum Beispiel Größe oder Gewicht. Sie zeigten das am Beispiel von Münzen. Indem verschiedene Eigenschaften einer Münze gemeinsam zukommen, sind sie nicht mehr unabhängig voneinander: Große Münzen gelten üblicherweise als schwerer und kleine als leichter. In der Regel entwickeln Menschen auch eine Vorstellung der Art, dass wertvolle Münzen größer sind als Münzen mit geringem Wert. Um diesen Effekt demonstrieren zu können, ließ der Berliner Psychologe Klaus Holzkamp damals ein Gerät bauen, mit dem Studenten Kreisscheiben so lange vergrößern oder verkleinern konnten, bis sie die Größe einer Münze mit einem bestimmten Wert aus der Erinnerung nachbilden konnten. Münzen mit hohem Geldwert wurden in der Simulation meist größer hergestellt, als es ihrer tatsächlichen Größe entsprochen hätte. In einer amerikanischen Untersuchung (Tajfel & Winter 1963) konnte damals darüber hinaus festgestellt werden, dass die Täuschung über die Münzgröße in der Erinnerung aufgrund ihres materiellen Werts bei bestimmten Kindern besonders groß war. Kinder aus Slumvierteln hatten im Alltag, wenn überhaupt, fast ausschließlich mit Münzgeld zu tun. Für sie war der Wertunterschied zwischen den Münzen enorm bedeutungsvoll. Entsprechend täuschten sie sich über die physikalischen Größenunterschiede in der Regel wesentlich stärker als Kinder aus wohlhabenden Vierteln.

Das angeführte Beispiel macht sichtbar, dass die Wirkung von Wahrnehmungen in deren Bedeutsamkeit im Sinne von Handlungsrelevanz liegt. Durch Bedeutsamkeit werden Gedanken, Handlungsimpulse oder sogar spontane Bewegungen ausgelöst. Interaktion im weitesten Sinn beinhaltet also, dass Handlungen anderer zum Auslösen eigener Handlungsschritte verwendet werden. Wenn eine solche Auslösung beim Antworten reflexhaft geschieht, ohne dass erkennbar ist, dass eine vertiefte, inhaltliche Analyse der jeweils auslösenden Wahrnehmung erfolgt, spricht man von Duettieren.

Damit ergeben sich einige Kriterien für die Bewertung der Qualität von virtuellen, künstlichen Realitäten. Virtuelle Realitäten dienen dem interaktiven Verhalten, und man kann sich in der Regel auch ohne vertiefte Analyse des Dargebotenen darin bewegen. Virtuelle Realitäten überzeugen jedoch nur bei hinreichender Nähe zu bekannten Wirklichkeiten und Empfindungen, dafür gibt es einige Erfahrungswerte. Räumliche Verzerrungen und ein zeitlich verzögertes Feedback gelten zum Beispiel als Qualitätsmangel. Ein zweites Kriterium könnte die Qualität der vermittelten Inhalte und Ziele sein: Welchen Gewinn zieht der Nutzer aus der Anwendung? Schließlich ist die nutzergerechte Darstellung und Bedienung als Qualitätskriterium zu nennen: Die Nutzung soll ergonomisch und flüssig erfolgen können.

Im Grunde gelten derartige Maßstäbe üblicherweise auch für literarische Produkte. Sowohl für Produkte der höheren Schreibkunst als auch zum Beispiel für Lehrbücher gilt, dass sie in der Beschreibung zutreffend und ansprechend sein sollen (Wirklichkeitsnähe), dass die Lektüre gewinnbringend ist (Nutzen) und dass man die Schrift leicht lesen kann (Bedienbarkeit). Man kann also die Auffassung vertreten, dass sich das Lesen von Büchern und das Verwenden computergestützter Szenarien in vielerlei Hinsicht vergleichen lassen. Denn bestimmte Merkmale sind Auslöser für Vorstellungbilder, deren Inhalt letztlich nichts mehr mit dem Medium zu tun haben. Die Verwendung von Sprache greift allerdings – als besondere Art des Handelns – im Gehirn vor allem auf die Funktionen der unteren Stirnhirnwindung in der linken Hemisphäre zurück. Das trifft so beim Interagieren mit virtuellen Realitäten nicht zu. Zusätzlich beruht das Sprachverständnis jedoch ebenfalls auch auf den Funktionen von zahlreichen anderen Hirnregionen.

»The Imitation Game«[18]

Wann ist eine Fiktion tatsächlich eine Fiktion und nicht das, wofür man sie hält? Für einen einzelnen Menschen ist das oft schwierig zu entschei-

---

18 Diese Überschrift wurde entsprechend einer Überschrift in dem im folgenden Text zitierten Artikel von Alan Turing, sowie in Anlehnung an den Titel des amerikanisch-britischen Spielfilms »The Imitation Game – Ein streng geheimes Leben« von 2014 über das Leben von Alan Turing gewählt.

den. Unter bestimmten Umständen entscheidet man sich einfach bewusst für Realität oder Fiktion, meist unter Berücksichtigung einer sehr subjektiven Erfolgseinschätzung. Meist ist man im Zweifelsfall auf das Urteil der Umwelt angewiesen, wie zum Beispiel bei mutmaßlich gefälschten Kunstwerken.

Alan Turing (1912–1954) ist der Begründer einer Theorie programmgesteuerter Computer. Mit einer Rechenmaschine, einer sogenannten Bombe, simulierte er ab 1940 Menschen, die systematisch verschiedene Einstellungen einer Verschlüsselungsmaschine durchprobierten, um einen Code zu knacken. Es handelte sich damals um etwa 1 Million Einstellungen, von denen eine dem aktuellen Tagescode der Verschlüsselungsmaschine Enigma der deutschen Wehrmacht entsprechen sollte. Später dachte Turing darüber nach, ob Maschinen, die durch bestimmte Algorithmen gesteuert werden, imstande sind, verschiedene andere menschliche Eigenschaften zu simulieren.

Ob man sagen kann, dass Maschinen denken, hinge nach Turing von einem interaktiven Test ab, den man heute Turing-Test nennt. Man solle versuchen, in einem Frage-Antwort-Spiel herauszufinden, ob die von einem Gegenüber empfangenden Nachrichten von einem Menschen oder einer Maschine stammen. Wenn man die maschinellen Antworten einem Menschen zuordnen würde, so müsse man davon sprechen, dass auch ein Computer denken kann (Turing 1950). Turing wusste, dass das Denken von Menschen auch stark von der biologischen Entwicklung und den daraus erwachsenden spezifischen Lebensbedingungen beeinflusst ist. Da er davon ausging, dass unsere Erkenntnisse über das Denken und über das Leben auf rationalen gedanklichen Konstruktionen beruht, räumte er stets die Möglichkeit ein, dass man aufgrund dieses Wissens auch entsprechende, das Leben simulierende Maschinen bauen kann, auch solche, die sich zum Beispiel selbst reduplizieren.

Die Frage nach den Möglichkeiten der technologischen Entwicklung lässt sich nicht durch Experimente klären. Für Technologieprognosen sind andere Fragen bedeutsam: Welche Ansprüche sollten üblicherweise überhaupt an maschinelle Intelligenz gestellt werden und nach welchen Kriterien beurteilt man Brauchbarkeit und Zuverlässigkeit von Maschinen? Schon bei der Verwendung der Turing-Bombe wurde ein von der Maschine identifizierter Code erst einmal mit Hilfe von Probeübersetzungen auf seine Plausibilität geprüft. Erst wenn eine Übersetzung vor dem Hintergrund der damaligen militärischen Einschätzung sinnvoll erschien, wurde der gefundene Code für weitere Übersetzungen verwendet.

Spiegeln

Unter Spiegeln versteht man die Provokation eigener Handlungen und Gedanken durch das entsprechende Tun anderer. Dazu gehört das Sich-mitreißen-Lassen angesichts eines gelungenen Angriffs auf dem Fußballfeld ebenso wie das verständnisvolle oder sogar mitleidige Anhören einer leidvollen Klage. Dabei beruht der Mechanismus des Spiegelns, soweit wir das heute verstehen, im Wesentlichen auf der Tatsache, dass im Gehirn die wahrnehmenden und motorischen Netzwerke nicht nur eng miteinander verbunden sind, sondern auch über gemeinsame Codes sowohl für die Kennzeichnung der Körperorgane und deren Zustände als auch für die außerhalb des Körpers befindlichen Orte verfügt. So kann eine wahrgenommene oder vorgestellte Bewegung unmittelbar mit der Muskulatur verbunden werden, die man selbst zur Durchführung einer entsprechenden Bewegung benötigen würde. Das geschieht allerdings nur dann, wenn der Bewegungsreiz solche Gedächtnisteile aktivieren kann, in denen mögliche Konsequenzen der Bewegung gespeichert sind (vgl. Brass u. a. 2001). Ein wahrgenommenes Ziel wird automatisch mit Koordinaten versehen, die eine eigene Bewegung in Richtung auf dieses Ziel ermöglicht. Ein wahrgenommener oder vorgestellter Zustand veranlasst automatisch Steuerimpulse, die imstande wären, einen entsprechenden Zustand im eigenen Körper herzustellen.

Das Spiegeln beobachteter Bewegungen gilt als wichtige Informationsquelle für die Konstruktion von Empfindungen und Absichten anderer Personen. Die dafür erforderliche Konstruktion wird auch als Theory of Mind bezeichnet. Dazu müssen die von einer Person gespiegelten Informationen mit dem Wissen verbunden werden, das zu dieser Person oder zu generell üblichen Reaktionen vorliegt. Die Konstruktion des Selbst als wahrnehmende, denkende und handelnde Person kann als Spezialfall der Theory of Mind aufgefasst werden. Allerdings liegen hierbei direkte Informationen aus den das Selbst abbildenden Strukturen vor (▶ **Kap. 4** *Über die Ich-Beteiligung im Denken*). Da diese Strukturen jedoch keinen direkten Zugriff auf das Gedächtnis besitzen, kann eine Bewertung der vorliegenden Empfindungen vor dem Erfahrungshintergrund im Grunde nur mittels eines Umwegs über andere Hirnteile erfolgen. Ein solcher Umweg ist zeitaufwändig, sodass das Bewusstsein, Akteur zu sein, in der Regel erst nach vollzogener Handlung entsteht.

Zum Spiegeln gibt es erstaunliche experimentelle Befunde. Verblüffende Effekte gibt es insbesondere, wenn eigene Körpersignale falsch wahrgenommen werden. Körpersignale, wie zum Beispiel den eigenen Herzschlag, kann man technisch verstärken und visuell oder auditiv rückmelden. Wird das Signal so verändert, dass der eigene Herzschlag als langsamer wahrgenommen wird, als er tatsächlich erfolgt, so veranlasst das in der Regel eine entsprechende Anpassung des Herzschlags. Eine Person mit einer übersteigerten Angst vor Schlangen kann auf diese Weise unter Umständen Schlangenbilder betrachten, ohne dass ihr Herz zu rasen beginnt. Die erste Untersuchung dazu erfolgte mit Männern, die Bilder von sogenannten Playmates betrachteten. Die Bilder, bei denen dem Betrachter ein manipulierter, schneller Herzschlag rückgemeldet wurde, wurden im Nachgang als die interessantesten bezeichnet (Valins 1966).

Allerdings spielt beim Nachahmen und Spiegeln noch eine ganze Reihe weiterer Mechanismen eine entscheidende Rolle. Um eine Tätigkeit auszuführen, bedarf es dazu einer gewissen Bereitschaft, die bei zahlreichen körperlichen Prozessen, vor allem aber beim Entstehen von Gefühlen, durch Gewohnheiten beeinflusst wird. Außerdem muss die Provokation, also der gewissermaßen auslösende Reiz, hinreichend effektiv sein. Allein diese Bedingungen machen die Analyse zwischenmenschlicher Kommunikationsprozesse außerordentlich schwierig. Unmittelbare gedankliche und emotionale Nachwirkungen von zuvor stattgefundenem Verhalten müssen berücksichtigt werden. Dazu kommen Zuschreibungs- und Beurteilungsgewohnheiten von Beobachtern, die ihrerseits oft hypothetische, nicht beobachtbare Faktoren mitbetrachten. Das führt dazu, dass Interaktionsprozesse oft mit Etiketten versehen werden, die bestenfalls eine oberflächliche Beschreibung liefern, ohne den Prozess zu erklären.

Ein Beispiel für ein solches, mitunter nicht besonders hilfreiches, soziales Beschreibungskonstrukt ist, wenn man davon spricht, dass eine Person in anderen Menschen eine Projektionsfläche für ihre eigenen Bedürfnisse und Absichten findet. Es handelt sich dabei um eine Metapher, die auf den ungarischen Neurologen Sándor Ferenczi (1873–1933) zurückgeht. Als klassisches Beispiel für eine Form von Projektion wird eine Frau mit starken sexuellen Bedürfnissen angeführt, die einen Mann sexueller Übergriffe beschuldigt, obwohl sich dieser der Frau offenbar nie genähert hat. Allein schon die Konstruktion dieses Beispiels lässt einige Schwierigkeiten bei der Erklärung des Phänomens erahnen. Wie erkennt man, ob die sexuellen Bedürfnisse einer Frau besonders stark sind, und kann man wirklich ausschließen, dass sich der Mann keinerlei Anspielungen erlaubt hat, auch nicht bei einer Zurückweisung? Vielleicht existierte im geschilderten Fall tatsächlich ein aus Gewohnheiten entwickeltes Bedürfnis. Dieses Bedürfnis suchte dann ein Ziel, wie das bei anderen Gewohnheiten auch der

Fall ist. Die Psychoanalyse verwendet für die Tatsache, dass Bedürfnisse Zielobjekte suchen, den theoretisch etwas überladenen Begriff der Übertragung: Weil jemand habituell in bestimmter Weise reagiert, tut er das auch dann, wenn es nicht angemessen ist. Nun ist gerade bei unangemessenen Verhaltensweisen festzustellen, dass schlicht Kontrollmechanismen fehlen, wenn diese nicht gelernt wurden.

Ein Zeitgenosse des oben erwähnten Neurologen Ferenczi war der französische Psychiater Gaëtan Gatian de Clérambault (1872–1934). Dieser untersuchte mehrere Fälle von »Liebenswahn« und gilt als Erstbeschreiber des sogenannten Stalking. Stalking, die beharrliche Belästigung einer anderen Person, ist ein sehr heterogenes Phänomen, das wiederholte Verleumdungen ebenso beschreibt wie hartnäckige Liebensbezeugungen. Wenn eine Person wider bessere Erfahrungen glaubt, sie werde von jemandem geliebt, so geht dies oft mit einer Fehldeutung von Äußerungen oder Gesten einher. In einem der in Deutschland bekanntesten Stalking-Fälle erklärte die verurteilte, arbeitslose Lehrerin Petra P., ihr Opfer, der Musiker Holger G., hätte mit ihr geflirtet. Holger G. gibt an, die Stalkerin hätte sich ihm in den Weg gestellt, und er wäre ihr ausgewichen. Wenn Holger G. öffentlich auftritt, sucht er die Zuschauerreihen nach Petra G. ab, um sich nach Ende der Vorstellung nicht versehentlich nach ihr zu verneigen.[19] Allein ein solcher Blickkontakt könnte jedoch ausreichen, dass sich Petra P. bestätigt fühlt. Ganz allgemein gesprochen, begünstigt die mangelnde Fähigkeit, Sachverhalte und Verhaltensweisen ausreichend zu deuten, das In-den-Vordergrund-Treten basaler Gefühle der Hinwendung oder der Bedrohtheit. Bei der Beurteilung der sozialen Bedeutung von Gesichtsausdrücken ist vor allem auch das basale Stirnhirn beteiligt (▶ **Kap. 8** *Passung und Bewertung*). Untersuchungen mit Skalen zu Emotionalität und Empathie belegen bei Stalkern fehlende sozial-kommunikative Fähigkeiten (Lewis u. a. 2001).

Gerade im sozialen Bereich kann jede unbedachte Kausalzuschreibung unerwünschte Folgen haben. Ursache-Wirkungs-Gedanken werden ja über sogenannte Kausal-Attributionen ausgedrückt und können damit in der Regel verstanden werden. Unter Umständen werden solche Zuschreibungen sogar von anderen Menschen übernommen, ohne dass sie überprüft werden. Menschen übernehmen Erklärungen von anderen Menschen, wenn diese Modellcharakter besitzen, selbst dann, wenn die Erklärung nicht nachvollzogen und verstanden wurde. Innerhalb von sozialen Grup-

---

19 Sächsische Zeitung vom 14.02.2015

pen gibt es erstaunlich wenig Dissens darüber, was als Wirklichkeit bezeichnet wird. Die Bereitschaft, bestimmte Sichtweisen zu übernehmen, ist groß.

Allerdings gibt es Grenzen für die Übernahme von differenzierten Kausalzuschreibungen. Zahlreiche psychologische Befunde zeigen, dass Kausal-Attributionen, die das Verhalten betreffen, zwischen Menschen höchst unterschiedlich ausfallen können. Menschen neigen nämlich dazu, das Verhalten anderer Menschen, gewissermaßen vereinfacht, auf Eigenschaften zurückzuführen, die in deren Persönlichkeit liegen: Jemand hat einen Fehler gemacht, weil er ungeschickt war. Eigenes Verhalten hingegen wird mit situativen Umständen erklärt: Man hat einen Fehler gemacht, weil man zum Beispiel gestört wurde. Viele Sozialpsychologen sprechen von einem fundamentalen Zuschreibungsfehler, wenn situative Einflüsse vernachlässigt werden (Heider 1944; Jones & Nisbett 1972).

Doch es gibt auch Fälle, in denen eine zugeschriebene Eigenschaft gespiegelt wird. Nehmen wir einen alltäglichen Partnerstreit als Beispiel: *Warum musst Du immer alles besser wissen?* Und als Antwort: *Nein, du willst ja alles besser wissen!* Man spricht im Deutschen von einer Retourkutsche, wenn ein Argument damit abgewehrt wird, dass es selbst gegen den Argumentierenden verwendet wird. So manches Phänomen der Alltagspsychologie (und auch das der sogenannten Gegenübertragung, bei der sehr deutliche Gefühle anderer unwillkürlich erwidert werden) beruht also mitunter einfach nur auf der Spiegelung einer Zuschreibung.

Es wird immer wieder geschehen, dass ein Mann überzogene Erwartungen an eine Frau hegt oder dass sich eine Schülerin in ihren Lehrer verliebt. Der Mann in unserem Beispiel denkt und handelt gewissermaßen so, als ob die Frau seines Interesses eine Überfrau wäre. Die erwähnte Schülerin denkt und handelt so, als ob auch der Lehrer irgendwie in sie verliebt wäre. Stets handelt es sich jedoch um unangemessene Verhaltensweisen, die aus unkontrollierten Bedürfnissen entstehen. Wie sieht im Alltag eine entsprechende Intervention aus? Eine Regulation der jeweiligen Bedürfnisäußerung könnte vielleicht nach einer Initiative durch Dritte erfolgen. Kontrollmechanismen können jedoch auch vom Interaktionspartner aus unterstützt werden. Wie bereits an anderen Orten vielfach erwähnt, bewährt sich ein, oft unbewusst gezeigtes Antwortmuster, das wir am besten als modifiziertes Spiegeln bezeichnen können. Nehmen wir zum Beispiel an, jemand verhält sich gegenüber einem gelassenen Interaktionspartner, sagen wir einem Vorgesetzten, wütend. Wie reagiert der Vorgesetzte? Dieser kann durchaus ebenfalls ärgerlich werden. Vielleicht hält sich jedoch der Ärger des Vorgesetzten in Grenzen, weil er ansonsten seinen wütenden Mitarbeiter schätzt. Unter diesen Umständen kann er vielleicht seinen eigenen Ärger mit einem Hinweis auf ein anderes Verhaltensziel, eine andere Form der Situationsbewältigung oder einen anderen wichtigen Sachverhalt verbinden. Dadurch ließe sich eine Beruhigung des aufgeheizten Augenblicks herbeiführen. In einem solchen modifizierten Spiegeln sehen wir die evolutiven Wurzeln der menschlichen Fähigkeit, sich pädagogisch zu verhalten (vgl. Bösel 2012, S. 235f).

Einfaches Spiegeln reicht in der Regel nicht aus, damit verbale Botschaften verstanden werden können. Vielmehr muss eine Deutung erfolgen. Dazu dienen auf der linken Hemisphäre Assoziationen zu den gehörten Worten, und die rechte Hemisphäre liefert Informationen über den situativen Kontext, in dem die gehörte Botschaft erfolgt (Huang u. a. 2010). Das alles ist zwar nicht Sache des Stirnhirns, wird aber unter anderem von hier aus durch Lenkung von Aufmerksamkeit beeinflusst, zum Beispiel durch Beachtung der genauen Formulierung oder von gleichzeitig beobachteten Handlungen.

Oft genug geschieht es, dass einem Kind von einem anderen ein Spielzeug weggenommen wird. In diesem Fall könnte dem Kind zum Beispiel der Hinweis gegeben werden, dass man versteht, dass es jetzt traurig ist. Das kann man als eine Form des Spiegelns auffassen, die geeignet sein könnte, das Kind pädagogisch in dem Zustand abzuholen, in dem es sich gerade befindet. Auch der Anlass des beim Kind beobachteten Verhaltens kann leicht erklärt werden: Offenbar wollte das andere Kind mit dem Spielzeug auch gerne spielen. Das gespiegelte Verhalten wird unter diesen Voraussetzungen eingeschränkt und modifiziert. Nun kann das Kind zum Beispiel der Anregung, mal eine Pause zu machen und zu einem anderen Spiel überzugehen, leichter folgen, weil es sich verstanden fühlt.

Indirektes Handeln und Ironie

Wenn man jemandem etwas erklären will, ist man gut beraten, an dessen Vorwissen anzuknüpfen, ihn also dort abzuholen, wo er sich befindet. Das stellt für die Erklärung einen Umweg dar, den man aber in Kauf nimmt, um letztlich ein Verständnis für das Richtige aufzubauen. Im eigenen Handeln wird ein Umweg oder eine indirekte Zielerreichung vor allem dann gewählt, wenn noch keine endgültige, also »richtige« Zielvorstellung existiert.

151

Das Richtige zu tun, setzt ja eine bestimmte Zielerwartung voraus sowie die Verfügbarkeit von Verhaltensweisen, die erlauben, dass das entsprechende Ziel erreicht wird. Oft spricht man von Kontrolle, wenn man innere oder äußere Handlungen meint, die dafür sorgen, dass die Abweichung des momentan Erreichten von der Zielerwartung durch die gewählte Verhaltensweise verringert wird. Handlungen, die diesen Abstand vergrößern, sind falsch. Tatsächlich können auch unpassende Kontrollprozesse eine Zielerreichung geradezu verhindern. Die folgende, einfache Versuchsanordnung liefert ein Beispiel dafür.

In einem vielzitierten Experiment wurden Personen aufgefordert, ein Pendel 40 Sekunden lang möglichst unbewegt über einem Linienkreuz zu halten. Das Pendel war 30 cm lang, und der Abstand zum Linienkreuz war großzügig mit ca. 2 cm festgelegt. Die Situation war ungewohnt, aber die Bedingungen waren nicht kompliziert. Dennoch schaffte es auch unter höchster Konzentration niemand, das Pendel ruhig zu halten. In einer zweiten Versuchsbedingung wurden die Personen aufgefordert, in Dreiersprüngen rückwärts zu zählen, während sie das Pendel hielten. Diese Art des Zählens erfordert viel Aufmerksamkeit. Erstaunlicherweise gelang es jetzt den meisten, das Pendel ruhig zu halten (Wegener u. a. 1998). Offensichtlich waren die in der ersten Bedingung gezeigten Anstrengungen nicht hilfreich, vielleicht weil sie die Muskelspannung erhöhten.

Wie bereits an anderer Stelle erwähnt, ist es sinnvoll, hauptsächlich nur solche Prozesse als Kontrollprozesse bezeichnen, die tatsächlich der Fehlervermeidung dienen. Das sind in der Regel Verhaltensweisen, die imstande sind zu verhindern, dass eine fehlererzeugende Verhaltensweise zur Ausführung kommt.

Manche Menschen finden es unter Umständen besser, in erster Linie das eigene Augenmerk oder das anderer Personen darauf zu richten, was falsch ist. Unter der Voraussetzung, dass für mehrere Menschen eine gemeinsame Sichtweise für einen Sachverhalt existiert, kann angedeutetes oder indirektes Handeln als Hinweis auf mögliche Fehler verstanden werden. Bei verschiedenen Tieren kennt man das Fauchen als Form der deutlichen Ablehnung. Sozial lebende Schimpansen begnügen sich manchmal mit einem stoßweisen, geräuschvollen Ausatmen. Insofern dürfte das menschliche Lachen ursprünglich ein Signal dafür gewesen sein, dass man sich mit etwas nicht identifizieren möchte (Eibl-Eibesfeldt 1972, S. 169). Das könnte als Grund dafür gelten, dass humorvolle Ironie Lachen erzeugt. Allerdings setzt das voraus, dass die Zuhörer verstehen, dass man sie durch eine merkwürdige Geschichte in die Irre führen wollte und dass sie die Pointe gemeinsam mit dem Sprecher als absurd kennzeichnen wollen (vgl. Bronwell u. a. 1983). Das Denken in der Form »Was wäre, wenn ...« bezeichnet man auch als kontrafaktisches Denken. Allerdings gibt es Hinweise, dass es ineffizient sein kann, zu sehr an Unerwünschtes zu denken. Welcher Olympiasieger ist glücklicher, der mit der Silbermedaille oder der mit der Bronzemedaille? Vermutlich denken Gewinner von Silbermedaillen häufiger an das Nichterreichen des Siegs als die Drittplatzierten. Untersuchungen an Personen, die ein schweres Lebensereignis zu bewältigen hatten, deuten in die gleiche Richtung: Je öfter und intensiver man darüber nachdenkt, wie man ein unerfreuliches Ereignis, zum Beispiel einen Verlust, hätte verhindern können, desto mehr leidet man (Davis u. a. 1995).

8

Passung und Bewertung

Zu den Funktionen der Areale BA 11 bis 14 und des Areals BA 25

Stammesgeschichtlich alte Mechanismen unterstützen das Deuten und die Einordnung von Signalen vor allem bei überlebenswichtigen Funktionen. Dazu gehören die Deutung von Reizen, die als Vorsignale für biologisch wichtige Situationen dienen, sowie die wache Zuordnung von Reizen, die unter Umständen ein rasches Reagieren im Sinne von Auseinandersetzung oder Vermeidung erfordern. Die automatisch erfolgenden Einordnungsversuche in das Gedächtnis sind regelmäßig von einer Fantasietätigkeit begleitet, deren mitunter sprunghaft wechselnde Bilder noch keinen Schluss auf die letztlich erfolgende Einordnung zulassen.

Die Basis des Stirnhirns

Die Unterseite des Stirnhirns befindet sich oberhalb der Augen.[20] Der Schädelknochen bildet dort die Stirnhöhlen. Dahinter geht der Stirnhirnpol (BA 10) in den vorne liegenden Teil des basalen Stirnhirns (BA 11) über, mit diesem eng über Fasern verbunden (Hagmann u. a. 2008). Auch für diese Stirnhirnregion ist, wie schon bei anderen erwähnt, eine soziale Funktion erkennbar, nämlich die Bereitschaft zur Kooperation (Decety u. a. 2004). Damit geht die Fähigkeit einher, sich am sozialen Feedback zu orientieren. Auf die Verbindungen der Stirnhirnbasis zu den phylogenetisch alten Hirnstrukturen der Mandelkerne werden wir gleich noch näher eingehen. Das nach hinten anschließende Areal (BA 12) weist bei einer bestimmten Demenzform einen Substanzverlust auf, was dann ebenfalls mit typischen sozialen Symptomen einhergeht: Vernachlässigung von Pflichten, Taktlosigkeiten oder sogar verletzendes Verhalten und sozialer Rückzug.

Hinten innen im basalen Stirnhirn befinden sich die sogenannte gerade Windung (BA 14) und das subgenuale Areal (BA 25). Im subgenualen Areal befinden sich zahlreiche Nervenzellen, die mit dem Überträgerstoff Serotonin arbeiten. Eine Stimulation des subgenualen Areals kann schwere depressive Symptomatiken mildern (Mayberg u. a. 2005). In der unmittelbaren Umgebung des subgenualen Bereichs, und zwar im sogenannten Nucleus basalis, gibt es außerdem eine größere Konzentration von Nervenzellen, die mit dem Überträgerstoff Acetylcholin arbeiten. Diese dienen gewissermaßen der Verstärkung anderer Nervenzellaktivitäten, verhelfen zu wacher Aufmerksamkeit, begünstigen Assoziationen und unterstützen Lernvorgänge (Richardson u. a. 1988). Acetylcholin-Minderfunktion geht mit dementiellen Veränderungen im Gedächtnis einher.

Die Verfügbarkeit von Acetylcholin im Stoffwechsel der Nervenzellen wird leicht durch generelle Störungen im Stoffwechsel und im Energiehaushalt beeinflusst. Gravierende Stoffwechsel-Beeinträchtigungen, wie zum Beispiel beim Alkoholentzugssyndrom, führen letztlich zum Delir. Darunter versteht man ein Bündel aus Störungen der Aufmerksamkeit, des Gedächtnisses und der Orientiertheit, oft verbunden mit visuellen Halluzinationen und motorischer Unruhe.

---

20 Sie wird entsprechend auch als orbitofrontaler Cortex OFC bezeichnet.

Träumen und unbewusste Einordnungsversuche

Geradezu ein Musterbeispiel für Fantasiegebilde sind die Träume: Scheinbar zufällig aneinandergereihte Gedankenfetzen präsentieren uns in ihrem Zusammenhang bizarre, manchmal beängstigende, manchmal beglückende Momente. Hierbei sind die mit Acetylcholin arbeitenden Netzwerke besonders aktiv. Bevor wir uns mit der Entstehung von Träumen und ihrer Bedeutung im neuronalen Geschehen auseinandersetzen, müssen wir kurz einen Blick auf die Ansichten von Sigmund Freud werfen, der seine Schrift *Die Traumdeutung* von 1900 stets als eines seiner wichtigsten Werke angesehen hat.

Am leichtesten kann man Freuds Gedanken in seiner *Revision der Traumlehre* von 1933 folgen. Der Ausgangspunkt von Freuds Traumforschung ist der Traumbericht, den er als »manifesten Traum« bezeichnet. Im zweiten Schritt wird nicht die Traumgeschichte als Ganzes, sondern ausschließlich deren Einzelteile betrachtet. Der Träumer wird nun aufgefordert, zu diesen Teilstücken frei zu assoziieren. Die Assoziationen machen nach Freud den Weg frei, sodass vom Analytiker Symbole erkannt werden können. Die Übersetzungen dieser Symbole legen den »latenten Traum« frei. Das veranlasste Freud zu der Ansicht, »dass man durch die Traumdeutung wie durch eine Fensterlücke in das Innere ... [des seelischen Apparates] einen Blick werfen kann« (Freud 1900, S. 224).

Wenn man heute Psychoanalytiker fragt, ob Träume eine Sonderstellung bei der Analyse des sogenannten »Unbewussten« zukommt, so wird man uneinheitliche Antworten bekommen. Nach Deserno (1999b) kommt der psychoanalytischen Traumdeutung zum Beispiel eine besondere Bedeutung bei der Aufarbeitung von sogenannten Übertragungsphänomenen zu. Bei Übertragung verschiebt der Analysand nach Meinung der Psychoanalyse seine Probleme in besonderer Weise auf den Analytiker. Oder er verschiebt seine Probleme im Gespräch mit dem Analytiker über den Traum eben auch auf die Trauminhalte. Wir haben Übertragung im Zusammenhang mit Spiegeln besprochen und dort auf die Gefahr hingewiesen, die von fehlenden alternativen Kontrollmechanismen ausgeht. Solche Kontrollmechanismen fehlen meist für die analytische Situation (vgl. dazu die Erfahrungen mit dem Verkennen von Wirklichkeit im Kapitel 4 *Die Ich-Beteiligung im Denken*). Hamburger (1999) stellt Informationen des Traumberichts direkt neben das ansonsten gesprochene Wort: »Aus dieser Sicht sind Traum und Sprache als analoge, wenn auch unterschiedliche Strukturen aufzufassen« (S. 301). Die Deutung habe so zu erfolgen wie bei

156

jeder anderen sprachlichen Äußerung. Schließlich, so ist zu ergänzen, kann nie der passiv erlebte Traum, sondern nur der aktiv formulierte Traumbericht nach dem Aufwachen untersucht werden. Der Analytiker habe nicht auf die Worte zu achten, sondern auf die Mitteilungen zwischen den Zeilen, die sich erst durch die Deutungen des Analytikers erschließen. Insofern mag es nicht verwunderlich erscheinen, wenn sich Meltzer (1988) die für eine Traumanalyse adäquate Situation so vorstellt: »Während ich Ihrem Traum zuhörte, hatte ich einen Traum ...« (zit. nach Deserno 1999a). Wie erwähnt, machen sich Personen Deutungen anderer leicht zu eigen, wenn sie mit ihren eigenen Erfahrungen passend verknüpft werden können. Viele Psychoanalytiker sehen das bereits als ein wichtiges Therapieziel an.

In der empirischen Traumforschung beschäftigt man sich nicht nur mit den spontan erinnerten Träumen, sondern untersucht auch Träume von Personen, die aus einer der Traumphasen aus dem Schlaf aufgeweckt wurden. Dabei gibt es deutliche Hinweise, dass im Traum häufig Inhalte des vergangenen Tages aufgegriffen werden. Das passt zu der Annahme, dass während des Schlafs bestimmte Themen erst richtig im Gedächtnis verankert werden. Vor allem scheint eine wiederholte Bildung ständig neuer Assoziationen wichtig zu sein, wenn eine spontane Assoziation zu einer Verankerung von Inhalten im Gedächtnis nicht ausgereicht hat und noch im Kurzzeitspeicher »kreist«. Ähnliche Prozesse finden offenbar auch bei halluzinierenden Personen statt. Wir haben erwähnt, dass sich in der Vorgeschichte von Personen, die zu Halluzinationen neigen, häufig schwer zu bewältigende Lebensereignisse finden. Im Schlaf können Inhalte, die zum Zeitpunkt des Einschlafens noch im Kurzzeitspeicher aktiv waren, zu mikroskopischen Lernprozessen beitragen, die erlauben, dass diese Inhalte mit bestehenden Informationen aus dem Langzeitgedächtnis assoziativ verbunden werden. Der Verankerungs-Prozess, so die Theorie, wird durch Impulse befördert, die spontan auftretende Assoziationen so lange stören, bis sich solide Verbindungen einstellen, die dann auch von Dauer sind. Fassen wir zusammen: Die Vorstellungen beim Träumen kann man als Folgen von weiträumigen und intensiven Informationsverarbeitungsprozessen ansehen. Diese nehmen gerade deshalb bizarre Formen an, weil sie keinen ausreichenden Bezug zum Gedächtnishintergrund oder zur Realität besitzen.

Nach extremen Erlebnissen, nach einem Unfall, nach Drogenkonsum oder nach überraschend gutem Sex kommt es mitunter zu freisteigenden Empfindungen und Vorstellungen. Wie entstehen unter diesen Voraussetzungen freisteigende Vorstellungen? Man kann sich das wie bei einem

Schrank vorstellen, meint Anke Ehlers (2000), in den man ganz viele Dinge ganz schnell hineingeworfen hat. Die Tür schließt nicht mehr ganz. Irgendwann geht die Tür wieder ein Stück auf, und etwas fällt heraus. Diese Metapher reicht jedoch nicht immer für die Deutung von Gedankenfetzen, die eine schizophrene Person vornimmt oder eine Person, die gerade aus einem bizarren Traum erwacht und die versucht, diesen zu erinnern. Die Einordnungsversuche, die der Traum widerspiegeln könnte, beruhen ja stets auf sehr zahlreichen und unterschiedlichen individuellen und formalen Möglichkeiten, Assoziationen zu bilden. Bereits bei Tieren nehmen manche Assoziationen schwer vorhersehbare Wege (▶ **Kap. 2** *Orientierung*). Eine vergebliche Gedächtnissuche und der Anstoß zu zahlreichen Assoziationen führen zu einem konfliktartigen Zustand. In der Hirnstromaktivität wird unter diesen Umständen eine hohe Wellen-Komplexität beobachtet (Elbert u. a. 1994). Dieser Zustand wird als emotional erlebt und kann in Verbindung mit den Mandelkernen zu Affektäußerungen führen. Träume können sehr belastend sein. Eine Entlastung erfolgt oft erst durch die Rückkehr in die Wirklichkeit.

Denkstörungen, die mit lockeren, phantastischen und schließlich nicht mehr nachvollziehbaren Assoziationen verbunden sind, bezeichnet man als schizoform. Schizoforme, aber auch schwer schizophrene Personen erzeugen mitunter aufmerksamkeitserregendes Verhalten. Wir haben bei Besprechung der Basalkern-Einflüsse (▶ **Kap. 2** *Orientierung*) auf erstaunliche Kunstprodukte hingewiesen, die psychiatrische Patienten zu produzieren imstande sind. Damit regen sie die Fantasie der Betrachter an und erringen deren Wertschätzung, weil diese angeregt werden zu versuchen, die ungewohnten Assoziationen nachzuvollziehen (vgl. Gorsen 1980). In solchen Fällen mag das Bonmot von Oscar Wilde gelten: »Was uns zum Denken anregt, ist gut« (Hyde 1962, S. 108, vgl. Hofmann & Kuchinke 2015). In der Regel ist jedoch ein angemessenes Nachvollziehen von schizoformen Gedanken nicht möglich. So können sich zum Beispiel gegenteilige Begriffe, wie süß und sauer, wechselseitig bahnen. Selbst wenn es sich um komplexere Traumszenarien handelt, die sich auf Gedanken des Wachzustandes beziehen, kann es sein, dass im Traum einzelne Eigenschaften durch ihr Gegenteil ersetzt werden (Beispiele s. Draasima 2015). Auf solchen indirekten gedanklichen Zusammenhängen beruhen mitunter überraschende Reaktionen, gerade bei Schizophrenen, die besonders leicht Assoziationen bilden (Spitzer u. a. 1993). Assoziativität dieser Art kann man im Grunde nur in Experimenten untersuchen, die Vorwärmeffekte erzeugen, sogenanntes Priming. In solchen Experimenten kann man beobachten, dass auf Worte besonders rasch reagiert wird, wenn deren Wahrnehmung durch ein vorher dargebotenes, assoziiertes Wort erleichtert wird. Der Erleichterungseffekt beruht auf einer Assoziation, die sehr rasch eintritt, und zwar bereits nach wenigen Zehntelsekunden. Das bedeutet, dass die Assoziationen, die unmittelbar für freisteigende Bilder verantwortlich sind, stets automatisch und nicht intentional erfolgten. Alle anschließenden, sogenannten »freien« Assoziationen unterliegen hingegen bereits der bewussten Kontrolle.

An dem folgenden, alten Gedicht, das in mehreren Varianten existiert, kann man sehen, dass es durchaus eine normale Neigung gibt, auch Gegensätzliches miteinander zu verbinden. Dieses Scherzgedicht (Autor unbekannt) war übrigens gerade in der Zeit sehr populär, als Sigmund Freud begann, Träume zu deuten:

»Dunkel war's, der Mond schien helle,
Schnee lag auf der grünen Flur,
als ein Wagen blitzesschnelle
langsam um die Ecke fuhr.«

Im Grunde ist es nicht schwierig, sich eine Nacht vorzustellen, in der zwar keine Sterne leuchten, der Mond jedoch sichtbar ist. Ebenso kann man sich eine Wiese vorstellen, die zum Teil von Schnee bedeckt ist. Dann bremst ein schnell ankommender Wagen vor einer Kurve ab. Diese Gedanken entsprechen dem Gedicht keineswegs vollständig, stellen jedoch eine mit dem Gedicht verträgliche Interpretation dar. Sie folgen dem Mechanismus der Dissonanzreduktion (▶ **Kap. 4** *Die Ich-Beteiligung im Denken*). Sie geben aber kaum Auskünfte über unbewusste Prozesse.

Selbstverständlich erfolgt die Einordnung von Neugelerntem stets auf der Grundlage von vorhandenem Wissen und Können, also habituell verfügbaren Gedächtnisinhalten. Wie jemand üblicherweise denkt und reagiert, kann man mit sogenannten Persönlichkeitsinventaren testen. Tatsächlich bestimmt die Persönlichkeit neben wechselnden, momentanen Deutungsneigungen als weiterer wichtiger Faktor das Zustandekommen bestimmter Trauminhalte. Sogenannte Psychotiker, die zu einer Überschätzung der eigenen Fähigkeiten neigen, träumen häufiger von Macht und Gewalt, mitunter auch vom Gegenteil, nämlich sich zu verkriechen. Stark impulsive Personen haben häufiger sexuelle Träume (Yu 2014). Nun werden ja Lerninhalte des Vortags oft nach dem Schlaf besser erinnert. Daher sind die jeweiligen Trauminhalte ein Ausdruck dafür, dass die der Persönlichkeit entsprechenden Neigungen durch die einschlägigen Gedanken in geringem Umfang verstärkt werden. In einer Untersuchung berichtete etwa jeder Vierte von einem Traum, in dem er jemanden umgebracht hat. Diese Personen würden das zwar nicht unbedingt im Wachzustand tun. Sie laufen jedoch Gefahr, demnächst stärker aggressiv zu reagieren (Schredl & Matthes 2014).

Insofern könnten Träume zum Anlass genommen werden, eigene Strategien zum Bewältigen des Alltags einer Prüfung zu unterziehen. Genau dies legen einige Werke aus der dramatischen Literatur nahe, wie zum Beispiel *Das Leben ein Traum* von Pedro Cal023 de la Barca oder *Der Traum ein Leben* von Franz Grillparzer. Die Helden dieser Dramen träumen oder durchleben Episoden, die sie als Traum werten. Dabei werden sie mit den negativen Konsequenzen eigener Wünsche und Verhaltensweisen konfrontiert. Im realen Leben beherzigen sie diese Erfahrungen. In den genannten Dramen stehen die traumhaften Episoden wie ein Sandkastenspiel stellvertretend für ein reales Als-ob-Handeln.

Zwischen dem nächtlichen Träumen, dem Träumen im Halbschlaf, dem sogenannten luziden Schlaf, den freisteigenden Bildern bei manchen Meditationsübungen, den Tagträumen und den ziellosen Fantasien im entspannten Wachzustand gibt es fließende Übergänge. Am besten untersucht ist der Zustand des Gehirns in einem entspannten Wachzustand des Nichtstuns (sogenannter Resting state). In dem dabei beobachteten Zustand wird in der Regel ein Netzwerk aktiv, das man als Default mode network bezeichnet (Raichle & Snyder 2007) und zu dem im Stirnhirn vor allem der MFC gehört. Allerdings muss berücksichtigt werden, dass man, biologisch gesehen, nicht »nichts« tun kann (Morcom & Fletcher (2007). In der klassischen Untersuchungsanordnung werden Personen gebeten, liegend und mit geschlossenen Augen nichts zu tun, während sie untersucht werden. In einer solchen Situation ist die Aufmerksamkeit in der Regel teils auf die eigene Befindlichkeit und teils auf die Umwelt gerichtet. Ein derartiger Zustand dürfte im Tierreich sehr häufig anzutreffen sein, und das entsprechende Netzwerk gilt auch beim Menschen als gut ausgebildet (Horn u. a. 2013). Die Konzentration auf die eigene Person wird im Gehirn durch die Aktivierung im MFC und in den damit verbundenen Regionen des Scheitellappens (Precuneus und das Übergangsgebiet von Schläfen- und Scheitellappen) sichtbar. Die dabei auftretende innere Wachheit und die Fantasietätigkeit beim Menschen ist dabei als Funktion der mit Acetylcholin arbeitenden Teile des Gehirns anzusehen, zum Beispiel als Folge einer Aktivierung des Nucleus basalis. Bei Störungen des Acetylcholinstoffwechsels, zum Beispiel bei der Alzheimer-Demenz, ist auch der Default mode gestört.

Klassische Konditionierung

Freisteigende Gedanken sind für das Gehirn kein Selbstzweck. Sie dienen, wie erwähnt, der Einordnung von latent aktiven Repräsentationen. Außerdem sind Gedanken ja oft mit unterschwelligen Handlungsimpulsen verbunden. Insofern ist es nicht verwunderlich, dass das basale Stirnhirn für Lernerfahrungen sensibel ist, in deren Folge man automatisch auf bestimmte Signale reagiert.

Das Signallernen erwähnten wir bereits im Kapitel 4 *Die Ich-Beteiligung im Denken*. Das Prinzip des Signallernens beruht darauf, dass ein Signal, das regelmäßig unmittelbar vor einer Verhaltensweise erscheint, allmählich als Vorsignal verstanden wird, das die Ausführung der entsprechenden Verhaltensweise begünstigt. Das klassische Experiment dazu geht auf Iwan Pawlow zurück, der beobachtete, dass seine Hunde bereits Futter erwarteten, wenn ein bestimmter Glockenton ertönte. Zuvor hatte er darauf geachtet, dass die Futtergabe regelmäßig von diesem Glockenton eingeläutet worden war. Weil dieser Befund am Beginn der modernen Lernforschung stand, bezeichnet man den entsprechenden Lernvorgang auch als Klassische Konditionierung.

Im Kapitel 2 *Orientierung* wurde das Prinzip der Operanten Konditionierung erklärt. Soweit wir heute wissen, sind Operante und Klassische Konditionierung Vorgänge, die auf der Ebene der Nervenzellfunktionen völlig analog ablaufen (vgl. z. B. Bösel 2006, S. 73). Allerdings finden sie in unterschiedlichen Netzwerken statt, und es hat sich bewährt, sie in jeweils anderen Kontexten zu untersuchen. Verhaltensweisen, die aufgrund des Lernens am Erfolg operant konditioniert wurden, werden durch die Basalkerne ausgelöst. Anreizgesteuerte Verhaltensweisen, die aufgrund von Signallernen nach Vorsignalen gezeigt werden, werden überwiegend durch die Vermittlung der sogenannten Mandelkerne ausgelöst. Die Mandelkerne veranlassen elementare biologische Reaktionen. Sie sind lernfähig, sodass sich die biologische Reaktivität an wechselnde Umwelten anpassen kann. Insofern bleiben die von den Mandelkernen vorgenommenen Bewertungen auch unter wechselnden kulturellen Einflüssen bedeutsam.

Die Mandelkerne befinden sich im schläfenseitig gelegenen Teil der Hirnrinde. Viele Lernprozesse, die elementare, biologische Funktionen wie Nahrungsaufnahme oder Sex betreffen, werden meist als Klassische Konditionierungen beschrieben. Das gilt auch für das Erlernen von Angstreaktionen. Körperliche oder seelische Ausnahmezustände, wie Folter oder Entführungen, führen zu seelischen Verletzungen, sogenannten Traumata.

In deren Folge treten spontane und schwer zu unterdrückende Angstreaktionen auf. Den zugrundeliegenden, physiologischen Mechanismus kennt man. Er beruht auf einer Klassischen Konditionierung in den Mandelkernen. Das Fatale an dieser Art Lernen ist, dass hierbei schon eine einzige Erfahrung mitunter zu langdauernden Folgen führen kann.

Insbesondere aus Befunden an Personen mit Stirnhirnverletzungen wird deutlich, dass zahlreiche Bereiche des basalen Stirnhirns mit den Mandelkernen verbunden sind. Diese Annahme vertritt auch der aus Portugal stammende und in Iowa und Kalifornien tätige Neurologe António Damásio. Obwohl direkte Belege für entsprechende neuronale Verbindungen fehlen, folgen die meisten Neurowissenschaftler dieser Auffassung. Bereits Ende der 1960er Jahre war insbesondere deutlich geworden, dass nicht so sehr die Fähigkeit zur Wahrnehmung von Körpersignalen, sondern vor allem deren Deutung für das Befinden ausschlaggebend ist (Stern & Higgins 1969; vgl. auch Bragazzi u.a. 2014). Damásio spricht davon, dass es im Körper stellvertretende Zustände »what I term ›as if‹« gibt, die im Bewusstsein ein Gefühl erzeugen (Damásio 1995, S. 245). Derartige psychologische Befunde sprechen ebenfalls dafür, dass die Körpersignale erst nach Verarbeitung in einem durch Lernerfahrung geprägten Bewertungsfilter ins Bewusstsein dringen. Da die Körperwahrnehmung je nach individuellen Erfahrungen stark variiert, ist die Bewertung von Körpersignalen eine pädagogische Aufgabe. Meistens wird sie in der Familie oder von Gleichaltrigen gelernt.

Anatomisch gesehen liegen die Mandelkerne also in der Nähe des basalen Stirnhirns, sind mit diesem verbunden und besitzen einen großen Einfluss auf dessen Funktionen. Betrachten wir zunächst den Effekt einer Klassischen Konditionierung anhand eines historischen Beispiels. Als Albert, der Sohn eines Angestellten an einer Klinik in Baltimore, im Jahre 1920 neun Monate alt war, beschäftigte sich ein befreundeter Klinikpsychologe aus wissenschaftlichem Interesse mit dem Baby. Der Klinikpsychologe hieß James Watson, und er konfrontierte das Kind mit einer Reihe von Gegenständen, um dessen »natürliche« Gefühlsreaktionen zu beobachten. So hielt er dem kleinen Albert unter anderem eine Affenpuppe, eine weiße Ratte und brennende Zeitungen vor dessen Augen. Der kleine Albert zeigte hierbei keinerlei Furchtreaktionen und griff nach den Objekten. Albert erschrak jedoch, wenn man mit einem Hammer laut gegen eine Eisenstange schlug. Als Albert 11 Monate alt war, kam Watson auf die äußerst fragwürdige Idee, Albert wieder die Ratte zu zeigen und ihn gleichzeitig mit dem lauten Geräusch der Eisenstange zu erschrecken. Nach nur wenigen Wiederholungen zeigte Albert massive Angstreaktionen vor der Ratte, aber auch vor Hasen und Pelzmänteln. Wir wissen heute, dass der entscheidende Faktor für das Zustandekommen von Konditionierungen das unerwartete Auftreten von Ereignissen im Kontext bekannter Umgebungen ist.

Die Mandelkerne reifen nachgeburtlich. Viele Neurowissenschaftler nehmen an, dass es während dieser Reifungsphase bei kleinen Kindern als sogenannte Acht-Monats-Angst zu einer verstärkten Scheu gegenüber fremden Personen kommt. Dies verweist auf die besondere soziale Bedeutung einiger Mandelkernfunktionen. An dieser Spezialisierung sind aber möglicherweise nicht nur die Mandelkerne, sondern auch das basale Stirnhirn maßgeblich beteiligt. Unterstützt wird diese Annahme durch einen Befund an Kindern mit dem sogenannten Williams-Beuren-Syndrom (WBS). Beim WBS handelt es sich um eine Chromosomenstörung. Das klinische Bild ist unter anderem dadurch gekennzeichnet ist, dass WBS-Kinder auf negative Signale und Bedrohungen von Menschen kaum reagieren und stets offen und freundlich auf fremde Menschen zugehen. In anderen bedrohlichen Situationen ängstigen sie sich jedoch übermäßig. Normalerweise lösen Bilder von wütenden oder furchtsamen Menschen eine starke Aktivität der Mandelkerne aus. Bei Kindern mit WBS fällt diese Erregung deutlich geringer aus. Zeigt man Kindern Bilder von gefährlichen Situationen, etwa von einem brennenden Haus oder einem Flugzeugabsturz, auf dem aber keine Menschen zu sehen waren, so reagieren die Mandelkerne selbstverständlich ebenfalls. Allerdings ist unter solchen Bedingungen die Reaktion von WBS-Kindern weitaus größere als die in einer gleichalten Gruppe gesunder Kinder. Bildgebende Verfahren lassen vermuten, dass bei WBS-Patienten eine Verbindung zwischen dem basalen Stirnhirn zu den Mandelkernen fehlt. Das scheint der Grund dafür zu sein, dass eine bedrohliche Mimik in Gesichtern nicht richtig gedeutet werden kann.

Die Fähigkeit, sich aufgrund einer bedrohlichen Mimik so zu verhalten, als ob das Gegenüber bereits körperlich aggressiv geworden ist, scheint biologisch tief verankert zu sein. Wie andernorts ausführlicher dargestellt, handelt es sich bei den sozialen Fähigkeiten, die beim Menschen enorm entwickelt sind, im Grunde um ein evolutionsbiologisch altes Erbe von sehr verschiedenen Funktionen (vgl. Bösel 2012). Dieses schließt auch prosoziales Verhalten gegenüber Sozialpartnern ein. Das basale Stirnhirn ist auch dafür verantwortlich, dass wir in bestimmten Situationen meinen, dem Gesicht anderer Personen entnehmen zu können, ob sie sich kooperativ verhalten (Singer u. a. 2004). In einem viel diskutierten Experiment mussten sich Versuchspersonen ausgesprochen unangenehme Bilder ansehen, von Wunden, von Kot oder von sich prügelnden Kindern. Dabei wurde festgestellt, dass das Gehirn in hohem Maße unterscheidet, ob es sich um sozialrelevante Situationen handelte oder nicht. Wenn das, was die Bilder zeigten, als ungerecht empfunden wurde, reagierte das Areal BA 11 im basalen Stirnhirn besonders stark (Moll 2005). Moralische Urteile werden im Leben üblicherweise nicht durch direkte Lernerfahrungen am Erfolg erworben. Man übernimmt solche Urteile von Modellpersonen, was in der Regel indirekt Erfolg verspricht, oder man erwirbt sie über Signallernen.

Mandelkerne reagieren auf virtuelle Realität

Es ist schon länger bekannt, dass die Mandelkerne auf verbale Bedrohung reagieren, und zwar der linke stärker als der rechte. Die Mandelkerne reagieren jedoch auch bereits, wenn emotional aufgeladene Texte bloß gelesen werden, und zwar sowohl bei angenehmen wie bei aversiven Textpassagen. Schon in den späten 70er Jahren des vorigen Jahrhunderts war untersucht worden, unter welchen Bedingungen Texte emotional wirken. Der Emotionspsychologe Peter J. Lang hatte damals kurze Beschreibungen von entspannenden oder aktivierenden Situationen verwendet. Er bat seine Probanden, die Texte zu lesen und sie gedanklich auszuschmücken. Wenn in den aktivierenden Texten (Fahrradfahren, Bedrohung durch ein Tier) das Augenmerk auf die dort vorkommenden oder möglichen Tätigkeiten gelegt wurde (Treten, Fliehen), konnte tatsächlich eine geringfügige Beschleunigung des Herzschlags festgestellt werden. Dies war nicht der Fall, wenn sich die Probanden gedanklich hauptsächlich mit den äußeren Eigenschaften der Objekte (Fahrradteile, Schlangenhaut) beschäftigten (Lang 1979).

Eine interessante Frage ist, unter welchen stilistischen Bedingungen Texte beim stillen Lesen unser Emotionssystem besonders ansprechen. In einer moderneren Untersuchung wurden entsprechende, alternative Formulierungen konstruiert, in denen der jeweils gemeinte Sachverhalt einmal sachlich und einmal metaphorisch ausgedrückt wurde (Citron & Goldberg 2014). Dabei ging es also nicht mehr um vorgestellte äußere Handlungen, sondern um rein mentale Tätigkeiten. Hier drei Beispiele, bei denen die Metaphorik auf verschiedene Sinnesempfindungen zurückgreift:

Die Trennung war für ihn bitter ... vs. ... schlecht für ihn.
Sie bekam ein süßes Kompliment ... vs. .... ein nettes Kompliment.
Sie sah in ihrem Kleid richtig heiß aus ... vs. ... sexy.

Die metaphorischen Adjektive führten beim Lesen stets zu einer stärkeren Aktivierung der Mandelkerne als die eher sachlichen. Eine weiterer Befund weist darauf hin, dass die Effekte in den Mandelkernen bei Personen, die erst in der Schule Englisch gelernt hatten, beim Lesen emotionsgeladener Texte stärker ausgeprägt sind, wenn diese in der Muttersprache gelesen werden als in Englisch (Hsu u. a. 2014).

Wie reagieren die Mandelkerne auf angstauslösende Reize in einer virtuellen Umgebung? Die Mandelkerne reagieren auf vorgestellte und somit auch auf virtuelle, emotionale Reize. Sinnliche Erfahrungen in der realen Welt haben verständlicherweise stärker angstauslösende Effekte als solche in einer virtuellen Welt. Um möglichst perfekte virtuelle Eindrücke zu erzeugen, kann man mit Hilfe eines Datenhelms auf einem direkt vor dem Auge befindlichen Display (head mounted display) eine künstliche Umgebung zeigen, die sich mit den eigenen Kopfbewegungen verändert und in der eigene Handbewegungen mit einer virtuellen Hand dargestellt werden können. Wie reagieren Personen, wenn ihnen unter solchen Bedingungen zum Beispiel eine große Spinne vorgeführt wird, die sich ihnen nähert? Selbstverständlich führt diese Illusion zu starken Vermeidungsreaktionen, vor allem, wenn man die Personen veranlasst, nach der virtuellen Spinne zu greifen. Dennoch existiert auch unter diesen Bedingungen das Wissen, sich in einer virtuellen Welt zu bewegen. In einer Untersuchung von Peperkorn und Mühlberger (2013) an der Universität Würzburg kombinierte man die virtuellen Wahrnehmungen mit realen. Während die Personen virtuell nach einer Spinne greifen mussten, berührten sie real einen Gegenstand. War dieser Gegenstand eine Kunststoffspinne, so steigerte das nicht nur das Aversionsgefühl enorm. Unter diesen Bedingungen war auch das Gefühl, in der virtuellen Welt angekommen und gegenwärtig zu sein, sehr hoch.

Militärangestellte, die im Rahmen weltweiter Anti-Terror-Aktivitäten in ihrer Heimat mit Hilfe von Videobildern und ferngesteuerter Drohnen reale Menschen töten, befinden sich in einer ganz besonderen Situation. Es ist zu befürchten, dass die beruflichen Erlebnisse nicht zum Geschehen des übrigen Alltags passen und längerfristig zu Belastungsstörungen führen können. Allerdings gibt es dazu außer Einzelfallbeobachtungen (z. B. am Drohnenpiloten Brandon Bryant[21]) keine belastbaren Daten.

Bei der Verwendung von virtuellen Umgebungen können durch die ständig präsente Ich-Perspektive auch Einstellungen direkt verändert werden, zumindest in Bezug auf Situationen in der virtuellen Welt. Das zeigt eine andere Untersuchung aus der oben erwähnten Würzburger Arbeitsgruppe. Probanden hatten in mehreren virtuellen Autofahrten auf einer Autobahnbrücke einen Lkw zu überholen. Bei der jeweils zweiten Fahrt verursachte der virtuelle Lkw einen Verkehrsunfall, bei dem auch das Probandenfahrzeug betroffen war. Es zeigte sich, dass die Probanden bei den weiteren virtuellen Fahrten wesentlich vorsichtiger fuhren als bei den ersten beiden Fahrten (Kinateder u. a. 2012).

Die Mandelkerne reagieren bereits auf eine vorgestellte Bedrohung und daher auch auf Bedrohungen einer virtuellen Umgebung. Dadurch entstehen in der Folge überdauernde Effekte, wie es Trainingsprogramme zeigen, die mit virtuellen Umgebungen arbeiten. Zum Beispiel reagieren Personen mit Flugangst auf eine Flugsituation in virtueller Umgebung deutlicher als Kontrollpersonen, und zwar mit erhöhten Werten im Herzschlag und bei Handschweißreaktionen (Mühlberger u. a. 2005). Dadurch lassen sich virtuelle Umgebungen jedoch auch für therapeutische Trainings gut nutzen.

Ist es nun so, dass aggressive Computerspiele die Spieler auch aggressiv machen? Über abstumpfende Effekte wurde im Abschnitt über die *Verwendung von Referenzgrößen* berichtet (▶ **Kap. 5** *Vergleichen und Analogien bilden*). Darüber hinaus gilt, wie bei allen aggressiven Vorbildern, dass ein ansteckender Effekt vor allem dann eintritt, wenn bereits aggressive Gedanken vorliegen, also zum Beispiel extreme Ansichten über »normale« Aggression existieren oder aggressive Fantasien vorherrschen (Gentile u. a. 2014).

Es gibt einen Befund, in dem nach dem Spielen eines Ego-Shooter-Spiels eine große Hilfsbereitschaft im Vergleich mit anderen Computerspielen gezeigt wurde (Tear & Nielsen 2013). Dieses Experiment zeichnete sich allerdings dadurch aus, dass das entsprechende Spiel von den Teilnehmern als höchst frustrierend bezeichnet wurde. Weitere Befunde geben Anlass zur Annahme, dass man durchaus bereit ist, gewisse roboterhafte Eigenschaften von Computerwesen zu übernehmen, wenn man sich häufig (mehr als 9 Stunden pro Woche) mit Avataren identifiziert. Ist es von Nachteil, einen kühlen Kopf zu bewahren? Es gibt Hinweise, dass sich die Identifikation mit Avataren letztlich in einer Unempfindlichkeit sich selbst gegenüber und einer geringen Sensibilität gegenüber ande-

---

21 http://amanpour.blogs.cnn.com/2013/10/25/confessions-of-a-drone-warrior

ren äußert. In einer Untersuchung prüfte man diese Eigenschaften, indem Personen zum Beispiel aufgefordert wurden, möglichst viele Büroklammern mit der Hand aus einem Behälter mit Eiswasser zu fischen. Erfahrene Spieler schafften bis zu 18 % mehr Klammern als Gelegenheitsspieler. Oder es wurde gefragt, ob Bilder von Gesichtern eher Vergnügen oder Missfallen ausdrückten. Personen, die häufig spielten, erkannten vergleichsweise selten, wenn Gesichter Schmerz ausdrückten (Weger & Loughnan 2014).

Stalking als sozial-kommunikative Störung wurde bereits im Kapitel 7 *Kommunikation* erwähnt. Ein in der Jugendpsychologie häufig beobachtetes Phänomen ist, dass sozial auffällige Jugendliche oft berichten, dass sie meist dann aggressiv werden, wenn sie sich durch den aggressiven Gesichtsausdruck anderer Personen provoziert fühlen. Ein solches Gefühl konnte bei jungen Studierenden schon nach 15 Minuten Computerspiel erzeugt werden. In der entsprechenden Untersuchung wurden die Teilnehmer veranlasst, in einem Spiel per Zufall den Charakter von Superman oder des Jokers anzunehmen. Anschließend wurden die Spieler aufgefordert, für eine Reihe von Gesichtsfotos anzugeben, ob und in welchem Ausmaß die dargestellten Personen aggressiv aussahen. Tatsächlich handelte es sich durchweg um neutrale Mimiken. Diejenigen, die sich mit Joker identifiziert hatten, meinten mehr Aggressivität zu entdecken als die Superman-Spieler. Der Unterschied zwischen den beiden Gruppen fiel noch höher aus, wenn sich die Teilnehmer vor dem Spiel anhand eines Textes über den Charakter ihrer Figur genauer informieren konnten (Happ u. a. 2013).

Rationale vs. emotionale Bewertungen

Schon das Wiedererkennen von Gegenständen auf einer Fotografie oder gar auf einer Linienzeichnung zeigt, dass auch reduzierte und verzerrte Bilder der Wirklichkeit zur Repräsentation dieser Wirklichkeit geeignet sind. Eine Wahrnehmung von Bildern wirkt im Gedächtnis teilweise tatsächlich so nach, als ob man die Gegenstände real wahrgenommen hätte. Die entsprechenden Repräsentationen sind dann gewissermaßen Stellvertreter der Wirklichkeit in Wahrnehmung und Denken. Vor vielen Jahren zeigte mir ein Bekannter Fotos von einer Amerikareise. Ich war damals selbst noch nicht dort gewesen und betrachtete die Fotos mit Interesse. Vieles kam mir aus Filmen bekannt vor, so zum Beispiel die eine oder andere Skyline, Straßenbilder mit bestimmten Autotypen, die Meeresküste. Als ich kurz darauf zufällig selbst die gleichen Orte besuchte, hatte ich sehr häufig ein Déjà-vu-Erlebnis. Es war mir, als hätte ich mich an manchen Plätzen selbst bereits früher einmal aufgehalten. Bilder haben für das Erleben von Wirklichkeit eine große Bedeutung. Bruce Hood von der Universität Bristol bat einmal im Rahmen einer Untersuchung mehrere Personen, kleine Gegenstände mitzubringen, an denen ihr Herz hängen würde. Hood fotografierte diese Gegenstände. Anschließend forderte er die Versuchsteilnehmer auf, die Fotos ihrer Lieblingsgegenstände zu zerschneiden. Die Personen folgten der Aufforderung, wiesen jedoch bei dieser Tätigkeit eine erhöhte Aktivität ihrer Handschweißdrüsen auf – ein deutliches Zeichen für Anspannung (Hood u. a. 2010). Die Schweißdrüsen-Reaktion wird wie viele Stressreaktionen von den Mandelkernen veranlasst.

Sicherlich kennen auch Sie unheimliche Vorführungen von Bühnenmagiern, zum Beispiel wenn diese auf offener Bühne einen lebenden Menschen in einer Kiste mit Säbelstichen durchbohren oder mit einer Säge in zwei Teile sägen. Wie durch ein Wunder bleiben die Betreffenden dann unverletzt. Wir wissen, dass es sich um einen Trick gehandelt hat und dennoch kann man sich eines Gruselns nicht erwehren. Einer der ältesten Tricks dieser Art verwendet eine kleine Guillotine, in der man eine Mohrrübe in kleine Stücke schneiden kann. Dann wird ein Zuschauer gebeten, seine Hand oder wenigstens einen Finger in die Öffnung unterhalb des Fallbeils zu stecken. Auch zu diesem Phänomen wurden mittlerweile mehrere wissenschaftliche Untersuchungen durchgeführt. Der Britische Psychologe Eugene Subbotsky konnte bestätigen, dass Personen regelmäßig große Hemmungen besitzen, sich selbst einer solchen Prüfung auszusetzen. Das traf erwartungsgemäß auch dann zu, wenn die Personen davon überzeugt waren, dass sie es mit einem Trick zu tun hatten. Subbotsky (2001) nahm das als Beleg dafür, dass im Bewusstsein durchaus mehrere alternative Kausalmodelle zugleich existieren können. Nicht nur beim Auftreten unangenehmer Gefühle, auch sonst gibt es Fälle, in denen man sich der Angemessenheit eigener Gefühle oder Verhaltensweisen oft nicht ganz sicher ist. Es wäre jedoch falsch zu sagen, das alte Erbe lässt uns nicht los. Im Grunde sichert es uns ab. Im letztgenannten Experiment könnte zum Beispiel das Bedürfnis entstehen, die Apparatur des Magiers zu überprüfen. Je deutlicher rationale und emotionale Bewertungen voneinander abweichen, desto intensiver sind die verschiedenen, realitätsüberprüfenden Mechanismen gefordert.

Damit sind eigentlich auch schon die für moralische Entscheidungen maßgeblichen Mechanismen beschrieben (Bösel 2012, S. 202 ff): Viele moralische Regeln werden zwar über Lernen am Erfolg erworben. Darüber hinaus gibt es jedoch moralische Bewertungen, die eng mit der körperlichen Sicherheit verbunden sind, zu den Funktionen des basalen Stirnhirns gehören und zum Beispiel auf Signallernen beruhen. Zu solchen Bewertungen zählen das Zurückschrecken vor Gewalt oder die Kooperation mit Kontrahenten, aber auch Angst und Wut. All das kann im Verhalten unwillkürlich sichtbar werden, auch wenn es als unvernünftig erscheint. Wir bewundern Menschen, die es schaffen, auch unter widrigen Umständen sachlogisch zu denken und sich zugleich kompromiss- und hilfsbereit zu zeigen.

Die Angemessenheit eigener Verhaltenstendenzen

Meist kann ein Ziel auf verschiedene Weise erreicht werden. Daher gibt es für einen Plan nicht immer ein Richtig oder Falsch. Vielmehr hängt das Ergebnis einer Planbewertung ganz entscheidend von bestimmten Bewertungskriterien und deren Gewichtung ab. Subjektive Bewertungskriterien orientieren sich oft an den verfügbaren Ressourcen, sei es als Randbedingungen im Rahmen von objektiven Vorgaben, sei es als individuelle Verfügbarkeit von einschlägigem Wissen und Können. Die Gewichtung solcher Bewertungskriterien hängt ganz offensichtlich von der subjektiven Befindlichkeit und den einschlägigen Erfahrungen im Umgang mit der Problemsituation ab.

Im 19. Jahrhundert wurde der mittlerweile berühmt gewordene Fall des 25-jährigen Bahnarbeiters Phineas Gage (1823–1860) bekannt, dessen Gehirn bei einer Sprengung durch einen schweren Eisenstab verletzt wurde. Phineas Gage überlebte. Wie der behandelnde Landarzt jedoch damals in seinem Tagebuch vermerkte, veränderte sich Gages Persönlichkeit schlagartig: Der ursprünglich als zuverlässig und umgänglich bekannte Arbeiter wurde nun als respektlos (irreverent), streitsüchtig, launisch und unstet (fitful) beschrieben. Eine solche Veränderung der Persönlichkeit ist auf die Verletzung des Stirnhirns zurückzuführen.

Die Stirnhirnbasis, also der Teil des Gehirns unmittelbar über den Augen, beeinflusst das Verhalten mitunter in einer sehr entscheidenden Weise. Dieser Einfluss ist den übergeordneten Kontrollinstanzen nur sehr indirekt zugänglich. Wir erwähnten bereits unwillkürliche Einschätzungen, die einerseits mit Moral und andererseits mit überbordender Fantasietätigkeit zu tun haben. Obwohl unter solchen Bedingungen in der Regel wegen uneindeutiger Voraussetzungen Unsicherheit vorherrscht, werden hierbei oft schon Verhaltensimpulse ausgelöst. Tatsächlich gibt es unter den Netzwerken des basalen Stirnhirns auch ein Areal, das bei Verhaltenstendenzen unter Unsicherheit einen raschen Abgleich mit einschlägigen Gedächtnisinhalten ermöglicht. Ein solcher Abgleich erlaubt zum Beispiel die Entscheidung darüber, ob es angemessen ist, einen Witz, über den andernorts schon mal gelacht wurde, vor Menschen zu erzählen, die man nicht so gut kennt. In einer der bedeutsamen Untersuchungen zu solchen Urteilen mussten Personen zwischen vertrauten Reizen und solchen, die im Augenblick bedeutsam waren, unterscheiden. Dabei wurde die folgende Anordnung verwendet:

Schnider u. a. (2000) zeigten ihren Versuchspersonen in bunter Folge eine Reihe von Bildern, von denen einige jedoch wiederholt dargeboten wurden. Die Personen wurden gebeten, eine Taste zu drücken, wenn sie ein Bild bereits gesehen hatten. Diese Aufgabe wäre nicht allzu schwierig gewesen. Nur wurde die gesamte Bildfolge mehrmals hintereinander dargeboten. Dabei wurden zwar jedes Mal die gleichen Bilder und die gleichen Wiederholungen gezeigt, allerdings in wechselnder Reihenfolge. Die Aufgabe, die wiederholten Bilder der jeweils aktuellen Serie anzugeben, war nicht einfach, weil die Betrachter unterscheiden mussten, ob ihnen ein Bild deshalb vertraut war, weil es in einer der vergangenen Serien oder in der momentanen wiederholt gezeigt wurde. Bei diesen Entscheidungen unter großer Ungewissheit war ganz hinten in der Stirnhirnbasis stets ein Areal aktiv, das man BA 13 nennt.

Man kann der BA 13 die Funktion eines »Angemessenheitsfilters« zuschreiben (Nahum u. a. 2011). Seine Funktion wird vor allem bei Einschränkungen durch Verletzung oder dementiellen Veränderungen deutlich. Unter solchen Bedingungen fällt eine Verwendung von unangemessener Sprache (Witzelsucht) oder die fehlende Unterscheidung zwischen Realitätsbeschreibung und Fantasie (Konfabulation) auf, Letzteres vor allem im Hinblick auf die Erinnerung an eigenes Verhalten. Ein Beispiel für eine derartige Verhaltenskonfabulation wäre, wenn eine kinderlose Patientin im Krankenhaus vorgeblich nach ihrem Baby sucht, das sie jetzt stillen müsste. Was der tatsächliche Grund für solches Verhalten ist, kann im konkreten Fall kaum geklärt werden. Immer wieder ist zu beobachten, dass Straftäter, ob als Kleinkriminelle oder als Gewalttätige, ihr Verhalten politisch oder religiös rechtfertigen. Oft drängt sich dabei der Verdacht auf, dass es sich bloß um Zuschreibungen zur Verbrämung einer kriminellen Neigung handelt, entsprechend der Reduktion einer kognitiven Dissonanz (▶ **Kap. 4** *Die Ich-Beteiligung im Denken*). Unter einem geschichts-kritischen Blickwinkel könnte man sogar von kultur- oder zeitspezifischen Zuschreibungs-Moden sprechen.

Im normalen Alltag dürfte die BA 13 bereits aktiv sein, wenn es erforderlich ist, die Angemessenheit momentaner Gedanken zu prüfen, auch schon bei allereinfachsten Aufgaben. Die oben genannten Autoren untersuchten Personen, die erraten sollten, hinter welchem von zwei unterschiedlich gefärbten Quadraten ein Buchstabe versteckt ist. Dabei meinten die Versuchsteilnehmer immer wieder, eine Regel erkennen zu können. Sie handelten, »als ob« eine solche Regel gelten würde und wurden doch immer wieder enttäuscht. Diese Anordnung erinnert sehr an Formen des Wahrscheinlichkeitslernens, die wir als eine der entscheidenden Grundlagen des Lernens und damit des Verhaltens »als ob« kennengelernt haben (vgl. auch Schnider u. a. 2005). Dabei kann im Zusammenhang mit dem »Angemessenheitsfilter« der BA 13 von »bewusst falschem« Verhalten in keinem Fall die Rede sein. Mit Hilfe hochauflösender, sogenannter ereigniskorrelierter Hirnpotentiale kann man zeigen, dass die Unterdrückung irrelevanter Gedächtnisinhalte innerhalb der ersten Drittelsekunde nach Auftreten eines Reizes erfolgt. Der »Angemessenheitsfilter« der BA 13 wird also zu einem Zeitpunkt aktiv, an dem die einschlägigen Gedanken noch nicht bewusst geworden sind.

Die Frage der Angemessenheit stellt sich vor allem bei sogenannten rigiden Verhaltensweisen. Solche Verhaltensweisen zeichnen sich generell dadurch aus, dass sie auch dann ausgeführt werden, wenn ihr Erfolg fraglich ist. Eine rigide Handlung wird vollzogen, »als ob« sie erfolgversprechend ist. Wir kennen das von impulsiven, von intensiv gelernten und von süchtigen Verhaltensweisen. Blindes Vertrauen haben Menschen auch oft zu rationalem Denken, man vertraut auf den Bewährungsgrad rationaler Vorgehensweisen. So folgt man in oft sehr penibler Weise bestimmten Regeln in der Erwartung, dass das Ergebnis letztlich richtig ist. Dennoch kann rationales Denken im Grunde nie alle Facetten und Randbedingungen realer Sachverhalte abbilden. Mehrere, aufeinander aufbauende Schlussfolgerungen bergen stets die Gefahr, dass die letzte Schlussfolgerung wegen einer zuvor erfolgten, scheinbar unbedeutenden Vereinfachung im Grunde stark eingeschränkt werden muss. Daher ist es klug, nicht immer auf einem scheinbar rational begründeten Standpunkt zu beharren: Der Klügere gibt nach. Nicht die erlernten Algorithmen, denen unser Verstand folgt, sollten den Ausschlag in zwischenmenschlichen Auseinandersetzungen geben und nicht die aufgrund von Kreativität und Fantasie erfolgenden Extrapolationen, sondern im Zweifel Verhaltensweisen

171

der mitfühlenden Menschlichkeit und Konzilianz, die uns die sozialen Fähigkeiten unseres Gehirns zur Verfügung stellen.

Häufiger kommt es vor, dass Menschen nach einer getroffenen Entscheidung darüber nachdenken, ob diese Entscheidung richtig war. Die Neigung, sich hinterher viele Gedanken zu machen und zu ruminieren (was wörtlich wiederkäuen heißt), kann quälend sein. Auch hierbei kann die Hilfe durch andere Personen nützlich sein. Allerdings muss man wissen, dass die Neigung zum »Nachgrübeln« zum Alltag gehört. Gelegentlich führen Studierende der Psychologie zu Lernzwecken ein Experiment der folgenden Art durch: Sie betrachten auf einem Bildschirm eine Reihe von abstrakten Bildern. Diese stammen nicht von einem Künstler, sondern wurden mit einem Computerprogramm aufgrund von Zufallszahlen hergestellt. Nun sollte beurteilt werden, welches von jeweils zwei Bildern, die gleichzeitig gezeigt werden, gefälliger ist. Eine solche Entscheidung ist unter den genannten Bedingungen nicht immer ganz einfach. Sie ist in der Regel von subtilen Stressreaktionen begleitet, die messbar sind. Der Clou an dem Experiment ist, dass die Erregung vor der Entscheidung (Welches Bild ist schöner?) meist weniger groß ist als nach der Entscheidung (War die Wahl richtig?). Es ist also normal, dass ein einmal gefasster Entschluss einer Art Kontrolle zugeführt wird. Nur sollte einem das eigene Kontrollbedürfnis nicht zur Last werden.

Innen im basalen Stirnhirn gibt es eine Hirnwindung, die in der Mitte der Stirnhirnbasis gerade von vorne nach hinten zieht und in dessen Rindenschicht sich das Areal mit der Bezeichnung BA 14 befindet. Bei Verletzungen oder Fehlfunktionen in dieser geraden Windung wird so gehandelt, als ob die Handlung angemessen wäre. Insofern bringt man Engstirnigkeit und Rigidität häufig mit Minderfunktionen dieser Region in Verbindung. Im Extremfall kommt es zu einer Zwangserkrankung. Wenn das der Fall ist, kann professionelle Hilfe angezeigt sein.

Zwangserkrankungen zeichnen sich durch ein erhöhtes Kontrollbedürfnis aus. Zum Beispiel kann die Unsicherheit, ob die Herdplatten ausgeschaltet wurden, dazu führen, dass die entsprechenden Schalter viele Male nacheinander betätigt werden. Manchmal äußert sich ein Zwang darin, dass vor manchen Tätigkeiten eine Formel gesprochen oder eine bestimmte Anzahl Ziffern gezählt werden muss. Zum Verständnis solcher Zwänge muss man sich vergegenwärtigen, dass jede Maßnahme zur Sicherung oder Kontrolle eines Vorgangs bedeutet, dass ohne Kontrolle keine zuverlässige Erwartung über den Fortgang einer Situation existiert. Eine vergleichbare Unsicherheit existiert, wenn sich altgelernte Verhaltensweisen als kontraproduktiv herausstellen. Tatsächlich scheint das Areal 14 erforderlich zu sein, um in derartigen Situationen umlernen zu können. Eine Verletzung schränkt die Fähigkeit zum Umkehrlernen ein (vgl. z. B. Rolls 2000).

Andererseits erlaubt das Areal 14, sofern es intakt ist, die Aufmerksamkeit auf Rückmeldungen aus der Umwelt und insbesondere auf soziales Feedback zu richten.

Fazit

Das Gehirn befähigt uns, einem Fußballspiel mit reger Anteilnahme zu folgen. In gleicher Weise kann es spannend sein, den Spielfiguren zuzusehen, die von Tischfußball-Spielern bewegt werden. Eben diese Mechanismen erlauben es, dass manche Menschen begeistert zusehen, wenn zum Beispiel im Rahmen einer E-Game-Meisterschaft Spieler mit virtuellen Figuren, die nur auf einem Bildschirm dargestellt werden, gegeneinander kämpfen – fast so, als ob die Zuschauer selbst spielen würden. Mit Erkenntnissen dieser Art drängt sich die Rolle der biologischen Wissenschaften zum Verständnis auch höherer, menschlicher Fähigkeiten in den Vordergrund.

Besonders bedeutsam ist in diesem Zusammenhang die enorme Entwicklung der mittleren und unteren Stirnhirnwindung beim Menschen. Diese Entwicklung, die sich in der Evolution offenbar nur in einer von mehreren Hominidenarten durchgesetzt hat, ermöglicht dem Stirnhirn, gewissermaßen in der Verknüpfung verschiedener Verarbeitungspfade, einen direkten Zugriff zum Langzeitgedächtnis. Damit gehen hohe Leistungen beim Lernen am Erfolg, eine ausgeprägte Repräsentation des Selbst im

Stirnhirn, sowie eine besondere Entwicklung der Lautsprache einher. Wir wissen also, dass Stirnhirnfunktionen bei zahlreichen, kulturell relevanten Leistungen unabdingbar sind.

Die Kenntnisse über die biologischen Grundlagen unserer kulturellen Existenz werden immer umfangreicher. Mehr noch: In dem Verbund aus physikalischen, chemischen und lebenswissenschaftlichen Erkenntnissen steht auf der Grundlage naturwissenschaftlicher Methodik bisher das umfangreichste Wissen zur Verfügung, das geeignet ist, probate Aussagen über die Wirklichkeit zu machen. Aus dieser Sicht gilt, dass wir keine Körper haben, sondern »Körper« sind. Grund genug zu überprüfen, ob sich mit naturwissenschaftlichen Methoden vielleicht sogar die Grundlagen des realistischen, fiktionalen und sogar metaphysischen Denkens untersuchen lassen.

Tatsächlich hat es den Anschein, dass zentrale Momente der Erkenntnis, des Bewusstseins über das Sein der Dinge oder der Transzendenzphilosophie durch spezielle Funktionen des Gehirns vorgezeichnet sind. Das widerspricht bis zu einem gewissen Grad dem Verständnis, dass die von der Philosophie als zweckmäßig erklärten Denkweisen überhaupt erst den Weg zur Wissenschaft und damit auch zu den Naturwissenschaften weisen. Doch es gibt gute Argumente anzunehmen, dass die Prinzipien des philosophischen Argumentierens letztlich auch auf biologischen Mechanismen beruhen. Auch lassen sich etwa scheinbar normativ gesetzte moralische Kategorien, die sich immer wieder zu bewähren scheinen, auf biologische Prinzipien zurückführen, etwa wenn bei Entscheidungen in einem moralischen Dilemma die Nähe der Sozialpartnerschaft eine Rolle spielt. Wer Sozialpartner ist, wird gelernt. Deshalb darf auch nicht übersehen werden, dass Erkenntnisse der Geschichtswissenschaften oder auch sozio-ökonomische Modelle wertvolle Informationen liefern können, um kulturgeprägte Denk- und Verhaltensweisen zu erhellen. Insbesondere kann durch die Arbeit der genannten Disziplinen sichtbar werden, inwieweit gesammeltes Wissen und sozio-ökonomische Bedingungen der Natur des Menschen entgegenkommen – oder diese möglicherweise einengen oder sogar bedrohen. Wenn es jedoch konkret um die Mechanismen der Konstruktion von »Wirklichkeit« geht, so sollte man beginnen, darüber auf naturwissenschaftlicher Grundlage und mit Hilfe psychologischer Methoden nachzudenken.

Literatur

Ach NK (1905) Über die Willenstätigkeit und das Denken. Göttingen: Vandenhoeck & Ruprecht.

Aeschleman S, Rosen C, Williams M (2003) The effect of non-contingent negative and positive reinforcement operations on the acquisition of superstitious behaviors. Behavioural Processes 61, 37–45.

Addis DR, Pan L, Vu M-A, Laiser N, Schacter DL (2009) Constructive simulation of the future and the past: distinct subsystems of a core brain network mediate imagining and remembering. Neuropsychologia 47, 2222–2238.

Addis DR, Wong AT, Schacter DL (2007) Remembering the past and imaging the future: Common and distinct neural substrates during event construction and elaboration. Neuropsychologia 45, 1363–1377.

Al-Biruni (1991) In den Gärten der Wissenschaft. Leipzig: Reclam.

Altmann U, Bohm IC, Lubrich O, Menninghaus W, Jacobs AM (2012) The power of emotional valence – from cognitive to affective processes in reading. Frontiers in Human Neuroscience 6, 192. Doi: 10.3389/fnhum.2012.00192.

Altmann U, Bohm IC, Lubrich O, Menninghaus W, Jacobs AM (2014) Fact vs fiction – how paratextual information shapes our reading process. Social, Cognitive and Affective Neurosciences 9, 22–29.

Altnöder F (2010) Josef Karl Rädler. Vernissage Magazin 30, 293.

Anderson CA, Gentile DA, Buckley KE (2007) Violent video game effects on children and adolescents: theory, research, and public policy. New York: Oxford University Press.

Anochin PK (1967) Das funktionelle System als Grundlage der physiologischen Architektur des Verhaltensakts. Jena: Fischer.

Asher R (1951) Munchausen's syndrome. The Lancet 257, 339–341. Doi: 10.1016/s0140-6736(51)92313-6.

Azari NP, Nickel J, Wunderlich M, Niedeggen M, Hefter H, Tellmann L, Herzog H, Stoerig P, Birnbacher D, Seitz RJ (2001) Neural correlates of religious experience. European Journal of Neuroscience 13, 1649–1652.

Bar-Hillel M (1980) The base-rate fallacy in probability judgments. Acta Psychologica 44, 211–233. Doi: 10.1016/0001-6918(80)90046-3.

Barrett JL (2000) Exploring the natural foundations of religion. Trends in Cognitive Sciences 4, 29–34.

Barth A, Küfferle B (2001) Die Entwicklung eines Sprichworttests zur Erfassung konkretistischer Denkstrukturen bei schizophrenen Patienten. Nervenarzt 72, 853–858.

Bartholow BD, Bushman BJ, Sestir MA (2006) Chronic violent videogame exposure and desensitization to violence: Behavioral and event-related brain potential data. Journal of Experimental Social Psychology 42, 532–539.

Bauer TK, Gigerenzer G, Krämer W (2014) Warum dick nicht doof macht und Genmais nicht tötet. Über Risiken und Nebenwirkungen der Unstatistik. Frankfurt: Campus.

Bechara A, Tranel D, Damásio H (2000) Characterization of the decision-making deficit of patients with ventromedial prefrontal cortex lesions. Brain 123, 2189–2202.

Beckmann JP (1990) Ontologisches Prinzip oder methodologische Maxime? Ockham und der Ökonomiegedanke einst und jetzt. In: Vossenkuhl W, Schönberger R (Hrsg.) Die Gegenwart Ockhams, 191–207. Weinheim: Verlag Chemie.

Beeman M, Friedman RB, Grafman J, Perez E, Diamond S, Lindsay MB (1994) Summation priming and coarse semantic coding in the right hemisphere. Journal of Cognitive Neuroscience 6, 26–45.

Bermpohl F, Pascual-Leone A, Amedi A, Merabet LB, Fregni F, Gaab N, Alsop D, Schlaug G, Northoff G (2006). Attentional modulation of emotional stimulus processing: an fMRI study using emotional expectancy. Human Brain Mapping 27, 662–677.

Bhattacharya J, Petsche H (2002) Shadows of artistry: cortical synchrony during perception and imagery of visual arts. Cognitive Brain Research 13, 179–186.

Biswas M, Murray J (2014) Éffects of cognitive biases on human-Robot interaction: a case study of robot's misattribution. IEEE International Symposium on Robot and Human Interactive Communication 2014 (Edinburgh). http://eprints.lincoln.ac.uk/¬17174/1/Biswas_Murray_Ro-Man14.pdf.

Bösel R (1977) Signalverarbeitung in Nervennetzen. München: Reinhardt.

Bösel R (2001) Denken. Göttingen: Hogrefe.

Bösel R (2003) Ästhetisches Empfinden: neuropsychologische Zugänge. In: Küpper J, Menke C (Hrsg.) Dimensionen ästhetischer Erfahrung, 264–283. Frankfurt am Main: Suhrkamp.

Bösel R (2006) Das Gehirn. Stuttgart: Kohlhammer.

Bösel R (2007) Brain imaging methods and the study of cognitive processes: potentials and limits. In: Ash M, Sturm T (Eds) Psychology's territories, pp 275–286. Mahwah NJ: Lawrence Erlbaum.

Bösel R (2012) Warum ich weiss, was du denkst. Etsdorf: Galila.

Bösel R (2014) Klugheit. Stuttgart: Schattauer.

Bragazzi NL, Puente GD, Natta WM (2014) Somatic perception, cultural differences and immigration: results from administration of the Modified Somatic Perception Questionnaire (MSPQ) to a sample of immigrants. Psychology Research and Behavior Management 7, 161–166.

Brass M, Bekkering H, Prinz W (2001) Movement observations affects movement execution in a simple response task. Acta Psychologica 106, 3–22.

Bridgman PW (1927) The logic of modern physics. New York: Macmillan.

Bronwell HH, Michel D, Powelson JA, Gardner H (1983) Surprise but not coherence: Sensitivity to verbal humor in right patients. Brain and Language 18, 20–27.

Brown AS (2003) A review of the dé jà vu experience. Psychological Bulletin 129, 394–413.

Bruner A, Revuski S (1961) Collateral behavior in humans. Journal of Experimental Analysis of Behavior 4, 349–350.

Bühler K (1935) Abriß der geistigen Entwicklung des Kindes. Leipzig: Quelle & Meyer, 6. Auflage.

Burgess PW, Simons JS, Dumontbeil I, Gilbert SJ (2005) The gateway hypothesis of rostral preforntal cortex (area 10) function. In: Duncan J, Phillips L, McLeod P (Eds.) Measuring the Mind, 215–246. Oxford: University Press.

Bushman BJ, Anderson CA (2009) Comfortably numb: desensitization effects of violent media on helping others. Psychological Science 20, 273–277.

Cameron L, Rutland A (2006) Extended contact through story reading in scholl: Reducing children's prejudice toward disabled. Journal of Social Issues 62, 469–488.

Canessa N, Alemanno F, Riva F, Zani A, Proverbio AM, u. a. (2012) The Neural Bases of Social Intention Understanding: The Role of Interaction Goals. PLoS ONE 7, e42347. Doi: 10.1371/journal.pone.0042347

Capelle W (1968) Die Vorsokratiker. Stuttgart: Kröner.

Carnagey NL, Anderson CA, Bushman BJ (2007) The effect of videogaming violence on physiological desensitization to real-life violence. Journal of Experimental Social Psychology 43, 409–496.

Carnap R, Stegmüller W (1959) Induktive Logik und Wahrscheinlichkeit. Wien: Springer.

Cheney DL, Seyfarth RM (1994) Wie Affen die Welt sehen. Das Denken der anderen Art. München: Hanser.

Chu Y, MacGregor JN (2011) Human performance on insight problem solving: A review. The Journal of Problem Solving 3, 6.

Citron FMM, Goldberg AE (2014) Metaphorical sentences are more emotionally engaging than their literal counterparts. Journal of Cognitive Neuroscience 26, 2585–2595.

Cole MW, Schneider W (2007) The cognitive control network: Integrated cortical regions with dissociable functions. NeuroImage 37, 343–360.

Conrad W, Büscher P, Hornke L, Jäger RS, Schweizer H, Stützer Wv, Wienke W (1986) Mannheimer Intelligenztest. Göttingen: Hogrefe Testzentrale.

Contreras JM, Banaji MR, Mitchell JP (2012) Dissociable neural correlates of stereotypes and other forms of semantic knowledge. SCAN 7, 764–770.

Cosmides L, Tooby J (1989) Evolutionary psychology and the generation of culture II. Ethological Sociobiology 10, 51–97.

Cranford E, Moss J (2010) Investigating insight using compound remote associate problems. In: Ohlsson S (Ed) Proceedings of the 32nd Annual Conference of the Cognitive Science Society. Portland OR: Cognitive Science Society.

Damásio AR (1994) Descartes' Irrtum – Fühlen, Denken und das menschliche Gehirn. München: List.

Damásio AR (1995) On some functions of the human prefrontal cortex. In Grafman J, Holoak KJ, Boller F (Eds.) Structure and functions of the human prefrontal cortex, 241–251.

Davis CG, Lehman DR, Wortman CB, Silver RC, Thompson SC (1995) The undoing of traumatic life events. Personality and Social Psychology Bulletin 21, 109–124.

Dawson MRW, Boechler PM (2007) Representing an intrinsically nonmetric space of compass directions in an artificial network. International Journal of Cognitive Informatics and Natural Intelligence 1, 53–65.

Decety J, Jackson PL, Sommerville JA, Chaminade T, Meltzoff AN (2004) The neural bases of cooperation and competition: An fMRI invstigation. NeuroImage 23, 744–751.

DeLoache JS (2002) Symbolic artifacts: Understanding and use. In Goswami U (ed.) Blackwell handbook of childhood conitive development, 206–226. London: Blackwell.

De Moivre A (1718) Doctrine of Chances. London: Pearson.

Dennett DC (1991) Consciousness explained. Boston, MA: Little, Brown.

Deserno H (1999a) Sind Traum und Unbewusstes identisch? In Deserno H (Hrsg.) Das Jahrhundert der Traumdeutung. Perspektiven psychoanalytischer Traumforschung, 194–204. Stuttgart: Klett-Cotta.

Deserno H (1999b) Der Traum im Verhältnis zu Übertragung und Erinnerung. In Deserno H (Hrsg.) Das Jahrhundert der Traumdeutung. Perspektiven psychoanalytischer Traumforschung, 397–431. Stuttgart: Klett-Cotta.

Dickinson A (1980) Contemporary learning theory. Cambridge: University Press.

Dilthey W (1894) Ideen über eine beschreibende und zergliedernde Psychologie. Berlin: Verlag der Königlichen Akademie der Wissenschaften.

Draasima D (2015) Wie wir träumen. Berlin: Galiami.

Ehlers A (2000) Posttraumatische Belastungsstörung. Göttingen: Hogrefe.

Ehrsson HH, Holmes NP, Passingham RE (2005) Touching a rubber hand. Journal of Neuroscience 25, 10564–10573.

Eibl-Eibesfeldt (1972) Grundriß der vergleichenden Verhaltensforschung. München: Piper, 3. Auflage.

Elbert T, Ray WJ, Kowalik ZJ, Skinner JE, Graf KE, Birbaumer N (1994) Chaos and physiology: deterministic chaos in excitable cell assemblies. Physiological Reviews 74, 1–47.

Elsner B, Pauen S (2012) Vorgeburtliche Entwicklung und früheste Kindheit. In Schneider W, Lindenberger U (Hrsg.) Entwicklungspsychologie, 159–185. Weinheim: Beltz, 7. Auflage.

Fechner GT (1876) Vorschule der Ästhetik. Leipzig: Breitkopf &Härtel.

Fein DA (1972) Judgments of causality to physical and social picture sequences. Developmental Psychology 8, 147.

Freud S (1900) Die Traumdeutung. Über den Traum. G.W., Bd. 2/3. Frankfurt/M.: S. Fischer 1998.

Freud S (1933) Revision der Traumlehre. XXIX. Vorlesung aus: Neue Folge der Vorlesungen zur Einführung in die Psychoanalyse. G.W., Bd. 15, 6–31. Frankfurt/M.: S. Fischer 1998.

Galton F (1859) Origin of species by means of natural selection, or the preservation of favored races in the struggle of life. London: J. Murray.

Gentile DA, Li D, Khoo A, Prot S, Anderson CA (2014) Mediators and moderators of long-term effects of violent vidoe games on aggressive behavior. JAMA Pediatrics 168, 450–457.

Gigerenzer G (2007) Bauchentscheidungen. Die Intelligenz des Unbewussten und die Macht der Intuition. München: Bertelsmann.

Goel V, Grafman J, Sadato N, Hallett M (1995) Modeling other minds. NeuroReport 6, 1741–1746.

Goldberg E, Roediger D, Kucukboyaci NE, Carlson C, Devinsky O, Kuzniecky R, Halgren E, Thesen T (2013) Hemispheric asymmetries of cortical volume in the human brain. Cortex 49, 200–210.

Gong G, He Y, Concha L, Lebel C, Gross DW, Evans AC, and Beaulieu C (2009) Mapping anatomical connectivity patterns of human cerebral cortex using In vivo Diffusion Tensor Imaging tractography. Cerebral Cortex 19, 524–536.

Gorsen P (1980) Das Schizophrene als Kunst. Der Fall Friedrich Schröder-Sonnenstern. In Gorsen P (Hrsg.) Kunst und Krankheit. Metamorphosen der ästhetischen Einbildungskraft, 73–98. Frankfurt am Main: Europäische Verlagsanstalt.

Gotts SJ, Jo HJ, Wallace GL, Saad ZS, Cox RW, Martin A (2013) Two distinct forms of functional lateralization in the human brain. Proceedings of the National Academy of Science (Neuroscience) 110, E3435–E3444.

Gotts SJ, Milleville SC, Bellgowan PSF, Martin A (2011) Broad and narrow conceptual tuning in the human frontal lobes. Cerebral Cortex 21, 477–491.

Greitemeyer T, Osswald S (2010) Effects of prosocial videogaming on prosocial behavior. Journal of Personality and Social Psychology 98, 211–221.

Greitemeyer T, Osswald S, Brauer M (2010) Playing prosocial videogames increases empathy and decreases Schadenfreude. Emotion 10, 796–802.

Griesinger W (1845) Die Pathologie und Therapie der psychischen Krankheiten, für Aerzte und Studirende. Stuttgart: A. Krabbe.

Gupta N, Jang Y, Mednick SC, Huber DE (2012) The road not taken: creative solutions require avoidance of high-frequency responses. Psychological Science 23, 288–294.

Gusnard DA, Akbudak E, Shulman GL, Raichle ME (2001) Medial prefrontal cortex and self-referential metal activity: relation to a default mode of brain function. Proceedings of the National Academy of Science 98, 4259–4264.

Hacke A, Sowa M (2004) Der weiße Neger Wumbaba. Kleines Handbuch des Verhörens. München: Antje Kunstmann.

Hackermüller L, Hornberger K, Brezger B, Zeilinger A, Arndt M (2004) Decoherence of matter waves by thermal emission of radiation. Nature 427, 711–714.

Hagmann P, Cammoun L, Gigandet X, Meuli R, Honey CJ, Wedeen VJ, Sporns O (2008) Mapping the structural core of human cerebral cortex. PLoS Biology 6, 1479–1493.

Hamburger A (1999) Traum und Sprache. In Deserno H (Hrsg.) Das Jahrhundert der Traumdeutung. Perspektiven psychoanalytischer Traumforschung, 289–327. Stuttgart: Klett-Cotta.

Happ C, Melzer A, Steffgen G (2013) Superman vs. BAD man? The effect of empathy and game character in violent video games. Cyberpsychology, Behavior and Social Networking 10, 774–778. Doi: 10.1089/cyber.2012.0695

Harrris S (2008) Functional neuro-imaging of belief, disbelief, and uncertainty. Annals of Neurology 63, 141–147.

Hassabis D, Maguire EA (2009) The construction system of the brain. Philosophical Transactions of the Royal Society London (Series B) 364, 1263–1271.

Heider F (1944) Social perception and phenomenal causality. Psychological Review 51, 358–374.

Held C (1999) Die Bohr-Einstein-Debatte. Paderborn: Mentis.

Hensler MM (2009) Sind konkretistische Denkstörungen eine homogene Entität? Dissertation an der Universitätsklinik für Psychiatrie und Psychotherapie, Medizinische Fakultät der Universität Tübingen.

Herrmann T (1984) Persönlichkeitsmerkmale. Stuttgart: Kohlhammer.

Heß M (1998) Wahrnehmung von Eigenbewegung durch den Raum – eine Studie mit funktioneller Kernspintomographie. Unveröffentliche Diplomarbeit im Fachbereich Erziehungswissenschaft und Psychologie, Freie Universität Berlin.

Hofmann MJ, Kuchinke L (2015) »Anything is good that stimulates thought« in the hippocampus. Physics of Life Reviews, http://dx.doi.org/10.1016/j.plrev.2015.04.007

Holroyd CB, Nieuwenhuis S, Mars RB, Coles MGH (2004) Anterior cingulate cortex, selection for action, and error processing. In Posner MI (Ed.) Cognitive neuroscience of attention, 219–231. New York: Guilford Press.

Holst E, Mittelstaedt H (1950) Das Reafferenzprinzip. Naturwissenschaften, 37, 464–476.

Hood BM, Donnelly K, Leonards U, Bloom P (2010) Implicit voodoo: electrodermal activity reveals a susceptibility to sympathetic magic. Journal of Cognition and Culture 10, 391–399.

Horn A, Ostwald D, Reisert M, Blankenburg F (2013) The structural-functional connectome and the default mode network of the human brain. NeuroImage 102, 142–151.

Hsu C-T, Jacobs AM, Conrad M (2014) Can Harry Potter still put a spell on us in a second language? An fMRI study on reading emotion-laden literature in late bilinguals. Cortex 63, 282–295.

Hyde H (1962) The trials of Oscar Wilde. New York: Dover.

Hynes CA, Baird AA, Grafton ST (2006) Differential role of the orbital frontal lobe in emotionale versus cognitive perspective-taking. Neuropsychologia 44, 374–383.

Huang HW, Lee CL, Federmeier KD (2010) Imagine that! ERPs provide evidence for distinct hemispheric contributions to the processing of concrete and abstract concepts. NeuroImage 49, 1116–1123.

Hume D (1740) Treatise of Human Nature, Book 1, Part III, Section XIV.

Hunt JM (1963) Motivation inherent in information processing and action. In Harvey OJ (Ed.) Motivation and social interaction, 35–94. New York: Ronald Press.

Hutsler J, Galuske RAW (2003) Hemispheric asymmetries in cerebral cortical networks Trends in Neurosciences 26, 429–435.

Insausti R, Amaral DG, Cowan WM (1987) The entorhinal cortex of the monkey: II. Cortical afferents. Journal of Comparative Neurology 264, 356–395.

Jäncke L (2012) Funktionale Links-rechts-Asymmetrien. In Karnath H-O, Thier P (Hrsg.) Kognitive Neurowissenschaften, 693–703. Berlin: Springer, 3. Auflage.

Jones EE, Nisbett RE (1972) The actor and the observer: Divergent perceptions of the causes of behavior. In Jones EE, Kanouse DE, Kelley HH, Nisbet RE, Valins S, Weiner B (Eds.) Attribution: Perceiving the causes of behavior, 79–94. Morristown NJ: General Learning Press.

Kaplan CA, Simon HA (1990) In search of insight. Cognitive Psychology 22, 374–419.

Khoury H (1990) Coping bei essentiellen Hypertonikern. Frankfurt am Main: Peter Lang.

Kimura D (1964) Left-right differences in the perception of melodies. Quarterly Journal of Experimental Psychology 16, 355–358.

Kimura D (1973) The asymmetry of the human brain. Scientific American 228, 70–78.

Kinateder M, Pauli P, Müller M, Mühlberger A (2012) Stresserleben und verändertes Fahrverhalten nach einem virtuellen Autounfall. Zeitschrift für Klinische Psychologie und Psychotherapie 41, 190–200.

King-Casas B, Tomlin D, Anen C, Camerer CF, Quartz SR, Montague PR (2005) Getting to know you: reputation and trust in a two-person economic exchange. Science 308, 78–83.

Knauff M, Mulack T, Kassubek J, Salih HR, Greenlee MW (2002) Spatial imagery in deductive reasoning: A functional MRI study. Cognitive Brain Research 13, 203–212.

Koehler O, Zagarus A (1937) Beiträge zum Brutverhalten des Halsbandregenpfeifers (Charadrius hiaticula L.). Beiträge zur Fortpflanzungsbiologie der Vögel unter Berücksichtigung der Oologie (Berlin: L. Schuster) 13, 1–9.

Köhler W (1917) Intelligenzprüfungen an Anthropoiden I. Berlin: Verlag der Königlichen Akademie der Wissenschaften.

Kolers PA, Grünau M (1976) Shape and color in apparent motion. Vision Research 16, 329–335.

Konishi S, Nakajima K, Uchida I, Kameyama M, Nakahara K, Sekihara K, Miyashita Y (1998) Transient activation of inferior prefrontal cortex during cognitive set shifting. Nature Neuroscience 1, 80–84.

Koryé A (1968) Metaphysics and measurement: Essays in scientific revolution. Cambridge: Harvard University Press.

Krause W, Wysotzki F (1984) Computermodelle und psychologische Befunde der Wissensrepräsentation. In Klix F (Hrsg.) Gedächtnis, Wissen, Wissensnutzung, 108–136. Berlin: Deutscher Verlag der Wissenschaften.

Kühn S, Gleich T, Lorenz RC, Lindenberger U, Gallinat J (2014) Playing Super Mario induces structural brain plasticity: gray matter changes resulting from training with a commercial video game. Molecular Psychiatry 19, 265–271.

Kumaran D, McClelland JL (2012) Generalization through the recurrent interaction of episodic memories: a model of the hippocampal system. Psychological Review 119, 573–616.

Landmann N, Kuhn M, Piosczyk H, Feige B, Riemann D, Nissen C (2014) Entwicklung von 130 deutschsprachigen Compound Remote Associate (CRA)-Worträtseln zur Untersuchung kreativer Prozesse im deutschen Sprachraum. Psychologische Rundschau 65, 200–211.

Lang PJ (1979) A bio-informational theory of emotional imagery. Psychophysiology 16, 495–512.

Lewin K (1931) Das Kind und die Welt. Zitiert nach Lück HE (1993) Kurt Lewin. In Lück HE, Miller R (Hrsg.) Illustrierte Geschichte der Psychologie. München: Quintessenz.

Lewis SF, Fremouw WJ, Del Ben K, Farr C (2001) An investigation of the psychological characteristics of stalkers: empathy, problem-solving, attachment and borderline personality features. Journal of Forensic Science 46, 80–84.

Libet B (1985) Unconscious cerebral initiative and the role of conscious will in voluntary action. The Behavioral and Brain Sciences 8, 529–566.

Lipps T (1906) Ästhetik. Hamburg: Leopold Voss. https://archive.org/details/sthetikp¬sycholo02lippgoog

Lorenz K (1971) Knowledge, beliefs, and freedom. In Weiss P (Ed.) Hierarchically organized systems in theory and practice, 231–262. New York: Hafner.

Lucas S, Rosenhouse J, Schepler A (2009) The Monty Hall Problem, reconsidered. Mathematics Magazine 82, 332–342.

Luria AR (1970) Die höheren kortikalen Funktionen des Menschen und ihre Störungen bei örtlichen Hirnschädigungen. Berlin: Deutscher Verlag der Wissenschaften.

Luria AR (1973) The working brain. New York: Basic Books.

Mach E (1897) Über Gedankenexperimente. Zeitschrift für den Physikalischen und Chemischen Unterricht 10, 1–5.

Männel C, Bertow K, Tamm S, Bösel R (2004) Implicit and explicit recognition of painting style: ERP studies on art perception. Poster auf dem 44. Kongress der Deutschen Gesellschaft für Psychologie, September 2004 in Göttingen.

Mar RA, Oatley K (2008) The function of fiction is the abstraction and simulation of social experience. Perspectives on Psychological Science 3, 173–192.

Mayberg HS, Lozano AM, Voon V, McNeely HE, Seminowicz D, Hamani C, Schwalb JM, Kennedy SH (2005) Deep brain stimulation for treatment-resistant depression. Neuron 45, 651–660.

Mednick S (1962) The associative basis of the creative process. Psychological Review 69, 220–232.

Meltzer D (1988) Traumerleben. Eine Überprüfung der psychoanalytischen Theorie und Technik. Wien: Verlag Internationale Psychoanalyse.

Miall DS (1976) Aesthetics unity and the role of the brain. Journal of Aesthetics and Art Criticism 35, 57–67.

Miller GA, Galanter E, Pribram KH (1960) Plans and the structure of behavior. New York: Holt, Rinehart and Winston.

Miller R (1991) Cortico-hippocampal interplay and the representation of contexts in the brain. Berlin: Springer.

Mitchell JP, Macrae CN, Banaji MR (2005) Forming impressions of people versus inanimate objects: social-cognitive processing in the medial prefrontal cortex. NeuroImage 26, 251–257.

Moll J, Zahn R, Oliveira-Souza RD, Krueger F, Grafman J (2005) The neural basis of human moral cognition. Nature Reviews Neuroscience 6, 799–809.

Morcom AM, Fletcher PC (2007) Does the brain have a baseline? Why we should be resisting a rest. NeuroImage 37, 1073–1082.

Moulin CJ, Convay MA, Thompson RG, James N, Jones RW (2005) Disordered memory awareness: recollective confabulation in two cases of persistent déjà vecu. Neuropsychologia 43, 1362–1378.

Mühlberger A, Petrusek S, Hermann MJ, Pauli P (2005) Biocyberpsychologie: Subjektive und physiologische Reaktionen von Flugphobikern und Gesunden bei Exposition mit virtuellen Flügen. Zeitschrift für Klinische Psychologie und Psychotherapie 34, 133–143.

Nahum L, Gabriel D, Schnider A (2011) Human Processing of Behaviorally Relevant and Irrelevant Absence of Expected Rewards: A High-Resolution ERP Study. PLoS ONE 6(1): e16173. Doi:10.1371/journal.pone.0016173

Nash LK (1956) The origin of Dalton's chemical atomic theory. Isis 47, 101–116.

Nieding G, Ohler P (2008) Mediennutzung und Medianwirkung bei Kindern und Jugendlichen. In Batinic B (Hrsg.) Medianpsychologie, 377–400. Berlin: Springer.

Nieding G, Ohler P (2012) Medien und Entwicklung. In Schneider W, Lindenberger U (Hrsg.) Entwicklungspsychologie, 705–718. Weinheim: Beltz, 7. Auflage.

Nigrini MJ (2012) Benford`s law: application for forensic accounting, auditing, and fraud detection. Hoboken: Wiley.

Nisbett RE, Wilson TD (1977) Telling more than we can know: Verbal reports on mental processes. Psychological Review 84, 231–259.

Nishida T (1987) Local traditions and cultural transmission. In Smuts BB, Cheney DL, Seyfarth RM, Wrangham RW, Struhsaker TT (Eds) Primate societies. Chicago: University Press.

Park S-Q, Kahnt T, Talmi D, Rieskamp J, Dolan RJ, Heekeren HR (2012) Adaptive coding of reward prediction errors is gated by striatal coupling. Proceedings of the National Academy of Sciences 109, 4285–4289. Doi: 10.1073/pnas.1119969109.

Peperkorn HM, Mühlberger A (2013) The impact of different perceptual cues on fear and presence in virtual reality. Studies in Health Technology and Informatics 191, 75–79.

Poldrack RA, Clark JE, Paré-Blagoev EJ, Shohamy D, Creso Moyano J, Myers C, Gluck MA (2001) Interactive memory systems in the human brain. Nature 414, 546–550.

Prabhakaran V, Smith JAL, Desmond JE, Glover GH, Gabrieli JDE (1997) Neural substrates of fluid reasoning: An fMRI study of neocortical activation during performance of the Raven's Progressive Matrices Test. Cognitive Psychology 33, 43–63.

Premack D (1976) Intelligence in ape and man. Hillsdale NJ: Lawrence Erlbaum.

Prinzhorn H (1922) Bildnerei der Geisteskranken – Ein Beitrag zur Psychologie und Psychopathologie der Gestaltung. Berlin: Julius Springer. http://digi.ub.uni-heidel¬berg.de/diglit/prinzhorn1922

Purves D, Brannen EM, Cabeza R, Huettel SA, LaBar KS, Platt ML, Woldorff MG (2008) Principles of Cognitive Neuroscience. Sunderland MA: Sinauer.

Raichle ME, Snyder AZ (2007) A default mode of brain function: A brief history of an evolving idea. NeuroImage 37, 1083–1090.

Raine A, Lencz T, Bihrle S, LaCasse L, Colletti P (2000) Reduced prefrontal gray matter volume and reduced autonomic activity in antisocial personality disorder. Archive of General Psychiatry 57, 119–127.

Richardson RT, Delong MR (1988) A reappraisal of the functions of the nucleus basalis of Meynert. Trends in Neurosciences 11, 264–267. Doi: 10.1016/0166-2236(88)90107-5

Rolls ET (2000) The orbitofrontal cortex and reward. Cerebral Cortex 10, 284–294. Doi: 10.1093/cercor/10.3.284.

Russell T. Richardson, A reappraisal of the functions of the nucleus basalis of Meynert. Trends in Neurosciences 11, 264–267.

Rideout VJ, Foehr UG, Roberts DF (2010) Generation M^2: Media in the lives of 8- to 18 year old. Menlo Park CA: Kaiser Family Foundation.

Riedl R (1982) Evolution und Erkenntnis. München: Piper.

Sagvolden T, Aase H, Zeiner P, Berger DF (1998) Altered reinforcement mechanisms in attention-deficit/hyperactivity disorder. Behavioural Brain Research 94, 61–71.

Schellinger U (2015) Kriminaltelepathie. In Mayer G, Schetsche M, Schmied-Knittel I, Vaitl D (Hrsg.) An den Grenzen der Erkenntnis. Handbuch der wissenschaftlichen Anomalistik, 215–227. Stuttgart: Schattauer.

Schmied-Knittel I (2008) Außergewöhnliche Erfahrungen: Repräsentative Studie und aktuelle Befunde. Zeitschrift für Anomalistik 8, 98–117.

Schnider A (2012) Konfabulationen und Realitätsfilter. In Karnath H-O, Thier P (Hrsg.) Kognitive Neurowissenschaften, 567–605. Berlin: Springer.

Schnider A, Treyer V, Buck A (2000) Selection of currently relevant memories by the human posterior medial orbitofrontal cortex. Journal of Neuroscience 20, 5880–5884.

Schnider A, Treyer V, Buck A (2005) The human orbitofrontal cortex monitors outcomes even when no reward is at stake. Neuropsychologia. 43, 316–323.

Schooler JW, Melcher J (1995) The ineffability of insight. In Smith SM, Ward TB, Finke RA (Eds) The creative cognition approach, 97–134. Cambridege MA: MIT Press.

Schredl M, Matthes J (2014) Are dreams of killing someone related to waking-life aggression? Dreaming 24, 176–181.

Schrödinger E (1965) Geist und Materie. Braunschweig: Vieweg.

Schuck NW, Gaschler R, Wenke D, Heinzle J, Frensch PA, Haynes J-D, Reverberi C (2015) Medial prefrontal cortex predicts internally driven strategy shifts. Neuron 86, 331–340. Doi: 10.1016/j.neuron.2015.03.015

Shallice T, Burgess P (1991) Deficits in strategy application following frontal lobe damage in man. Brain 114, 727–741.

Shaw J, Porter S (2015) Constructing rich false memories of committing crime. Psychological Science 26, 291–301. Doi: 10.1177/0956797614562862.

Singer T, Kiebel SJ, Winston JS, Dolan RJ, Frith CD (2004) Brain responses to the acquired moral status of faces. Neuron 41, 653–662.

Skinner BF (1948). Superstition in the pigeon. Journal of Experimental Psychology 38, 168–172.

Spitzer M, Braun U, Hermle L, Maier S (1993) Associative semantic network dysfunction in thought-disordered schizophrenic patients: Direct evidence from indirect semantic priming. Biological Psychiatry 34, 864–877.

Stegemann B (2007) Stanislawski Reader. Leipzig: Henschel.

Stegmüller W (1954) Metaphysik, Skepsis, Wissenschaft. Frankfurt am Main: Humboldt-Verlag.

Stern RM, Higgins JD (1969) Perceived somatic reactions to stress: Sex, age and familiar occurrence. Journal of Psychosomatic Research 13, 77–82.

Sternberg RJ (1977) Intelligence, information processing, and analogical reasoning. Hillsdale NJ: Erlbaum.

Sternberg RJ, Ben-Zeev T (2001) Complex Cognition. Oxford: University Press.

Stephan M (1990) A transformational theory of aesthetics. London: Routledge.

Subbotsky E (2001) Causal explanations of events by children and adults: Can alternative causal models coexists in one mind? British Journal of Developmental Psychology 19, 23–46.

Süßmann G (1958) Über den Messvorgang. Bayerische Akademie der Wissenschaften (München), Abhandlungen der mathematisch-naturwissenschaftlichen Klasse, Neue Folge 88, 1–41.

185

Swami V, Voracek M, Stieger S, Tran US, Furnham A (2014) Analytic thinking reduces belief in conspiracy theories. Cognition 133, 572–585.

Tajfel H, Winter DG (1963) The interdependence of size, number and value in young children estimate of magnitude. Journal of General Psychology 102, 115–124.

Takahashi H, Yahata N, Koeda M, Matsuda T, Asai K, Okubo Y (2004) Brain activation associated with evaluative process of guilt and embarrassment: an fMRI study. NeuroImage 23, 967–974.

Tear MJ, Nielsen M (2013) Failure to demonstrate that playing violent video games diminished prosocial behavior. PlosOne 8, e68382. Doi: 10.1371/journal.pone.0068382

Thomas MH (1982) Physiological arousal, exposure to a relatively aggressive film, and aggressive behavior. Journal of Research in Personality 16, 72–81.

Thompson RG, Moulin CJA, Conway MA, Jones RW (2004) Persistent Déjà vu: A disorder of memory. International Journal of Geriatric Psychiatry 19, 906–907. Doi: 10.1002/gps.1177

Topolinski S, Strack F (2008) Where there's a will – there's no intuition. The unintentional basis of semantic coherence judgements. Journal of Memory and Language 58, 1032–1048.

Turing AM (1950) Computing machinery and intelligence. Mind 59, 433–460.

Uexküll Jv, Kriszat G (1934) Streifzüge durch die Umwelten von Tieren und Menschen. Ein Bilderbuch unsichtbarer Welten. Berlin: Springer.

Ulich D (2002) Ein persönlichkeitspsychologisches Modell emotionaler Reaktivität. Universität Augsburg: Augsburger Berichte zur Entwicklungspsychologie und Pädagogischen Psychologie Nr. 88.

Ulich D, Bösel RM (2005) Einführung in die Psychologie. Stuttgart: Kohlhammer, 4. Auflage.

Vaihinger H (1911) Die Philosophie des Als Ob. Leipzig: F. Meiner. https://archive.¬org/details/DiePhilosophieDesAlsOb (7. und 8. Auflage 1922).

Valins S (1966) Cognitive Effects of false heart-rate feedback. Journal of Personality and Social Psychology 4, 400–408.

Vezzali L, Giovannini D (2012) Secondary transfer effect of intergroup contact. The role of intergroup attitudes, intergroup anxiety and perspective-taking. Journal of Community and Applied Social Psychology 22, 125–144.

Vezzali L, Stathi S, Giovannini D, Capozza D, Trifiletti E (2015) The greatest magic of Harry Potter: Reducing prejudice. Journal of Applied Social Psychology 45, 105–121. Doi: 10.1111/jasp.12279

Walter H, Adenzato M, Ciaramidaro A, Enrici I, Pia L, Bara BG (2004) Understanding intentions in social interaction: the role of the anterior paracingulate cortex. Journal of Cognitive Neuroscience 16, 1854–1863.

Weger UW, Loughnan S (2014) Virtually numbed: Immersive video gaming alters real-life experience. Psychnomic Bulletin & Review 21, 562–565.

Weger UW, Loughnan S, Sharma D, Gonidis L (2015) Virtually compliant: Immersive video gaming increases conformity to false computer judgements. Psychonomic Bulletin & Review 22, 1111–1116. Doi: 10.3758/s13423-014-0778-z

Wegner DM, Ansfield M, Pilloff D (1998) The putt and the pendulum: ironic effects of the mental control of action. Psychological Science 9, 196–199.

Wertheimer M (1912) Experimentelle Studien über das Sehen von Bewegung. Zeitschrift für Psychologie 61, 161–165.

Westfall RS (1973) Newton and the fudge factor. Science 179, 751–758 (vgl. auch Science 180, 1118).

Wind E (2001) Das Experiment und die Metaphysik. Habilitationsschrift von 1934. Frankfurt am Main: Suhrkamp.

Wilczek F (2015) A beautiful question. New York: Penguin Press.

Wilson TD, Schooler JW, Hodges SD (1993) Introspecting about reasons can reduce post-choice satisfaction. Personality and Social Psychology Bulletin 19, 331–339.

Witt LS, Tamm S, Bösel RM (2007) Feedback processing in male adolescents during performing the the Iowa Gambling Task: An ERP study. Tagung Psychologie und Gehirn, 07. –09.06. 2007 in Dortmund.

Yu C (2014) Normality, pathology, and dreaming. Dreaming 24, 203–216.

Personenverzeichnis

Stichwortverzeichnis